A2

会计师事务所质量管理相关准则讲解与操作

本书编写组　编著

中国财经出版传媒集团
中国财政经济出版社

图书在版编目（CIP）数据

会计师事务所质量管理相关准则讲解与操作 / 本书编写组编著. -- 北京：中国财政经济出版社，2023.9

ISBN 978-7-5223-2476-0

Ⅰ.①会… Ⅱ.①本… Ⅲ.①会计师事务所—质量管理—研究—中国 Ⅳ.①F233.2

中国国家版本馆CIP数据核字（2023）第163848号

责任编辑：张若丹　　责任印制：党　辉
封面设计：孙俪铭　　责任校对：张　凡

会计师事务所质量管理相关准则讲解与操作
KUAIJISHI SHIWUSUO ZHILIANG GUANLI XIANGGUAN ZHUNZE JIANGJIE YU CAOZUO

中国财政经济出版社 出版

URL：http：//www. cfeph. cn
E-mail：cfeph@ cfeph. cn

社址：北京市海淀区阜成路甲28号　邮政编码：100142
营销中心电话：010-88191522
天猫网店：中国财政经济出版社旗舰店
网址：https：//zgczjjcbs. tmall. com
北京中兴印刷有限公司印刷　各地新华书店经销
成品尺寸：175mm × 250mm　16开　18.75印张　268 000字
2023年9月第1版　2023年9月北京第1次印刷
定价：75.00元
ISBN 978-7-5223-2476-0
（图书出现印装问题，本社负责调换，电话：010-88190548）
本社图书质量投诉电话：010-88190744
打击盗版举报热线：010-88191661　QQ：2242791300

前言

注册会计师执业监督是财会监督体系的重要组成部分。质量是注册会计师行业的第一生命线，是会计师事务所生存发展和树立市场信誉的基础。习近平总书记多次强调，要以提高发展质量和效益为中心，树立质量第一的强烈意识，深入开展质量提升行动，提高质量标准，加强全面质量管理。2021年7月30日，《国务院办公厅关于进一步规范财务审计秩序 促进注册会计师行业健康发展的意见》（国办发〔2021〕30号）提出，要“引导会计师事务所强化内部管理”。2023年2月15日，中共中央办公厅、国务院办公厅印发《关于进一步加强财会监督工作的意见》，要求会计师事务所“切实加强对执业质量的把控”“强化质量管理责任”“持续提升一体化管理水平”。

为了帮助会计师事务所建立完善的质量管理体系，积极主动地实施质量管理，不断提升执业质量、防范执业风险，切实发挥执业监督作用，财政部发布了《会计师事务所质量管理准则第5101号——业务质量管理》《会计师事务所质量管理准则第5102号——项目质量复核》《中国注册会计师审计准则第1121号——对财务报表审计实施的质量管理》等三项质量管理相关准则。

2021年以来，中国注册会计师协会聚焦注册会计师职业准则的有效运行，建立健全闭环管理工作机制，持续推动制订完善、指导实施、强化监管三个主要环节的有机衔接和相互促进，通过建机制、促指导、强监管等一系列手段，扎实推动注册会计师职业准则体系的完善和落地。为了进一步强化准则的实施指导，提高注册会计师理解和执行准则的能力，帮助会计师事务所尽快建立健全适合本所的质量管理体系，中国注册会计师协会组织专家，在充分调研会计师事务所质量管理体系建设情况的基础上，对我国会计师事务所质量管理中存在的突出问题进行系统梳理分析，并借鉴国际准则在实施指导方面的有益经验，编写了《会计师事务所质量管理相关准则讲解与操作》。

《会计师事务所质量管理相关准则讲解与操作》对质量管理准则进行了系统的讲解，包括准则的背景、理念、定位和具体要求等；同时，还从开展具体工作的角度，介绍了建立质量管理体系的总体思路、步骤和方案，并提出了落地实施的参考示例，以提供更具实操性的指导。需要注意的是，本书并没有涵盖质量管理准则的所有内容，也无法对实务中的所有情况作出一一举例，所列举的示例既不作为强制的要求，也不是质量管理体系的“标准模板”。会计师事务所需要根据实际情况“量身定制”适合本所的质量管理体系，不应机械照搬套用。

当前，我们迈上全面建设社会主义现代化国家新征程，高质量发展是全面建设社会主义现代化国家的首要任务，这为注册会计师行业发展提出了新任务、新目标。2023年是全面贯彻党的二十大精神的开局之年，亦是质量管理准则实施之首年。注册会计师行业要以此为契机，聚焦服务国家建设的神圣使命，坚守诚信为本的专业基石，不断提升执业质量，增强自律性、公正性和专业化水平，为全面建设社会主义现代化国家、实现中华民族伟大复兴的中国梦作出新的更大贡献。

目录

第一部分　准则总体介绍

一、制定背景

业务质量是注册会计师行业的第一生命线，是会计师事务所生存发展和树立市场信誉的基础。加强质量管理体系建设，制定并实施科学、严谨的质量管理政策和程序，积极主动地实施质量管理，是保障事务所执业质量、实现注册会计师行业科学健康发展的重要制度基础和长效机制。为了回应社会各界对审计质量的关切，顺应资本市场改革及信息技术发展对事务所管理提出的新要求、新挑战，提高事务所质量管理水平和能力，中国注册会计师协会针对会计师事务所质量管理方面存在的突出问题，借鉴国际质量管理准则的最新成果，拟订（修订）了会计师事务所质量管理准则。

2020年11月19日，财政部批准发布《会计师事务所质量管理准则第5101号——业务质量管理》（以下或简称第5101号准则）、《会计师事务所质量管理准则第5102号——项目质量复核》（以下或简称第5102号准则）以及《中国注册会计师审计准则第1121号——对财务报表审计实施的质量管理》（以下或简称第1121号准则）等三项准则。2021年11月1日，中国注册会计师协会印发了上述三项准则对应的应用指南。以上三项准则及其应用指南统称为质量管理准则。

质量管理准则的发布实施，将对会计师事务所质量管理产生积极深远的影响，有利于提升审计质量、防范审计风险，有助于实现注册会计师行业的长远健康发展。

二、重要理念

（一）突出维护公众利益的宗旨

维护公众利益是注册会计师的宗旨。质量管理体系的设计、实施和运行，为会计师事务所维护公众利益提供了很好的抓手。质量管理相关准则从总体上强调，会计师事务所应当通过持续高质量地执行业务来服务于公众利益，质量管理体系的目的在于为会计师事务所持续高质量地执行业务提供支持。质量管理准则以维护公众利益为出发点，强调会计师事务所应当建立和完善相关政策和程序，落实会计师事务所各级人员特别是重要岗位人员的责任，体现了先进的理念和做法，严格和细化了要求。

表1–1至表1–3展示了质量管理准则在起草过程中是如何考虑与公众利益相关的事项的。

1. 第5101号准则

表1–1

公众利益事项	准则是如何应对的
职业怀疑是审计的核心概念，对于提高审计质量至关重要。注册会计师特别是项目合伙人，在执业过程中应当恰当运用职业怀疑，会计师事务所也应当为运用职业怀疑营造良好的环境。相关准则需要强化在此方面的要求和指导	• 强调会计师事务所持续高质量地执行业务是服务公众利益的内在要求，而质量管理体系可以使会计师事务所持续高质量地执行业务。同时，解释了如何实现业务的高质量，其中包括需要恰当运用职业判断和职业怀疑。（参见第5101号准则第三十条） • 针对业务执行要素，设定质量目标“项目组恰当运用职业判断并保持职业怀疑”。［参见第5101号准则第六十四条第（三）项］ • 指出某些准则及应用指南可能涉及在项目层面运用职业判断和保持职业怀疑的具体规定。（参见第5101号准则应用指南第93段）

续表

公众利益事项	准则是如何应对的
确保修改后的准则仍然是足够扎实的，可以适应不断发展、日益复杂的环境，并适合在不同情形下使用	• 准则基于原则导向的理念，采用风险导向的方法，这使得会计师事务所可以随着环境的变化调整其质量管理体系。 • 准则以结果为导向，提出了较为综合、全面的质量目标，在吸收原5101号准则要求的基础上，针对公众利益相关的事项增加新的要求。 • 要求会计师事务所在识别和评估质量风险时，应当了解可能对实现质量目标产生不利影响的事项或情况，并具体列举了相关事项和情况。[参见第5101号准则第四十六条第（一）项] • 由于会计师事务所或其业务的性质和具体情况（包括事务所的环境）发生变化，可能需要设定额外的质量目标、评估额外的质量风险，也可能需要调整之前评估的质量风险或采取的应对措施。准则要求会计师事务所制定相关的政策和程序。（参见第5101号准则第四十八条）
强调进行积极的质量管理	• 在治理和领导层方面，设定相关质量目标，包括在全所范围内形成质量至上的文化、会计师事务所有责任通过持续高质量地执行业务服务公众利益、所有人员都要承担相应的责任、会计师事务所的战略决策和行动要以质量为先等。（参见第5101号准则第四十九条） • 强化会计师事务所的一体化管理要求。强调会计师事务所设计、实施和运行在全所范围内（包括分所或分部）统一的质量管理体系。针对某些具体事项，强调需在全所范围内统一管理和决策，包括：在全所范围内统一进行合伙人考核和收益分配；在全所范围内委派适当的项目合伙人执行业务；在全所范围内统一进行关键合伙人轮换；全所的人力资源和客户资源实现一体化统筹管理；在全所范围内统一决策业务承接事项；建立和实施全所范围内统一的监控和整改程序。（参见第5101号准则第三十三条、第五十四条、第五十七条、第五十八条、第六十三条、第六十六条、第七十九条） • 强化对合伙人的管理。要求会计师事务所加强对合伙人晋升、培训、考核、分配、转入、退出的管理，体现以质量为导向的文化，确保合伙人能够履行其在质量管理方面的责任；加强对员工（包括外部转入人员）晋升合伙人的管理，建立以质量为导向的晋升机制，针对合伙人晋升建立和实施质量一票否决制度；在对合伙人进行考核和收益分配时，强调要综合考评而不得以承接和执行业务的收入或利润作为首要指标。（参见第5101号准则第五十二条至第五十四条） • 强化轮换方面的要求。要求会计师事务所建立并完善与公众利益实体审计业务有关的关键审计合伙人轮换机制，并强调确保实质轮换。要求会计师事务所对关键审计合伙人的轮换情况进行实时监控，并每年对轮换情况进行复核。（参见第5101号准则第五十七条、第五十八条）

续表

公众利益事项	准则是如何应对的
强调进行积极的质量管理	• 强调要把职业准则的要求从实质上执行到位，并且恰当记录判断过程、程序执行情况及得出的结论。（参见第5101号准则第七十六条） • 积极质量管理的理念贯穿于风险评估程序以及监控和整改程序。 • 增加对质量管理体系进行年度评价的要求。（参见第5101号准则第九十九条至第一百零一条）
提高透明度	• 增加了与外部沟通有关的质量目标：会计师事务所根据相关法律法规或职业准则的规定，或者为了帮助外部各方了解质量管理体系，向外部传递相关、可靠的信息。［参见第5101号准则第七十七条第（四）项第2点］ • 要求会计师事务所制定与外部各方沟通信息相关的政策和程序，确定在何种情况下向外部沟通、沟通哪些信息，以及沟通的性质、时间安排、范围和适当的形式。（参见第5101号准则第七十八条、第5101号准则应用指南第145段至第147段）
关注事务所（包括其网络）的内外部监控和整改活动	• 会计师事务所应当建立在全所范围内统一的监控和整改程序，开展实质性监控，为识别质量管理体系的缺陷奠定基础。（参见第5101号准则第七十九条、第八十条） • 指出在确定监控活动的性质、时间安排和范围时应当考虑的因素，其中包括通过外部检查获得的信息。（参见第5101号准则第八十一条） • 强化检查已完成项目方面的要求和指导，特别是如何选取恰当的项目和项目合伙人进行检查。（参见第5101号准则第八十二条、第5101号准则应用指南第166段至第173段） • 针对评价发现的情况、识别缺陷以及评价缺陷的严重程度和广泛性提出框架，包括调查缺陷的根本原因。（参见第5101号准则第八十四条、第八十五条） • 完善与整改相关的要求，包括要求相关领导层人员确定整改措施是否有效。（参见第5101号准则第八十六条至第八十八条） • 针对网络的监控活动增加新要求，包括确定网络监控活动对事务所的影响，了解网络监控活动的总体范围，以及从网络获取监控活动的结果等。（参见第5101号准则第九十六条、第九十七条）
强化审计中的沟通和互动	• 要求会计师事务所针对获取、生成和利用与质量管理体系有关的信息并及时在会计师事务所内部沟通信息，设定相关质量目标。包括：对信息系统的需求；文化认同并强化会计师事务所人员与会计师事务所之间，以及这些人员彼此之间交换信息的责任；会计师事务所内部以及各项目组之间能够交换相关、可靠的信息。［参见第5101号准则第七十七条第（一）项至第（三）项］

2. 第5102号准则

表1–2

公众利益事项	准则是如何应对的
恰当确定需要实施项目质量复核的范围，防止忽视那些与公众利益相关的非上市实体	• 指出会计师事务所应当就项目质量复核制定政策和程序，并对下列业务实施项目质量复核：上市实体财务报表审计业务；法律法规要求实施项目质量复核的业务；为应对质量风险，会计师事务所认为有必要实施项目质量复核的业务。（参见第5101号准则第六十五条、第5101号准则应用指南第101段至第104段）
选择恰当的项目质量复核人员	• 强化项目质量复核人员的资质要求。（参见第5102号准则第十九条、第二十条，第5102号准则应用指南第4段至第15段和第17段） • 增加关于前任项目合伙人担任项目质量复核人员的冷却期的规定。（参见第5102号准则第二十一条、第5102号准则应用指南第18段、第19段） • 增加关于交叉复核的规定。（参见第5102号准则第二十二条、第5102号准则应用指南第16段）
关注实施项目质量复核的时间安排，特别是实施项目质量复核的时点以及时长	• 要求会计师事务所应当制定政策和程序明确项目质量复核人员的任职资质要求。质量复核人员应当具备适当的胜任能力，包括充足的时间和适当的权威性，项目质量复核人员的胜任能力应当至少与项目合伙人相当。[参见第5102号准则第十九条第（一）项、第5102号准则应用指南第6段至第10段] • 明确项目质量复核人员有责任在项目的适当时点实施复核。[参见第5102号准则第二十七条第（一）项]
项目质量复核人员可能未针对相关重大风险和判断给予足够的关注。相关准则需要强化在此方面的要求和指导	• 强化实施项目质量复核方面的要求和指导，包括项目质量复核人员的责任，复核程序的性质、时间安排和范围等。（参见第5102号准则第二十七条至第三十条、第5102号准则应用指南第26段至第49段）
项目质量复核的工作底稿需要足够扎实	• 要求项目质量复核人员负责就项目质量复核形成工作底稿。（参见第5102号准则第三十一条、第5102号准则应用指南第50段） • 要求项目质量复核的工作底稿应当包括在业务工作底稿中。（参见第5102号准则第三十二条） • 要求项目质量复核的工作底稿应当足以使未曾接触该项目的、有经验的执业人员了解项目质量复核程序的性质、时间安排和范围，以及在实施复核的过程中得出的结论。（参见第5102号准则第三十三条、第5102号准则应用指南第51段至第53段）

3. 第1121号准则

表1-3

公众利益事项	准则是如何应对的
职业怀疑是审计的核心概念，对于提高审计质量至关重要。注册会计师特别是项目合伙人，在执业过程中应当恰当运用职业怀疑，会计师事务所也应当为运用职业怀疑营造良好的环境。相关准则需要强化在此方面的要求和指导	• 强调在计划和执行审计工作时需要运用职业判断并保持职业怀疑。（参见第1121号准则第八条） • 应用指南对如何保持职业怀疑提供进一步指导，具体列举了阻碍运用职业怀疑的情况（包括有意识或无意识的倾向）以及可能采取的措施。（参见第1121号准则应用指南第32段至第35段） • 要求项目合伙人应当在签署审计报告之前确定其已对管理和实现审计项目的高质量承担责任。（参见第1121号准则第五十二条、第1121号准则应用指南第110段至第113段）
确保修改后的准则仍然是扎实的，可以适应不断发展、日益复杂的环境，并适合在不同情形下使用	• 修改项目组的定义，强调项目组是指为该项业务实施审计程序的人员，也可以包含来自服务提供中心（例如函证集中处理中心）的人员。（参见第1121号准则第十四条、第1121号准则应用指南第15段至第21段） • 要求项目合伙人对所有项目组成员进行指导、监督和复核，无论该项目组成员是否为同一会计师事务所的员工，或者以何种方式参与审计工作。（参见第1121号准则第四十条、第四十一条） • 应用指南针对如何运用项目组的新定义，以及项目合伙人如何对项目组进行指导、监督和复核，提供进一步指引，包括当项目组成员是来自其他会计师事务所的组成部分注册会计师或来自服务提供中心的人员时该如何考虑。（参见第1121号准则应用指南第15段至第21段、第76段至第90段） • 突出技术在财务报表审计中愈发重要的作用。在考虑业务资源时，除了人力资源，还包括知识资源和技术资源。（参见第1121号准则第三十五条、第1121号准则应用指南第56段至第69段）
强调进行积极的质量管理	• 按照第1121号准则的要求在项目层面进行质量管理，是事务所质量管理体系的一部分。项目层面的质量管理与事务所质量管理体系是相关联的。 • 项目组不能盲目依赖事务所的质量管理体系，应用指南对此作出了提示，并列举了具体的情形。（参见第1121号准则应用指南第10段）

续表

公众利益事项	准则是如何应对的
强调进行积极的质量管理	• 如果审计项目组包括来自其他会计师事务所的人员，为执行本所的政策和程序，可能有必要采取不同的措施。应用指南增加了在此方面的指导。（参见第1121号准则应用指南第23段至第25段） • 明确了项目合伙人的领导角色，强调项目合伙人应当对管理和实现审计项目的高质量承担总体责任。（参见第1121号准则第二十三条） • 对于项目合伙人需要亲自遵守或承担的责任，和允许项目合伙人分配给其他项目组成员的责任，作出了明确区分。（参见第1121号准则第十条） • 强调项目合伙人和项目组其他成员都要投入充分的时间参与项目。（参见第1121号准则第三十九条）
加强对注册会计师判断的记录。相关准则需要考虑，注册会计师如何恰当地记录判断过程以及沟通互动	• 针对如何证明审计项目合伙人充分、适当地参与了审计项目的全过程提供了指引，并强调对需要判断的事项（例如对实现高质量可能产生风险的情况）进行记录。（参见第1121号准则应用指南第115段、第116段） • 针对项目合伙人如何复核涉及重大判断的工作底稿提供指引。（参见第1121号准则第四十二条、第1121号准则应用指南第89段）

（二）从“控制”到“管理”：理念上的升华

质量管理准则将“质量控制”改为“质量管理”，不仅仅是名词术语上的变化，更多体现的是一种理念上的升华。“质量控制”和“质量管理”的主要区别在于：前者侧重于被动控制，后者则更加强调积极主动地实施管理；前者更多是事中控制，后者则更加强调事前、事中、事后全方位全流程地实施管理。例如，质量管理准则要求会计师事务所贯彻风险导向的理念，在事前就积极主动地设定质量目标和识别质量风险，而不只是被动地在事中采取应对措施；再如，质量管理准则突出了会计师事务所针对质量管理体系中的缺陷设计和采取整改措施的要求，同时增加了会计师事务所评价质量管理体系并对相关人员进行业绩评价的要求，这些都属于事后对质量管理体系的完善。

（三）引入风险导向的质量管理理念

质量管理准则引入风险导向的质量管理理念。所谓风险导向的质量管理理念，是指要求会计师事务所设计和实施风险评估程序，设定质量目标、识别和评估质量风险、设计和采取应对措施。风险导向的质量管理理念能够帮助会计师事务所根据本所及其业务的性质和具体情况，“量身定制”适合本事务所的质量管理体系，同时，帮助会计师事务所聚焦对于本所及其业务的性质和具体情况最为重要的事项，为事务所质量管理指明方向，提供思路，从而更有效地管理质量。

（四）强调“量身定制”

由于不同会计师事务所的规模、组织结构、业务类型、业务风险等方面不同，质量管理体系在设计上会存在差异，特别是其复杂程度和规范程度也会存在差异。例如，如果一个会计师事务所规模较大，组织结构较为复杂，业务类型较多，并且执行上市实体审计业务，则该事务所很可能需要更加复杂和规范的质量管理体系。质量管理准则在大力提高准则条款可调适性的同时，特别强调会计师事务所应当实事求是，根据本事务所及其业务的性质和具体情况“量身定制”适合本事务所的质量管理体系，而不应当机械执行会计师事务所质量管理准则，也不应当盲目地“照搬照抄”其他事务所的政策和程序。这是会计师事务所在设计和实施新的质量管理体系时，需要特别注意的。

（五）质量管理体系的动态性

质量管理体系应当是动态的，需要不断进行完善和优化，而不应一成不变。会计师事务所及其业务发生的变化、设立新的质量目标、评估新的质量风险、采取新的应对措施、对监控中发现问题的整改等，都有可能导致需要对质量管理体系进行优化调整。实务中，会计师事务所应当根据本所及其业务在性质和具体情况方面的变化，对质量管理体系的设计、实施和运行进行动态调整。

三、质量管理准则的定位

（一）中国注册会计师职业标准体系概况

经过三十余年的发展，注册会计师职业标准体系建设取得了历史性成就，形成了顺应市场经济发展又符合国际惯例的职业标准体系，涵盖职业道德守则、会计师事务所质量管理准则和业务技术标准“三驾马车”（见图1-1）。整套职业标准体系，既有思想道德的规范和引领，也有技术方法的规则和指导，既着眼于具体业务层面，也关注到事务所整体层面，是衡量注册会计师执业质量的权威依据。

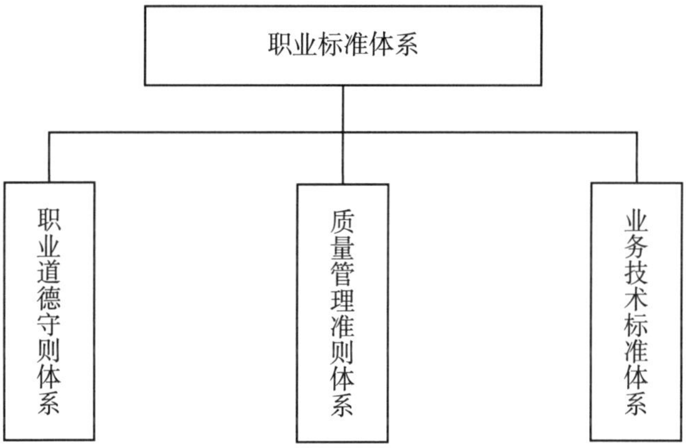

图1-1　中国注册会计师职业标准体系

1.职业道德守则体系

职业道德守则是从职业道德的角度，引导注册会计师的思想，规范注册会计师的行为。职业道德守则体系主要包括《中国注册会计师职业道德守则》和《中国注册会计师协会非执业会员职业道德守则》，分别规范了注册会计师和非执业会员在职业活动中应遵循的道德要求，以履行相应的社会责任，维护公众利益。

2.质量管理准则体系

质量管理准则是从事务所角度，为规范事务所设计、实施和运行各业务领域的质量管理体系作出规定，管理事务所的系统性风险，从而提高业务质量。执业质量是会计师事务所的生命线。加强质量管理体系建设，制定并实施科学、严谨的质量管理政策和程序，积极主动地实施质量管理，是保障事务所执业质量、实现注册会计师行业科学健康发展的重要制度基础和长效机制。

3.业务技术标准体系

业务技术标准是从具体业务角度，提供一套方法论，指导注册会计师执业。业务技术标准体系分为鉴证业务准则和相关服务准则两大类，包括51项准则。具体而言，鉴证业务准则规范了注册会计师在执行鉴证业务过程中应当遵循的要求和方法，其中鉴证业务基本准则为框架性准则，规范了鉴证业务的目标、要素；45项审计业务准则，涵盖了计划、风险评估、风险应对、获取证据及出具报告的审计业务全流程的要求；此外，还有1项审阅准则和2项其他鉴证业务准则。相关服务准则目前共2项，分别规范了注册会计师执行商定程序及代编财务信息业务的要求和执业责任。中国注册会计师业务技术标准体系见图1-2。

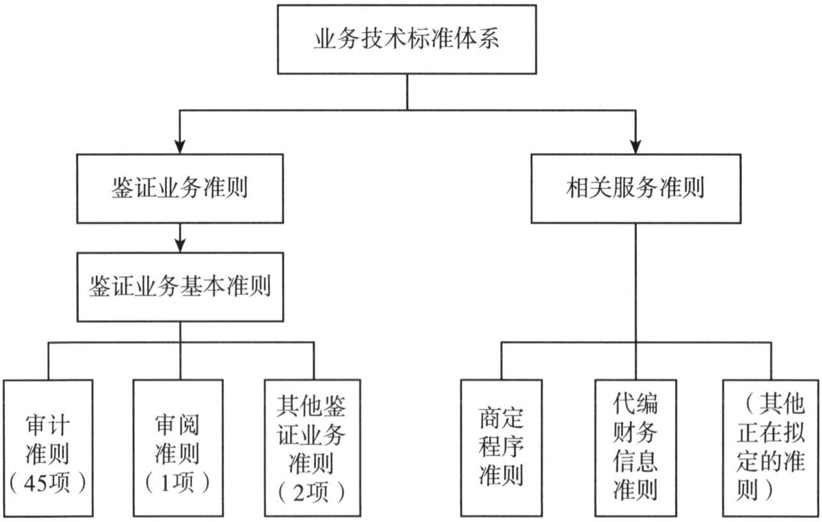

图1-2 中国注册会计师业务技术标准体系

（二）质量管理准则的主要内容和相互关系

在质量管理准则发布之前，长期以来，对业务质量的关注聚焦于具体项目层面。然而，项目质量问题仍然时有发生。质量管理准则从具体业务和项目层面拓展到事务所整体层面，从管理事务所的系统性风险出发，着力于为保障事务所执业质量提供长效机制，丰富和完善了注册会计师职业标准体系的内涵和逻辑。

如前文所述，质量管理准则包括第5101号准则、第5102号准则、第1121号准则以及相关的应用指南。三项准则既相互联系又各有侧重。

1. 第5101号准则

第5101号准则在原《质量控制准则第5101号——会计师事务所对执行财务报表审计和审阅、其他鉴证和相关服务业务实施的质量控制》（以下或简称原5101号质量控制准则）的基础上作出了重大修改。

第5101号准则定位于在整个事务所层面管理业务质量，设计、实施和运行一套健全的质量管理体系。质量管理体系是事务所的一种机制，能够推动事务所主动思考如何管理所执行业务的质量，推动所有业务都能够被持续高质量地执行，既规范财务报表审计，也规范审阅、其他鉴证和相关服务业务。第5101号准则并不是将质量管理作为事务所单独的一个职能，而是将这种质量管理的理念与事务所的文化、战略、经营活动和业务流程相融合。

2. 第5102号准则

第5102号准则是针对项目质量复核制定的新准则。该准则围绕项目质量复核的目标、项目质量复核人员的委派和资质要求，以及项目质量复核工作的实施和记录等提出一系列要求。

第5102号准则吸收了原《质量控制准则第5101号——会计师事务所对执行财务报表审计和审阅、其他鉴证和相关服务业务实施的质量控制》和原《中国注册会计师审计准则第1121号——对财务报表审计实施的质量控制》中与项目质量复核相关的内容，同时进一步丰富和强化了相关要求，成为一项独立的准则，体现出项目质量复核在支持质量管理体系方面的重要作用。

3.第1121号准则

第1121号准则在原《中国注册会计师审计准则第1121号——对财务报表审计实施的质量控制》的基础上作出了较大修改。第1121号准则聚焦于将质量管理体系运用于财务报表审计业务，规范了在项目层面实施质量管理的具体责任，强调积极主动的质量管理理念和方法，突出职业怀疑和职业判断的重要性，强化服务公众利益的宗旨。

4.质量管理准则之间的内在联系

第5101号准则是站在事务所层面对全所的质量管理进行规范，是执行执业准则体系其他准则的前提和基础，不仅适用于财务报表审计业务，还适用于财务报表审阅、其他鉴证、相关服务业务。

第5101号准则要求事务所建立健全并有效运行全事务所统一的质量管理体系，并详细规定了该体系的八个组成要素及各要素的具体内容和要求。其中，针对“业务执行”要素，该准则要求事务所就项目质量复核制定政策和程序，并对满足一定要求的业务实施项目质量复核。项目质量复核是事务所管理质量的一种强有力的措施，在第5101号准则的基础上，第5102号准则对项目质量复核的内容进行了细化和补充（见图1–3）。

第1121号准则规范了在项目组层面如何管理财务报表审计项目质量，也是另外两项质量管理准则的理念和方法在财务报表审计业务中的具体运用。

三项准则从不同角度对质量管理提出要求、进行阐述、提供指引，形成一个有机整体，缺一不可（见图1–4）。

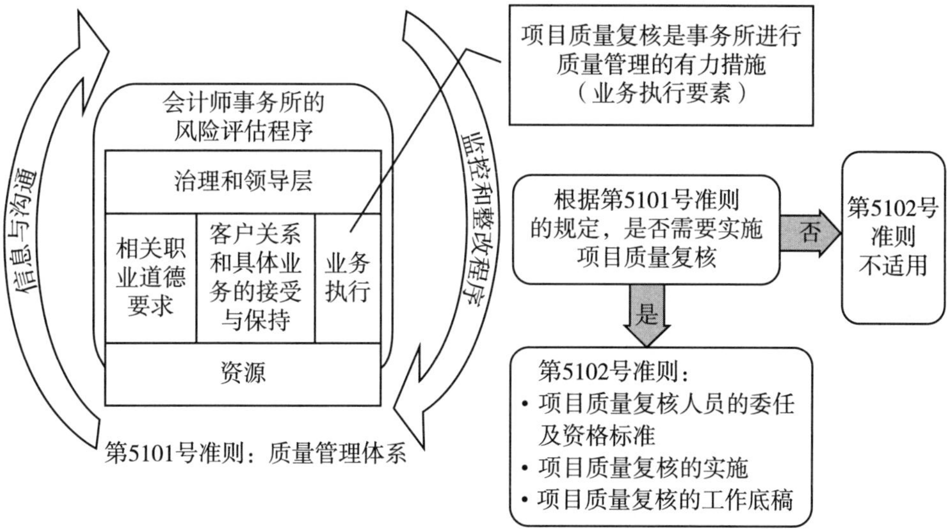

图1–3　第5101号准则与第5102号准则之间的关系

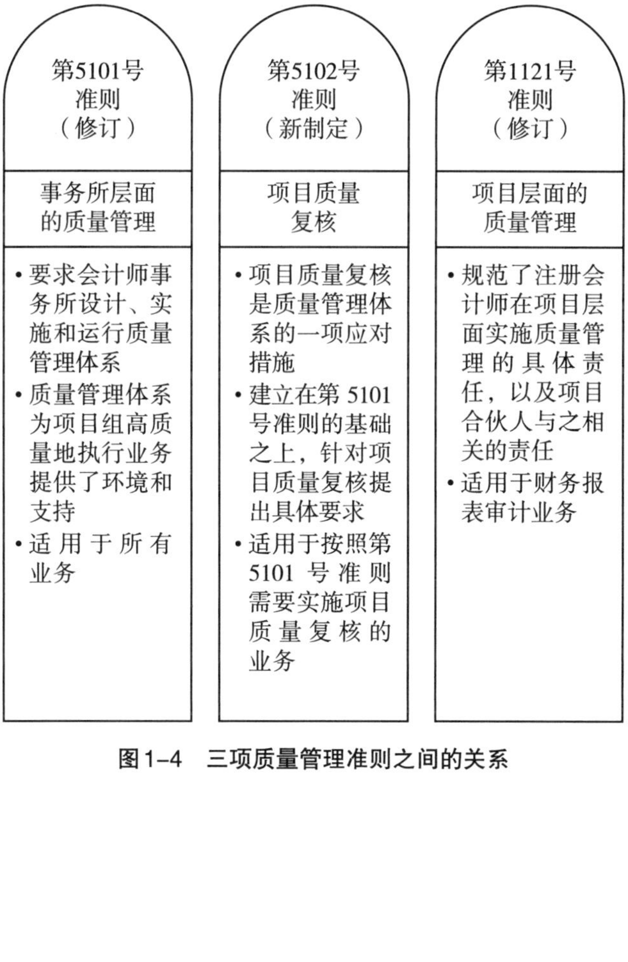

图1–4　三项质量管理准则之间的关系

四、实施时间

为确保能够平稳顺利实施，质量管理准则采取了分批分步骤实施的方案，针对从事证券服务业务的事务所和不从事证券服务业务的事务所分别设定了不同的实施日期（见图1-5）。有关实施时间如下：

（1）对于从事证券服务业务的会计师事务所，应于2023年1月1日起执行，即2023年1月1日起建立完成适合本事务所的质量管理体系并开始运行，自运行一年之内开始对该体系运行情况进行评价；

（2）对于不从事证券服务业务的会计师事务所，应于2024年1月1日起执行，即2024年1月1日起建立完成适合本事务所的质量管理体系并开始运行，自运行一年之内开始对该体系运行情况进行评价；

（3）允许和鼓励提前执行。

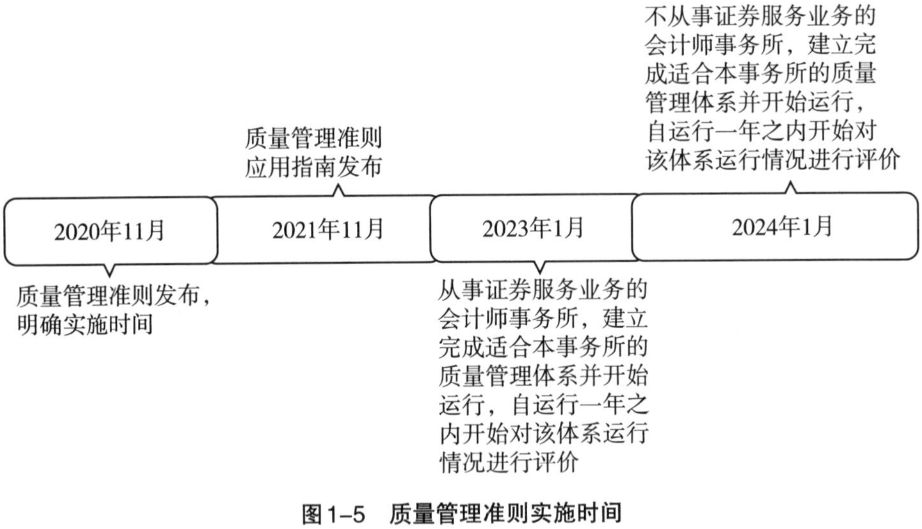

图1-5　质量管理准则实施时间

对于实施时间，重点提示从以下方面理解。

（一）实施日期

以从事证券服务业务的事务所为例，应于2023年1月1日起执行质量管理准则。通常情况下，审计准则的生效日期意味着，从生效日期起，注册会计师需要开始按照新准则的要求执行工作。与此不同，自质量管理准则发布之日起，会计师事务所就需要尽早开始着手建立质量管理体系，制定相关政策和程序，开展传达和培训工作，截至2023年1月1日，应当建立完成适合本事务所的质量管理体系并开始运行，并自运行一年之内开始对该体系运行情况进行评价。这意味着，在2023年1月1日之前，会计师事务所应当：

（1）设定质量目标、识别和评估质量风险、设计和采取应对措施；

（2）设计和实施监控活动。

不从事证券服务业务的事务所可将实施日期推迟一年，于2024年1月1日起执行质量管理准则。

（二）过渡期

1.全面考虑

在遵循原5101号质量控制准则的背景下，事务所现有一些政策和程序，对于新的质量管理体系而言可能也是适当的，或进行一定程度的修改或完善后是适当的。即使现有的政策和程序对新的质量管理体系的要求是相关或适当的，事务所仍然需要全面考虑质量管理准则的理念，并按照其要求，设计、实施和运行质量管理体系。

2.分步推进

在实施日期之前，会计师事务所可以采取分阶段实施的方法，逐步建立、运行和测试相关政策和程序，比如针对客户关系与具体业务的接受与保持或信息与沟通建立的政策和程序，提前要求在本所范围内实施运行。

（三）允许和鼓励提前执行准则

业务质量是注册会计师行业的第一生命线，这不仅是为了回应包括监管机构在内的社会各界的关切，更是会计师事务所生存发展和树立市场信誉的基础。建立健全质量管理体系，为高质量的业务提供保障，是事务所发展的内生需求。如可能，会计师事务所可以尽早着手开展相关工作，提早执行质量管理准则。

需要注意的是，如果在实施日期前，会计师事务所测试或实施了部分政策和程序，这不属于“提前执行”第5101号准则，因为这些政策和程序的实施，仅仅代表新的质量管理体系的一部分被设计、实施和运行。只有完全遵守了新的质量管理准则，建立新的质量管理体系，并正式在事务所层面全面实施运行，才是“执行”了质量管理准则。

第二部分　准则内容讲解

一、第5101号准则——构建质量管理体系

第5101号准则主要规范了会计师事务所如何设计、实施、运行和评价质量管理体系。质量管理体系为高质量地执行业务创造了环境，能够帮助会计师事务所实现持续高质量地执行业务，并服务公众利益。

（一）质量管理体系的总体结构及各要素间的关系

第5101号准则用内部控制理论来考虑会计师事务所的质量管理问题，继承和保留了原5101号质量控制准则中“质量控制制度”的六个要素，借鉴国际通用的COSO内部控制五要素模型，并对其进行补充和整合，形成了会计师事务所质量管理体系的八个组成要素，即会计师事务所的风险评估程序、治理和领导层、相关职业道德要求、客户关系和具体业务的接受与保持、业务执行、资源、信息与沟通、监控和整改程序，并针对每一个组成要素作出了更加细化的规定。表2–1展示了内部控制五要素与质量管理体系八要素的对应关系。

表2–1

COSO框架五要素	质量管理体系八要素
控制环境	• 治理和领导层 • 资源
风险评估	• 会计师事务所的风险评估程序

续表

COSO框架五要素	质量管理体系八要素
控制活动	• 相关职业道德要求 • 客户关系和具体业务的接受与保持 • 业务执行
信息和沟通	• 信息与沟通
监督	• 监控和整改程序

质量管理体系各组成要素之间相互联系、协同运行，保障会计师事务所能够积极主动并有效地管理质量。质量管理体系各要素之间的关系如图2-1所示。

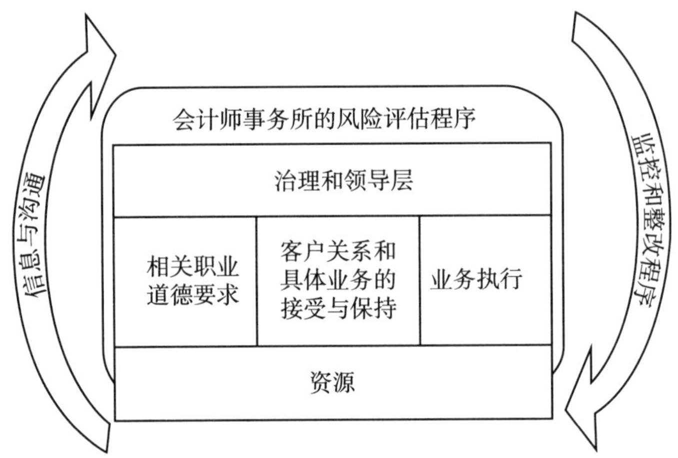

图2-1　质量管理体系八要素之间的关系

在质量管理体系的八个要素中，风险评估程序以及监控和整改程序属于程序性质的要素，可以运用于其他六个具体要素。程序性质的要素为构建并不断优化调整质量管理体系提供了思路和方法。主动和动态管理质量的过程，也是基于风险导向的质量管理方法建立质量管理体系并不断发现和修正问题、完善和优化质量管理体系的过程。风险评估程序要素提出了风险导向的质量管理方法，会计师事务所针对治理和领导层等六个具体要素，设定质量目标、识别和评估质量风险、设计和采取应对措施。通过监控和整改程序，会计师事务所对质量管理体系的运行情况进行监督，及时发现并修正问题，不断完善和优化质量管理体系。

（二）会计师事务所的风险评估程序

运用风险导向的思路进行质量管理是质量管理准则的基础，也是新准则相对于原5101号质量控制准则的主要变化之一。会计师事务所在设计、实施和运行质量管理体系时，应当采用风险导向的思路。按照风险导向的思路，会计师事务所应当设计和实施风险评估程序，以设定质量目标、识别和评估质量风险，并设计和采取应对措施以应对质量风险。

1.风险评估程序的设计

按照风险导向的思路，会计师事务所在设计和实施风险评估程序时，应当采取以下步骤：

（1）针对质量管理体系的要素设定质量目标。会计师事务所的质量目标可以进一步分解为质量管理体系各组成要素所期望达到的目标。

（2）识别和评估质量风险。质量风险是一种具有合理可能性会发生的风险，这种风险一旦发生，将单独或连同其他风险对质量目标的实现产生不利影响。

（3）设计和采取应对措施以应对质量风险。应对措施通常是指会计师事务所为应对质量风险而设计和实施的政策和程序，应对措施的性质、时间安排和范围取决于相关质量风险的评估结果及得出该评估结果的理由。

会计师事务所风险评估程序的基本思路见图2–2。

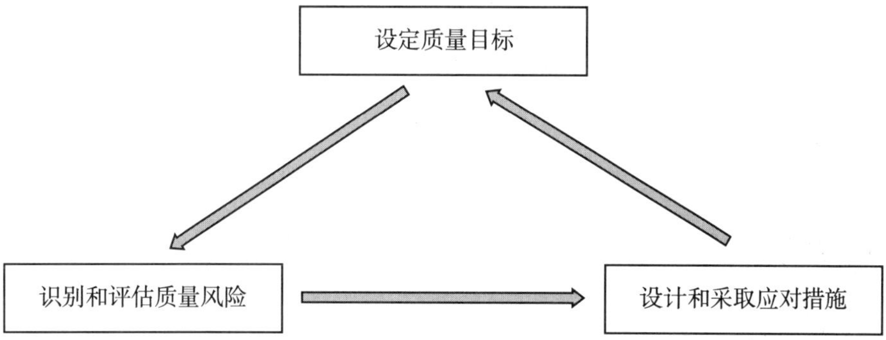

图2–2 会计师事务所风险评估程序的基本思路

会计师事务所风险评估程序的设计，受会计师事务所的性质和具体情况（包括其组织结构）的影响，不同会计师事务所的风险评估程序可能各不相同。表2–2是不同类型会计师事务所风险评估程序的区别和示例。

表2–2

项目	较不复杂的会计师事务所	较为复杂的会计师事务所
涉及人员和活动	涉及人员和活动较少	涉及较多人员和活动
风险评估程序的设计和实施	更可能由对质量管理体系的运行承担责任的人员来执行风险评估程序，因为他们更容易充分了解会计师事务所及其业务	风险评估程序较为正式，可能是集中的（例如，为所有业务单元、职能部门和业务条线集中设定质量目标、识别和评估质量风险、设计和采取应对措施），也可能是分散的（例如，在各业务单元、职能部门或业务条线层面分别设定质量目标、识别和评估质量风险、设计和采取应对措施，并将其结果汇总至会计师事务所层面）
风险评估程序的记录	对质量目标、质量风险和应对措施的记录也可能较为简单（例如，可能记录在专门的文档中）	对质量目标、质量风险和应对措施的记录较为复杂和详细
是否涉及网络	—	所属网络也可能为会计师事务所设定质量目标、识别和评估质量风险、设计和采取应对措施，供会计师事务所在其质量管理体系中采用

为了积极主动并持续地管理质量，会计师事务所在设定质量目标、识别和评估质量风险、设计和采取应对措施的过程中，需要利用各种来源的信息，包括从会计师事务所质量管理体系中产生或获取的信息。例如，会计师事务所实施监控和整改程序的结果，以及从质量管理体系“信息与沟通”要素获取的来自会计师事务所内部或外部的信息。

会计师事务所设定质量目标、识别和评估质量风险、设计和采取应对措施是一个不断完善和优化的过程。例如，在识别和评估质量风险时，会计师事务所可能发现需要设定额外的质量目标；在设计和采取应对措施时，会计师事务所可能发现某一质量风险未能得到识别和评估；会计师事务所采取的应对措施可能会产生新的事项或情况，从而引发新的质量风险。

2.风险评估程序的具体步骤

（1）设定质量目标。

质量管理准则规定了会计师事务所及其质量管理体系的目标，如果会计师事务所的质量管理体系可以实现准则规定的目标，那么该事务所的质量管理体系就是有效的。会计师事务所及其质量管理体系的目标层次较高，较为总括。

为了使会计师事务所更加清楚为有效管理质量需要实现的目标，针对治理和领导层、相关职业道德要求、客户关系和具体业务的接受与保持、业务执行、资源、信息与沟通等六个要素，质量管理准则设定了更为具体的质量目标，每个要素的质量目标更具体地反映出会计师事务所需要实现的目标，以及在实现质量目标的过程中可能出现的问题，从而帮助会计师事务所恰当地识别和评估质量风险。各个层次目标之间的关系见图2–3。

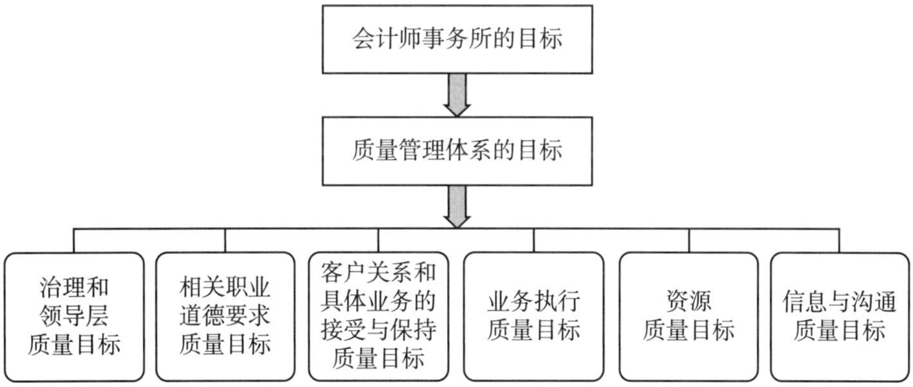

图2–3　各个层次目标之间的关系

质量管理准则要求会计师事务所应针对质量管理体系的各个组成要素设定质量目标。会计师事务所可以根据本所的具体情况，决定是否设定子目标，以强化识别和评估质量风险、设计和采取应对措施。

案例：设定子目标

A会计师事务所有三个业务部门：审计、税务和会计服务。税务服务部门偶尔执行商定程序业务，会计服务部门主要业务是代编财务信息。A会计师事务所根据三个业务部门的具体情况，分别设定了更符合各部门执行业务性质的子目标。例如，A会计师事务所设定了与《会计师事务所质量管理准则第5101号——业务质量管理》第七十二条第一项第1个质量目标有关的下列子目标：

审计业务部门：

招聘、培养和留住具备与执行审计业务相关的知识和经验，能够持续高质量地执行审计业务的人员。

税务服务部门：

招聘、培养和留住具备与执行商定程序业务相关的知识和经验，能够持续高质量地执行商定程序业务的人员。

会计服务部门：

招聘、培养和留住具备与编制财务报表相关的知识和经验，能够持续高质量地执行代编财务信息业务的人员。

相关链接：

《会计师事务所质量管理准则第5101号——业务质量管理》第七十二条 会计师事务所应当设定下列质量目标，以及时且适当地获取、开发、利用、维护和分配资源，支持质量管理体系的设计、实施和运行：

（一）会计师事务所招聘、培养和留住在下列方面具备胜任能力的人员：

1.具备与会计师事务所执行的业务相关的知识和经验，能够持续高质量地执行业务；

2.执行与质量管理体系运行相关的活动或承担与质量管理体系相关的责任。

由于不同会计师事务所的具体情况差异很大，为了实现质量管理体系的目标，会计师事务所除了设定准则明确规定的质量目标外，还需要设定其认为对实现质量管理体系的目标而言必要的其他质量目标。尽管并非所有会计师事务所都需要设立额外的质量目标，会计师事务所仍然需要审慎地考虑其自身情况，确定是否有必要设定额外的质量目标。

案例：在识别和评估质量风险时需要设定额外质量目标

A会计师事务所了解到，法律法规要求会计师事务所的某些岗位或职责需要予以分离，虽然质量管理准则中并没有列举相关质量目标，A会计师事务所可能仍有必要针对该要求设定额外的质量目标。

质量管理体系各组成要素的质量目标是相互联系、相互依赖的。例如，某一要素的质量目标可能与另一要素的质量目标存在交叉；与另一要素的质量目标相关；支持另一要素的质量目标或被另一要素的质量目标支持。

（2）识别和评估质量风险。

识别和评估质量风险的目的是将注意力放在实现质量目标时可能出现的问题上。因此，识别和评估质量风险有助于会计师事务所设计和采取应对措施以有效地应对质量风险，也有助于事务所更有效地利用其资源来解决质量问题和提高质量。

对质量目标的实现产生不利影响的风险可能有很多。识别和评估所有可能的风险，并为每一项风险设计和采取应对措施，这可能是不合理且不可行的。质量管理准则旨在引导会计师事务所将注意力集中于对实现质量目标产生较大影响的风险之上，使得会计师事务所可以恰当地应对这些风险。

一项风险是否被认定为质量风险，取决于其发生的可能性和影响程度两个因素。在确定一项风险是否属于质量风险时，会计师事务所需要运用职业判断，确定该风险是否同时满足以下两点：①具有合理可能性会发生；②一旦发生，将单独或连同其他风险对质量目标的实现产生不利影响。

质量管理准则要求会计师事务所采取以下步骤识别和评估质量风险：①了解可能对实现质量目标产生不利影响的事项或情况，包括相关人员的作为或不作为；②考虑这些事项或情况可能对实现质量目标产生哪些不利影响，以及不利影响的程度。上述步骤可以简单理解为，首先要了解可能的风险，再识别出哪些风险属于质量风险，并评估质量风险如何影响质量目标的实现以及影响的程度。

为了提高会计师事务所识别和评估质量风险过程的一致性，第5101号准则第四十六条第（一）项列举了可能对实现质量目标产生不利影响的事项或情况。第5101号准则应用指南第52段给出了某些可能对实现质量目标产生不利影响的事项或情况及其可能产生的质量风险示例。

表2–3列举了一些可能对实现质量目标产生不利影响的事项或情况。

表2–3

情况	事项
会计师事务所的性质和具体情况	（1）会计师事务所的复杂程度和经营特征； （2）会计师事务所在战略和运营方面的决策与行动、业务流程及业务模式； （3）领导层的特征和管理风格； （4）会计师事务所的资源，包括由服务提供商提供的资源； （5）法律法规、职业准则的规定； （6）会计师事务所运营所处的环境； （7）会计师事务所所在网络向其成员组织统一提出的要求或统一提供的服务的性质和范围（如适用）
业务的性质和具体情况	（1）会计师事务所执行的业务的类型和出具报告的类型（例如，所执行业务的类型是否是审计等要求提供保证程度较高的业务）； （2）业务执行对象属于哪种类型的实体（例如，业务执行对象是否为上市公司）

需要注意的是，上述事项和情况并非穷举，其他事项或情况也可能对实现质量目标产生不利影响，会计师事务所需要了解这些事项或情况，并考虑是否存在质量风险。

由于质量管理体系不断发生变化，会计师事务所设计和采取的应对措施可能会产生一些新的事项或情况，而这些事项或情况又可能产生新的质量风险。

案例：应对措施导致新的质量风险的情况

1.A会计师事务所聘请了一家服务提供商负责事务所与信息技术环境有关的所有事项。由于服务提供商可以获取客户的涉密信息，这可能会损害注册会计师的保密原则，从而产生新的质量风险。

2.为应对审计中的某些质量风险，B会计师事务所开发了一套新的审计软件，而利用该软件可能因为软件设计存在缺陷或运行不当，从而产生新的质量风险。

在评估质量风险时，判断一项风险单独或连同其他风险可能在多大程度上对质量目标的实现产生不利影响（即不利影响的程度），通常需要考虑产生该风险的事项或情况。例如，考虑这些事项或情况将如何影响质量目标的实现；这些事项或情况预期发生的频繁程度；这些事项或情况自发生起至产生影响所需要的时间，以及在这段时间内，会计师事务所是否有机会采取措施减轻这些影响；这些事项或情况一旦发生，对实现质量目标产生的不利影响将可能持续多长时间等。

（3）设计和采取应对措施。

设计和采取适当的应对措施以应对质量风险，可以减少质量风险发生的可能性，从而帮助会计师事务所实现质量目标。

第5101号准则要求会计师事务所应当设计并采取应对措施，以应对质量风险。会计师事务所采取的应对措施应当包括第5101号准则明确规定的应对措施。然而，第5101号准则明确规定的应对措施可能不足以应对所有质量风险。因此，为了实现质量管理体系的目标，会计师事务所需要在准则明确规定的应对措施的基础上，设计和实施额外的应对措施。

会计师事务所在设计和采取应对措施以恰当应对质量风险时，应当根据并针对相关质量风险的评估结果及得出该评估结果的理由（即风险发生的可能性以及影响程度）。应对措施的性质、时间安排和范围通常取决于相关质量风险的评估结果及其理由。

在设计应对措施时，会计师事务所可能要考虑许多因素，特别是与应对措施的性质、时间安排和范围有关的因素（见表2–4）。

表2–4

项目	可能考虑的因素
性质	• 质量风险是否可以通过预防性活动、监控活动或两者结合来更好地应对； • 涉及信息技术的应对措施是否能更有效地应对质量风险； • 应对措施需要哪些资源支持，例如，需要哪些专门或专业知识，以及需要哪些信息等； • 应对措施由谁来实施，例如，是否需要在项目层面实施
时间安排	• 质量风险是否可以通过定期或持续的应对措施来更好地应对； • 如果应对措施是周期性的，需要多久采取一次应对措施才能有效地应对质量风险
范围	• 应对措施应该针对与其有关的所有事项，还是仅针对某些事项（例如，所有审计业务或仅某些审计业务）

会计师事务所需要仔细地考虑应对措施与质量风险之间的相关性和针对性。单独的一项应对措施可能足以应对某个质量风险，也可能需要多项应对措施结合才能共同应对某个质量风险，一项应对措施也可能能够应对多个质量风险。

虽然第5101号准则规定了某些具体的应对措施，但根据会计师事务所的性质和具体情况，这些应对措施的性质、时间安排和范围也会有所不同。以下是对于一项具体的应对措施，会计师事务所如何考虑性质、时间安排和范围的示例。

举例：

《会计师事务所质量管理准则第5101号——业务质量管理》第七十一条要求会计师事务所应当设计和采取如下应对措施："会计师事务所应当制定政策和程序，以接收、调查、解决由于未能按照适用的法律法规、职业准则的要求执行业务，或由于未能遵守会计师事务所按照本准则要求制定的政策和程序，而引发的投诉和指控。”

会计师事务所在设计和采取该项应对措施时，可能考虑如下因素：

- 由谁来接收、调查和解决投诉和指控，包括是否应外包给服务提供商，以及该过程是否应由一人或多人参与；
- 法律法规或相关职业道德要求是否明确了事务所或其员工对投诉或指控的责任，例如，向事务所以外的权威机构报告有关事项的责任；
- 如何就投诉和指控进行沟通；
- 如何对投诉和指控保密；
- 如何处理投诉和指控，包括何时应告知领导层，法律顾问是否应参与其中。

（4）增加或调整质量目标、质量风险和应对措施。

设定质量目标、质量风险或应对措施不是一蹴而就的，更不是一项一次性工作。在某些情况下，由于会计师事务所或其业务的性质和具体情况发生变化，或者会计师事务所针对质量管理体系的缺陷采取了某些整改措施等，质量目标、质量风险或应对措施可能需要进行相应的调整或增加。

第5101号准则没有就会计师事务所重新评估其质量目标、质量风险和应对措施规定一个固定的频率。当影响质量管理体系的变化发生或缺陷被发现时，就应该主动增加或调整质量目标、质量风险或应对措施。

会计师事务所通常可以从以下两个方面来识别可能表明需要增加或调整质量目标、质量风险和应对措施的信息：

①会计师事务所或其业务发生的变化。第5101号准则应用指南第59段分别针对较不复杂和较为复杂的会计师事务所，为识别会计师事务所或其业务发生变化的信息而制定的政策和程序的示例。

②监控和整改程序反映出与质量目标、质量风险或应对措施相关的缺陷。

案例：风险评估程序的运用——以独立性为例

1.考虑会计师事务所的性质、环境及其执行的业务

A会计师事务所（以下简称A事务所）是一家跨地区经营的较大型的事务所，是某全球网络的成员所。其业务范围广泛，包括审计、审阅、其他鉴证和相关服务业务等。客户范围亦广泛，包括上市实体以及公众利益实体，涉及多个行业（包括金融业）。

2.设定质量目标

A事务所针对审计、审阅和其他鉴证业务设定的独立性方面的质量目标：会计师事务所、其人员以及其他受相关职业道德要求约束的人员履行了与独立性要求有关的责任。

3.识别质量风险

（1）在相关职业道德要求不允许的实体中拥有直接或间接经济利益。

- 发生的可能性：由于A事务所提供服务的对象包括上市实体，其股份可以公开交易且被广泛持有，因此有合理的可能性发生上述风险。
- 对实现质量目标的影响：如果发生，由于违反独立性要求，将对实现质量目标产生重大影响。

（2）从相关职业道德要求不允许的实体处获得贷款或担保。

- 发生的可能性：由于A事务所为金融机构提供服务，因此有合理的可能性发生上述风险。
- 对实现质量目标的影响：如果发生，由于违反独立性要求，将对实现质量目标产生重大影响。

（3）项目组成员的亲属或其他有密切关系的人员受雇于客户的特定岗位。

- 发生的可能性：由于客户拥有大量员工，因此有合理的可能性发生上述风险。
- 对实现质量目标的影响：如果发生，由于违反独立性要求，将对实现质量目标产生重大影响。

（4）项目组成员存在下列情形：（a）近期受雇于客户的特定岗位，使其能够对该实体的会计信息和财务报表施加重大影响，或者（b）以管理层身份向客户提供服务。

- 发生的可能性：由于客户拥有大量员工，A事务所员工可能来自客户，因此有合理的可能性发生上述风险。
- 对实现质量目标的影响：如果发生，由于违反独立性要求，将对实现质量目标产生重大影响。

4.评估质量风险

- 评估发生的可能性：在识别质量风险时，A事务所已经确定，风险发生存在合理可能性。实务中评估结果可以更为精确。例如，认为质量风险（1）比质量风险（4）更有可能发生。
- 评估对实现质量目标的影响：在识别质量风险时，A事务所已经确定，如果发生质量风险（无论单独或多个质量风险一起），将对实现质量目标产生重大影响。实务中评估结果可以更为精确。例如，认为质量风险（1）比质量风险（2）更为重大，因为风险（1）的性质涉及直接经济利益。

5.设计和采取应对措施

（1）将遵守独立性要求的运行责任分配给专门的合伙人。

（2）将《中国注册会计师职业道德守则》和法律中包含的独立性要求确定为适用于事务所及其人员的相关职业道德要求。确定事务所内部人员和其他预期符合相关道德要求的人员，包括其他网络成员所及其员工。

（3）网络要求所有员工每年在事务所的独立性信息系统中提交书面独立性确认函。确认函中包含链接，提供了对独立性政策或程序的解释。

（4）网络要求A事务所针对不同类别的人员建立独立性政策，包括执行审计或审阅业务的人员、支持项目组的人员（例如技术部门）、不参与这些项目的其他人员（例如税务和咨询服务）等，以应对可能对独立性造成威胁的情形，例如，个人或其亲属在客户中拥有经济利益的情形；个人或其亲属从客户处获得贷款或担保的情形；项目组成员的亲属或其他有密切关系的人员受雇于客户的情形；个人在受雇于某一实体后，不得成为项目组成员的期间；向客户提供某些服务的禁止性规定。

（5）对员工进行职业道德要求方面的培训，以使员工能够识别构成威胁的情形，比如：一经聘用，员工应完成事务所的培训课程，包括整个网络统一的职业道德政策和程序；每两年或当相关职业道德要求发生变化时，员工应完成事务所的培训课程，包括相关职业道德要求的变化及相关概念的更新。

（6）项目组成员应在项目系统中确认其独立性。

（7）网络为A事务所提供电子化的、交互式的独立性政策和程序。所有员工均可通过IT工具获得这些政策和程序。A事务所可以基于本国的具体情况对这些政策和程序进行补充。A事务所添加了《中国注册会计师职业道德守则》以及法律中包含的独立性要求。

（8）A事务所的IT系统要求所有员工及其他受相关道德要求约束的人员记录其个人或相关家庭成员持有的经济利益、贷款及担保。A事务所应在系统中记录所有客户（包括项目性质），以使系统可以识别出可能的经济利益。该信息系统可以对经济利益、贷款、担保等方面冲突作出示警，并发送给指定的专门合伙人。

（9）任命独立的团队负责下列事务：①提供独立性方面的咨询。

②提供员工培训。③就独立性方面的事务进行沟通，比如相关职业道德要求的变化，或新的独立性政策或程序。④与网络就独立性进行沟通。⑤当IT系统表明存在经济利益冲突时，协助对此负责的合伙人进行调查。⑥每年抽取一定数量的员工，要求其提供个人和相关家庭成员在经济利益、贷款、担保方面的材料。将这些材料与IT系统中的信息对比，以确定是否所有的经济利益、贷款、担保都已记录。对未及时、准确申报的员工作出处罚。⑦监督所有员工都在IT系统中提交了确认函。

（10）每两年，或当本国的法律法规或职业准则发生变化时，独立性团队的合伙人向网络进行沟通，包括沟通其他网络成员所或其员工需要遵守的本国法律法规或职业准则中有关独立性的内容。网络在独立性系统中对相关内容进行更新。所有成员所及其员工均可获得这些信息。

（三）治理和领导层

治理和领导层对于会计师事务所质量管理和项目层面实施质量管理都至关重要。治理和领导层体现了事务所文化、职业道德和自我监督，并且为事务所的决策制定提供了框架。事务所的治理和领导层也会影响公众对事务所的看法。若事务所没有有效的治理，比如存在“一言堂”等问题，公众可能认为事务所没有服务于公众利益。

1. 主要内容

质量管理准则新增并强化了事务所形成质量至上文化的要求；新增了事务所领导层对质量管理的责任要求；新增了事务所组织结构及其相关人员角色、职责、权限分配的要求；新增了事务所应对资源（包括财务资源）需求、资源计划、资源取得和分配的要求（见表2–5）。

表2–5

项目	内容
质量目标	会计师事务所应当设立下列质量目标： 1.会计师事务所在全所范围内形成一种质量至上的文化，树立质量意识。这种文化认同和强调下列方面： （1）会计师事务所有责任通过持续高质量地执行业务服务于公众利益； （2）职业价值观、职业道德和职业态度的重要性； （3）会计师事务所所有人员都对其执行业务的质量承担责任，或对质量管理体系中执行活动的质量承担责任，并且这些人员的行为应当得当； （4）会计师事务所的战略决策和行动，包括会计师事务所在财务和运营方面对优先事项的安排，都不能以牺牲质量为代价。 2.会计师事务所领导层对质量负责。 3.会计师事务所领导层通过实际行动展示其对质量的重视。 4.会计师事务所领导层向会计师事务所人员传递质量至上的执业理念，培育以质量为导向的文化。 5.会计师事务所的组织结构以及对相关人员角色、职责、权限的分配是恰当的，能够满足质量管理体系设计、实施和运行的需要。 6.会计师事务所的资源（包括财务资源）需求有计划，并且资源的取得和分配能够保障会计师事务所履行其对质量的承诺
应对措施	会计师事务所应当： 1.建立健全质量管理领导框架。 2.领导层成员应当以身作则、率先垂范，带头遵守质量管理体系中的各项政策和程序，不得干扰项目组按照职业准则的要求执行业务、作出职业判断。 3.加强对合伙人晋升、培训、考核、分配、转入、退出的管理，体现以质量为导向的文化，确保合伙人能够按照质量管理体系的要求，切实履行其在质量管理方面的责任，防范业务风险。 4.强化对其员工（包括外部转入人员）晋升合伙人的管理，综合考虑拟晋升人员的执业理念、职业价值观、职业道德、专业胜任能力和执业诚信记录，建立以质量为导向的晋升机制，不得以承接和执行业务的收入或利润作为晋升合伙人的首要指标。会计师事务所应当针对合伙人晋升建立和实施质量一票否决制度。 5.在全所范围内统一进行合伙人考核和收益分配。会计师事务所对合伙人的考核和收益分配，应当综合考虑合伙人的执业质量、管理能力、经营业绩、社会声誉等指标，不得以承接和执行业务的收入或利润作为首要指标，不得直接或变相以分所、部门、合伙人所在团队作为利润中心进行收益分配

2.具体应对措施

（1）领导层重视营造质量至上的文化。

会计师事务所的文化是影响其人员行为的重要因素。事务所的治理和领导层在全所范围内营造一种“质量至上”的文化氛围，能够为质量管理设定良好的“高层基调”，从而对质量管理体系的设计、实施和运行产生广泛和积极的影响。事务所治理和领导层要给予足够重视，把眼光放长远，精心打造能够促进本所科学发展的质量管理体系，并以身作则、率先垂范，带头遵守质量管理体系中的各项政策和程序。

质量至上的文化，应当传递出一些理念：一是对于服务公众利益的责任；二是良好的职业价值观、职业道德和职业态度，除了遵守职业道德守则的要求，还包括及时、礼貌、尊重、负责、反应迅速、可靠的职业品质，团队合作，保持开放的心态，追求卓越，致力于持续进步，承担社会责任等；三是每个人都需要对其执行业务或活动的质量承担责任；四是无论采取何种战略决策或行动，都不能牺牲质量。

案例：

1.会计师事务所的战略决策流程，包括经营战略的制定，可能包含若干事项，例如，财务和运营方面的决策、财务目标、财务资源管理、市场份额的增长、聚焦于特定行业或新业务拓展等。会计师事务所在财务和运营方面对优先事项的安排可能直接或间接影响会计师事务所对质量的追求。

例如，A会计师事务所为一家规模中等的会计师事务所。2020年3月1日起，新证券法施行，取消了会计师事务所从事证券业务行政许可准入规定。为此，A会计师事务所制定了新业务拓展战略，意图进军证券市场。在落实新业务拓展战略的过程中，A会计师事务所不可以盲目接受新客户，更不能为了获取较高收益，而以牺牲业务质量为代价去承接超出本所风险承受能力或者胜任能力的项目。

2.B会计师事务所的创始人甲在其事务所中具有绝对权威，事务所运营管理方面的事务都可由其一人拍板决定。这不利于形成质量至上的文化。

（2）建立健全质量管理领导框架。

会计师事务所应当根据本所及业务的具体情况，设计适合本所的质量管理领导层框架，明确责任，并确保其切实有效地发挥作用。不同会计师事务所对相关角色、职责、权限的分配可能不同。

第5101号准则附录提供了一个质量管理领导层示例。在该示例中，会计师事务所质量管理领导层包括主要负责人、质量管理主管合伙人、职业道德主管合伙人、独立性主管合伙人、各业务条线的主管合伙人、监控和整改主管合伙人等角色。某一角色也包括在该角色授权下承担相关责任的人员。会计师事务所可以参照示例设定相关角色和职能，也可以对示例中的角色和职能进行适当合并和调整，但应当涵盖对本所而言必要的所有角色和职能，并明确落实到具体的岗位或人员。

（3）建立以质量为导向的合伙人管理机制。

第5101号准则中的“合伙人”是一种统称，泛指在提供专业服务方面有权代表会计师事务所的人员，既包括普通合伙制和特殊普通合伙制下合伙人的概念，也包括非合伙制会计师事务所中处于同等职位的人员。合伙人对会计师事务所来说至关重要，每一个合伙人的执业质量，及其对执业质量的重视和追求，都可能影响会计师事务所的整体质量和声誉。

第5101号准则主要在以下方面强化了合伙人管理要求：

①要求会计师事务所加强对合伙人晋升、培训、考核、分配、转入、退出的管理，体现以质量为导向的文化，确保合伙人能够按照质量管理体系的要求，切实履行其在质量管理方面的责任，防范执业风险。

②要求会计师事务所加强对其员工晋升合伙人的管理。在晋升时，应当综合考虑拟晋升人员的执业理念、职业价值观、职业道德、专业胜任能力和执业

诚信记录，建立以质量为导向的晋升机制，不应以承接和执行业务的收入或利润作为晋升合伙人的首要指标。会计师事务所应当针对合伙人晋升建立和实施质量一票否决制度，例如，会计师事务所可以规定，在一定期间内执业质量曾经出现重大问题的人员，不得晋升合伙人。

③要求会计师事务所在全所范围内统一进行合伙人考核和收益分配。在进行考核和收益分配时，应当综合考虑合伙人的执业质量、管理能力、经营业绩、社会声誉等指标，不应以承接和执行业务的收入或利润作为首要指标，不应直接或变相以分所、部门、合伙人所在团队作为利润中心进行收益分配。

上述规定的目的在于避免会计师事务所过于强调商业利益，而忽视了执业质量。

案例：

1.A会计师事务所（以下简称A所）经过多次合并，规模快速做大，但一直未能有效整合，未实现统一管理。经查，A所存在下列问题：

- A所的政策规定由总所统一进行收益分配，然而实际操作中收入分配的比例为：税费、会费和总所运营费用占总收入的11%，归入“统一分配的利润池”的收入占总收入的18%，其余71%的收入均以“返还分所—分所分配到部门—部门分配到合伙人”的方式开支。初步测算，合伙人能从自己项目的收入中获取约26.91%的个人收益（税后）。上述收益分配模式，造成各业务团队不关心其他团队的执业质量，更不关注A所整体的声誉情况，创收动力碾压了质量遵循。
- A所对合伙人晋升规定了最低年限要求、未受监管处罚、2名合伙人提名等限制条件，并设置了专业技能评价、组织考察等提任程序。但其核心晋升“潜规则”是，部门新增收入超过800万元即可新增1名合伙人；如遇合伙人退休、受罚退伙等情形，也只能在该部门产生新合伙人。上述合伙人晋升机制极易导致团队内部经济依附和人身依附关系紧密，合伙团队“山头林立”，各自成为单独的利益共同体，A所无法实现对合伙人的统一管理。

2. B会计师事务所（以下简称B所）制定了《合伙人绩效考评与收益分配办法》，其中包含以下规定：

- 对合伙人的考评包括业绩考核、质量考核以及360度考核三个部分。B所在业绩考核方面制定了详细的考核表，但在质量考核和360度考核方面却没有明确具体的考核方法。在实际执行中，业绩考核的分数上不封顶，质量考核和360度考核的分数都是100分封顶。通过检查201×年度评分表，合伙人业绩考核的分数最高达3000分，且业绩考核分数远高于质量考核分数和360度考核分数的现象普遍存在。
- 根据业绩考核的考核规则，承揽业务和承做业务每200万元计100点，上不封顶；存在违反职业道德情形的扣5点；受到相关部门处罚的，行业惩戒最高扣10点，行政处罚的最高扣20点，刑事处罚的最高扣30点。

第5101号准则规定，会计师事务所对合伙人的考核和收益分配，应当综合考虑合伙人的执业质量、管理能力、经营业绩、社会声誉等指标，不得以承接和执行业务的收入或利润作为首要指标。B所形式上虽然建立了综合的合伙人考核政策，但是在实际执行中，业绩考核起到了决定性作用，收入的影响权重远远高于其他因素。B所的相关政策不符合质量管理准则的规定，亦不利于培育以质量为导向的文化。

（4）会计师事务所领导层对质量管理的责任。

为保障质量管理体系能够得以恰当设计、顺利实施和有效运行，第5101号准则要求会计师事务所设定三种角色，即：对质量管理体系承担最终责任的人员、对质量管理体系的运行承担责任的人员、对质量管理体系特定方面的运行承担责任的人员。其中，会计师事务所主要负责人应当对质量管理体系承担最终责任。担任这三种角色的人员需要满足一定条件（见表2-6）。

表2-6

三种角色	条件
1.对质量管理体系承担最终责任的人员。事务所主要负责人（如首席合伙人、主任会计师或同等职位的人员）应当对质量管理体系承担最终责任，并代表事务所对质量管理体系进行评价。 2.对质量管理体系的运行承担责任的人员。事务所应当指定专门的合伙人（或类似职位的人员）对质量管理体系的运行承担责任。 3.对质量管理体系特定方面的运行承担责任的人员。事务所应当指定专门的合伙人（或类似职位的人员）对质量管理体系特定方面的运行承担责任。例如，事务所可以指定专门的合伙人对相关职业道德要求、监控和整改等特定方面的运行承担责任	同时满足下列条件： 1.具备适当的知识、经验和资质； 2.在会计师事务所内具有履行其责任所需要的权威性和影响力； 3.具有充足的时间和资源履行其责任； 4.充分理解其应负的责任并接受对这些责任履行情况的问责

为了履行职责，质量管理领导层中的这三类人员可以进一步将其职责分解为若干具体任务，并分配给其他人员，但质量管理领导层人员仍然应当对会计师事务所向其分配的职责承担责任。

良好的沟通有助于在质量管理体系领导层之间传递信息，有利于相关人员能够及时获取相关信息并迅速作出相关决策。会计师事务所应当确保对质量管理体系的运行承担责任的人员、对质量管理体系特定方面的运行承担责任的人员，能够直接与对质量管理体系承担最终责任的人员（即主要负责人）沟通（见图2-4）。

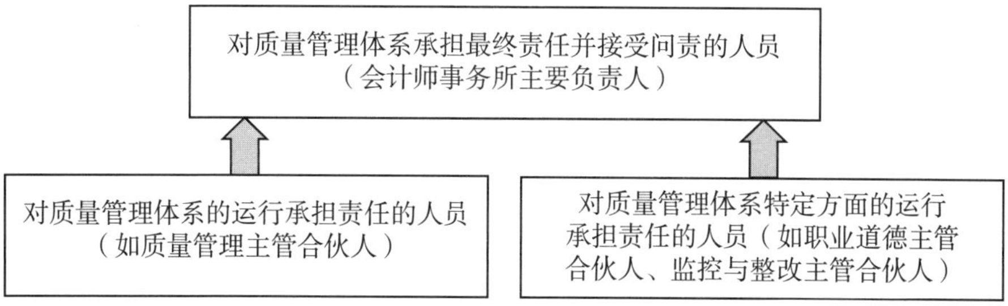

图2-4　质量管理领导层成员的沟通关系

需要指出的是，对于中小会计师事务所来说，由于满足相关条件的人员较为缺乏，会计师事务所可以根据实际情况，考虑由某些人员“身兼数职”，上述三类人员的角色和职责可以由同一人员承担。

案例：

1.A会计师事务所规模较小，主要为当地的小微企业提供专项审计或代理记账服务。A会计师事务所的主要负责人同时承担第5101号准则第三十九条规定的三项质量管理领导层职责，即既对质量管理体系承担最终责任，又对质量管理体系的运行承担责任，同时还对遵守独立性要求、监控和整改程序等特定方面的运行承担责任。

2.B会计师事务所是一家大型事务所，其组织结构比较复杂，包含多个领导层级。B会计师事务所的质量管理政策指出，其首席合伙人对质量管理体系承担最终责任；质量管理主管合伙人对质量管理体系的运行承担责任；此外，B会计师事务所设有专门人员对质量管理体系特定方面的运行承担责任，包括职业道德主管合伙人、独立性主管合伙人、监控和整改主管合伙人、各业务条线的主管合伙人等。

（5）会计师事务所一体化管理体系。

第5101号准则第三十三条要求，会计师事务所应当建立并严格执行一体化管理机制，实现人事、财务、业务、技术标准和信息管理五方面的统一管理，对于合并的分所（或分部）也不应当例外。

相关链接：

为贯彻落实《国务院办公厅关于进一步规范财务审计秩序促进注册会计师行业健康发展的意见》（国办发〔2021〕30号）有关要求，财政部于2022年5月12日发布了《会计师事务所一体化管理办法》，立足引导会计师事务所强化内部治理，提升审计质量。该办法分别从人员管理、财务管理、业务管理、技术标准和质量管理、信息化建设等一体化管理的五个方面提出基本要求，将一体化实施主体从过去单一的总分所一体化扩展至会计师事务所对内设部门和业务团队的一体化管理，实现一体化管理在注册会计师行业的主体全覆盖，同时实施每年一次的一体化管理自评报告制度，将一体化管理要求作为会计师事务所的全面“体检”常态化、长效化，持续引导会计师事务所坚持以质量为导向，持续提升一体化管理水平，从机制上防范执业风险。

一体化管理不是一个孤立的管理方法，而是一整套方法论，是在会计师事务所文化理念、发展战略、治理和组织结构、合伙机制等基础上，将会计师事务所总部和分部人力资源、财务资源、客户业务资源、技术资源和知识资源整合为一个整体的一整套政策和程序体系。同时一体化管理体系反过来又服务和支撑会计师事务所的愿景、文化理念和发展战略的落地，互为制约，互相促进。

会计师事务所实现一体化的目标是一致的，但是不同的会计师事务所或同一家会计师事务所在不同发展阶段，其一体化管理的具体政策和程序会有不同。各会计师事务所可以在总结行业发展规律并结合自身实际的基础上，积极探索实现一体化管理的方法和途径，丰富注册会计师行业一体化管理的实践方法。图2-5为会计师事务所推进一体化管理的方法论示例。

会计师事务所一体化管理是做强做大做远的必要保证，通过一体化管理，实现专业化分工，资源共享，高度协同，共享利益，提升服务能力，控制执业风险，确保会计师事务所和谐持续发展和战略目标落地。要实现会计师事务所一体化管理，需要具备如下的条件：

①有理想和追求是一体化管理的内在动力。有理想、有追求，有意愿提升高质量服务能力，做强做大做远会计师事务所，更好服务社会，才有动力去实践符合行业发展规律的一体化管理模式。

②合伙人文化理念认同是前提。价值观决定其行为规范，注册会计师行业倡导讲诚信，选择一体化管理，走正路，才能行之久远。

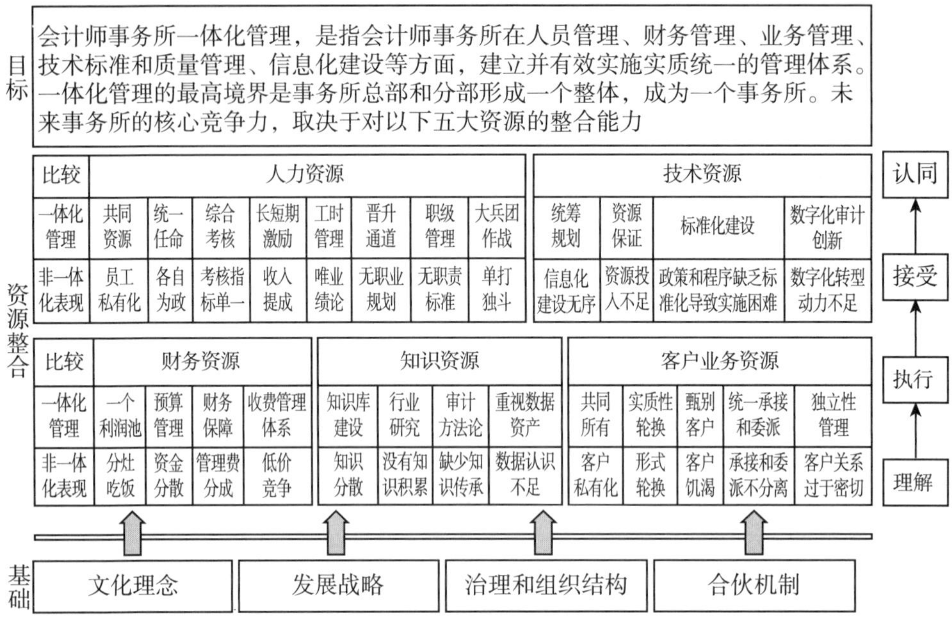

图2-5　会计师事务所一体化管理方法

③一个利益中心是核心。经济基础决定上层建筑，没有这个基础，不可能真正实现一体化管理。坚持一个利益中心，机制上强调合伙人利益与整体利益挂钩、与长远利益挂钩，而不是简单与当下个人开发承做项目直接挂钩。只有一个利益中心，人员调配、客户和业务调配、风险管理、财务的统一才有基础。

④公平机制是基础。一个利益中心，对内部合伙人考核分配机制提出了极大挑战，必须做到公平公正，充分保障合理利益。要做到公平公正，必须明确规则，有支持考核的精准数据。唯有公平公正，合伙人团队才会和谐稳定，合伙文化才能真正落地。

⑤信息平台是支撑。对于大型会计师事务所，多分部、多板块、多业务线、多合伙人，要实现全面、精细的高度一体化管理，需要有强大的信息平台支持，才能将统一的管理政策和程序落地。

（四）相关职业道德要求

良好的职业道德是保证注册会计师执业质量的前提，独立性是审计的灵魂。

规范质量管理体系中相关职业道德要求，是从制度层面保障会计师事务所及其人员遵守职业道德、在执行审计业务时保持独立性的有效手段。

1. 主要内容

质量管理准则提出了原则性的要求，规定会计师事务所应当设定质量目标，按照相关职业道德要求（包括独立性要求）履行职责；增加了对所有相关职业道德要求的关注（不仅是独立性方面的要求）；明确了质量管理体系需要应对适用于会计师事务所以外的其他组织或人员（包括网络、网络事务所、网络或网络事务所中的人员、服务提供商）的相关职业道德要求；明确了质量管理体系中相关职业道德要求的范围（见表2–7）。

表2–7

项目	内容
质量目标	会计师事务所应当设定下列质量目标： 1. 会计师事务所及其人员充分了解规范会计师事务所及其业务的职业道德要求，并严格按照这些职业道德要求履行职责； 2. 受职业道德要求约束的其他组织或人员，包括网络、网络事务所、网络或网络事务所中的人员、服务提供商，充分了解与其相关的职业道德要求，并严格按照这些职业道德要求履行职责
应对措施	会计师事务所应当： 1. 在下列方面建立政策或程序： （1）识别、评价和应对对遵守相关职业道德要求的不利影响； （2）识别、沟通、评价和报告任何违反相关职业道德要求的情况，并针对这些情况的原因和后果及时作出适当应对； （3）至少每年一次向所有需要按照相关职业道德要求保持独立性的人员获取其已遵守独立性要求的书面确认。 2. 建立并完善关键审计合伙人轮换机制，明确轮换要求，确保做到实质性轮换。 3. 对关键审计合伙人的轮换情况进行实时监控，每年对轮换情况实施复核，并在全所范围内统一进行轮换。 4. 完善利益分配机制，并定期评价利益分配机制的设计和执行情况，以保证全所的人力资源和客户资源实现一体化统筹管理，避免某合伙人或项目组的利益与特定客户长期直接挂钩，影响独立性

2. 具体应对措施

（1）关键审计合伙人轮换机制。

如果注册会计师连续多年审计同一客户，将会因密切关系和自身利益对独立性产生不利影响。为此，中国注册会计师职业道德守则明确规定，注册会计师应当识别、评价和应对这种不利影响，并特别针对审计客户属于公众利益实体的情形，规定了关键审计合伙人的轮换期和冷却期要求。因此，关键审计合伙人轮换，是注册会计师独立性的一种制度保障。

实务中，关键审计合伙人轮换制度在执行上有时会“流于形式”。究其原因，固然是由于会计师事务所内部的轮换机制不健全、执行不到位，更深层次的原因却在于会计师事务所的利益分配机制不健全，不能对全所的人力资源和客户资源实现一体化统筹管理，导致个别合伙人的利益与特定客户长期挂钩，而轮换将可能导致这些合伙人的自身利益受损，从而采用多种手段“规避”轮换，最终导致轮换“流于形式”。

针对上述问题，第5101号准则明确要求会计师事务所：

①建立并完善与公众利益实体审计业务有关的关键审计合伙人轮换机制，确保做到实质性轮换，防止流于形式；

②完善利益分配机制，保证全所的人力资源和客户资源实现一体化统筹管理，避免某合伙人或项目组的利益与特定客户长期直接挂钩，影响独立性；

③对关键审计合伙人的轮换情况进行实时监控，每年对轮换情况实施复核，并在全所范围内统一进行轮换。

案例：

1.A会计师事务所的合伙人轮换管理通过合伙人轮换数据库记录和监控，系统由专门部门统一维护。针对公众利益实体审计业务，项目合伙人负责在系统中填报本项目的关键审计合伙人，包括项目合伙人、项目质量复核人员、签字注册会计师和其他关键合伙人等。会计师事务所至少提前一年为所有需要轮换的关键审计合伙人指定继任者。

2.注册会计师甲已连续担任上市公司X的审计项目合伙人5年。为了在形式上满足职业道德守则中关于关键合伙人任职期的规定，注册会计师甲与同一会计师事务所的另一注册会计师乙约定，改由乙担任X的审计项目合伙人并在审计报告上签字，但实质审计工作仍由甲负责。这样的轮换与第5101号准则强调的“实质性轮换”相去甚远。

（2）遵守相关职业道德。

相关职业道德要求，是指注册会计师在执行财务报表审计业务、财务报表审阅业务、其他鉴证业务和相关服务业务时，应当遵守的职业道德原则和要求，包括独立性要求（如适用）。

中国注册会计师职业道德守则规定了注册会计师应当遵循的职业道德基本原则，为注册会计师的行为制定了道德标准。某些法律法规也可能针对相关职业道德要求（包括独立性要求）作出具体规定。围绕如何遵守和落实相关职业道德要求，会计师事务所质量管理体系可以作出更为具体、细化的规定。

会计师事务所应当确保其人员充分了解规范会计师事务所及其业务的职业道德要求，还应当确保受职业道德要求约束的其他组织或人员（包括网络、网络事务所、网络或网络事务所中的人员、服务提供商）也充分了解与其相关的职业道德要求，这些人员应当严格按照相关职业道德要求履行职责。

第1121号准则强化了审计项目合伙人在职业道德方面的责任，要求其应当了解审计项目适用的职业道德要求，确保审计项目组成员知悉和遵守这些职业道德要求，并且在签署审计报告之前，应当确定相关职业道德要求（包括与独立性相关的要求）已经得到遵守。

案例：

1.A会计师事务所要求员工填报年度职业道德及独立性确认函、开展个人独立性合规检查等。该所针对家庭和雇佣关系，制定了相应的独立性政策，要求员工在年度职业道德及独立性确认函中对此事项进行确认，并通过定期的风险合规检查进行监督。

2.B会计师事务所内部建立了职业道德和独立性监控机制。对新员工以及在职业道德相关要求发生变化时，开展职业道德培训。在日常工作中，会及时将所内有关人员违反职业道德的事件，通过内部邮件进行通报，并通过内部决策机制，对有关人员采取警告、辞退等惩罚措施。

（五）客户关系和具体业务的接受与保持

严重的审计失败案件，往往与审计客户不诚信、会计信息的质量不高有关。会计师事务所的客户质量如何，直接影响其执业质量和执业风险。

1.主要内容

原5101号质量控制准则对客户关系和具体业务的接受与保持提出了较为具体的要求。与之相比，在质量管理准则中，则提出了更为原则的目标和更为全面的要求。

总的来说，会计师事务所在作出是否承接或保持某项客户关系和具体业务的决策时，应当做到“知己知彼”，应当遵循“质量至上”的原则。“知己”，是指应当充分了解本所执行业务的能力，包括遵守法律法规和相关职业道德要求的情况。“知彼”，是指这种决策应当建立在对客户及其管理层和治理层充分了解的基础之上。“质量至上”，是指会计师事务所在作出相关决策时，应当优先考虑质量方面的因素，而非商业利益。在此基础上，新质量管理准则强化了会计师事务所在客户风险评估、转入人员带来的客户、统一的业务承接政策等方面的要求（见表2-8）。

表2–8

项目	内容
质量目标	会计师事务所应当设立下列质量目标： 1.会计师事务所就是否接受或保持某项客户关系或具体业务所作出的判断是适当的，充分考虑了下列方面： （1）会计师事务所是否针对业务的性质和具体情况以及客户（包括客户的管理层和治理层）的诚信和道德价值观获取了足以支持上述判断的充分信息； （2）会计师事务所是否具备按照适用的法律法规和职业准则的规定执行业务的能力。 2.会计师事务所在财务和运营方面对优先事项的安排，并不会导致对是否接受或保持客户关系或具体业务作出不恰当的判断
应对措施	会计师事务所应当： 1.在下列方面建立政策或程序： （1）接受业务后知悉了某些信息，而如果在之前知悉将会导致拒绝接受该客户关系或业务； （2）根据法律法规的规定，会计师事务所有义务接受某项客户关系或具体业务。 2.在客户和业务承接方面应当树立风险意识，包括针对风险较高客户的专门的质量管理程序。 3.严格执行与客户关系和具体业务的接受与保持相关的程序，包括从其他会计师事务所转入人员带来的客户，审慎承接新客户。 4.针对客户和业务承接，在全所范围统一决策

2.具体应对措施

（1）对业务及客户的了解。

会计师事务所就是否接受或保持某项客户关系或具体业务所作出判断时，应当充分考虑业务的性质和具体情况以及客户（包括客户的管理层和治理层）的诚信和道德价值观，会计师事务所应当确定是否获取了充分的信息以支持其作出恰当的判断。

举例来说，会计师事务所可能需要考虑业务及客户如表2–9所列方面内容。

表2-9

考虑因素	具体内容
业务的性质和具体情况	• 客户所属行业及监管环境 • 客户的性质（组织结构、运营方式、所有权结构、治理结构、商业模式、融资方式等） • 客户相关人员的胜任能力 • 鉴证对象的性质以及鉴证业务适用的标准
客户的诚信和道德价值观	• 客户的性质（所有权结构、治理结构） • 客户的运营方式（业务模式） • 客户主要所有者、实际控制人、关键管理人员及治理层对于某些事项（例如内部控制环境或激进的会计处理等）的态度 • 客户是否强烈希望将会计师事务所的收费维持在尽可能低的水平 • 是否有迹象表明客户对会计师事务所工作的范围施加限制 • 是否有迹象表明客户可能涉足洗钱或其他犯罪活动 • 客户变更会计师事务所的原因 • 客户的关联方及其商业信誉

会计师事务所可以从内外部多种渠道获取相关信息。对于不同的客户，会计师事务所可能通过不同的渠道进行了解。比如，针对现有的客户，从当前正在执行或者以前执行的业务中获取信息，或者询问为该客户提供过服务的人员；而针对新的客户，需要询问当前或者以前为其提供服务的现任或前任注册会计师。此外，还可以通过银行、法律顾问、行业同行等其他第三方，搜索相关数据库，实施背景调查等方式对业务和客户进行了解。

在业务承接过程中获取的信息，通常与项目组计划和执行该业务也相关，在后续计划和执行业务时也要持续考虑（见图2-6）。

案例：

被审计单位X公司与A会计师事务所解除合作关系，改聘B会计师事务所（以下简称B所）为其年报的审计机构。在外部检查中，B所无法提供实施前后任注册会计师沟通程序的有效证据。B所关于与前任审计师沟通情况记录及评价的工作底稿中显示其已和前任会计师进行了电话沟通，但未见记录相应沟通情况，所附书面沟通函也无盖章、签字及相应的邮寄单据。

《中国注册会计师审计准则第1153号——前任注册会计师和后任注册会计师的沟通》规定，会计师的沟通在接受委托前，后任注册会计师应当与前任注册会计师进行必要沟通，并对沟通结果进行评价，以确定是否接受委托。综合其他情况，B所因为项目执业质量受到了监管机构的处罚。

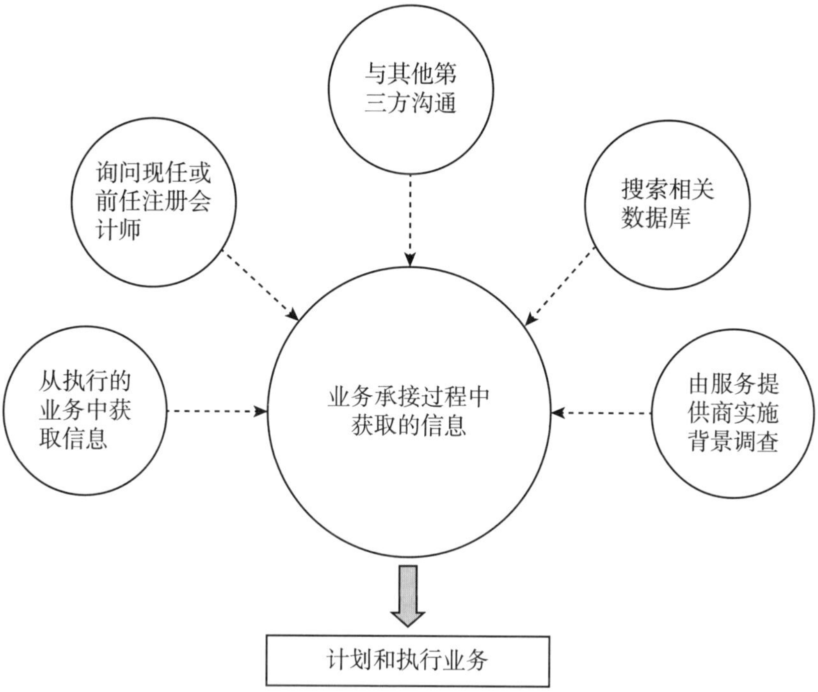

图2–6　业务承接过程中获取的信息

（2）会计师事务所执行业务的能力。

会计师事务所就是否接受或保持某项客户关系或具体业务所作出判断时，应当充分考虑会计师事务所执行业务的能力。会计师事务所应当确定是否获取了充分的信息以支持其作出恰当的判断。

会计师事务所执行业务的能力可能受到一些因素的影响，例如，能否获取适当的资源，能否获取需要的信息或者接触到提供信息的人员，能否履行职业道德方面的责任等。

举例来说，在资源方面，可以考虑下列因素：

- 业务的具体情况、报告的截止期限
- 执业人员的胜任能力
- 专家
- 符合任职资质要求的质量复核人员
- 技术资源
- 知识资源

（3）质量至上的原则。

商业利益不能凌驾于质量之上。会计师事务所可能确定一些战略重点领域，如市场份额的增长、聚焦于特定行业、新业务拓展等。会计师事务所在财务方面可能更多关注其盈利能力。会计师事务所出于财务或运营方面的考虑对优先事项的安排，不能导致对业务承接作出不恰当的决策，不能以牺牲质量为代价。

会计师事务所在财务和运营方面对优先事项的安排，可能导致对是否接受或保持客户关系或具体业务作出不恰当的判断，例如：

1.会计师事务所过于强调扩大市场份额，而承接收费过低的客户或业务；

2.会计师事务所过于强调增加营业收入，而承接超出自己风险承受能力的客户或业务，或者承接缺乏诚信和道德价值观的客户的高收费业务。

收费水平直接影响到会计师事务所的财务资源以及投入项目的人力资源、知识资源以及技术资源。会计师事务所可以制定相关政策和程序，防止以过低的价格承接业务。如果会计师事务所出于战略或其他考虑以较低的价格承接了业务，也应该以保证质量为前提。即使某项业务的报价令人满意，也要充分考虑到，可能存在某些情况（如客户缺乏诚信和道德价值观），使得承接该业务是不适当的。

案例：

X是一家大型金融企业集团，其子公司Y需要会计师事务所对其一款资管产品进行审计。A会计师事务所认为X集团的潜在商业价值较高，出于战略考虑，以比较低廉的价格参与竞标，并成功中标。

在此案例中，A会计师事务所为了争取客户而采用了低价的策略。但是，低价不能成为降低质量的理由。A会计师事务所需要严格实施质量管理政策和程序，为项目组提供足够的资源，项目组需要严格按照审计准则的要求执行业务。

（4）树立风险意识。

在客户关系和具体业务的接受与保持方面，会计师事务所应当树立风险意识，确保项目风险评估真实、到位，并制定政策和程序，在全所范围内统一决策。在决策时，会计师事务所需要充分考虑相关职业道德要求、管理层和治理层（如适用）的诚信状况、业务风险以及是否具备执行业务必要的时间和资源，审慎作出承接与保持的决策。

对于会计师事务所认定存在高风险的业务，会计师事务所应当设计和实施专门的质量管理程序。例如，会计师事务所的质量管理政策可以规定，针对高风险的业务或客户，需要加强与前任注册会计师的沟通、与相关监管机构沟通、访谈拟承接客户以了解有关情况、加强内部质量复核等，并需要经质量管理主管合伙人（或类似职位的人员）或其授权的人员审批。

对于从其他会计师事务所转入人员带来的客户，会计师事务所也应当严格执行与客户关系和具体业务的接受与保持相关的程序，审慎考虑是否可以接受这些客户。

案例：

1.注册会计师甲从原会计师事务所转入A会计师事务所，甲将其原来的审计客户X也带到A会计师事务所。A会计师事务所对X进行简单的了解后，就接受了X作为其客户。这不符合质量管理准则的要求。

2.B会计师事务所制定了《审计项目分类管理办法》，对审计项目按照风险进行了分类，不同风险等级的项目需要实施不同的质量管理措施。根据《审计项目分类管理办法》，在承接业务时，应当合理评估并确定项目的风险等级，实施相应的质量管理措施；在承接项目之后，如果新获取的信息表明原来确定的风险等级不恰当，应当及时进行调整。

（5）统一的业务承接决策。

针对客户关系和具体业务的接受与保持，应当在全所范围内统一决策。如果分所各自为政，擅自承接高风险业务，可能给全所带来严重的不利影响。

案例：

1.A会计师事务所的合伙人甲通过个人关系承接了多项业务，合伙人甲将这些业务分派给其他注册会计师实际执行，A会计师事务所的业务承接政策没有真正发挥约束作用。

2.B会计师事务所一体化管理不到位，没有制定统一的业务承接政策。各分所自行制定各自的业务承接政策，并作出业务承接决策。其中一分所承接的某项业务超出其胜任能力，由于项目执业质量问题而被监管机构处罚。

（6）承接业务后知悉的信息。

会计师事务所可能在接受或保持某一客户关系或具体业务后知悉了某些信息。这些信息既包括在作出决策时已存在的信息，也包括之后出现的新信息。

对于某些信息，如果在接受或保持该客户关系或具体业务之前知悉，将会导致会计师事务所拒绝接受该客户关系或业务。但是也有可能会计师事务所基于法律法规仍有义务接受该客户关系或具体业务。第5101号准则中明确规定会计师事务所应当针对这样的情形制定相关的政策和程序。

第5101号准则第88~89段针对上述两种情形的政策和程序分别作了举例，

包括考虑的事项、沟通的人员、如果拒绝业务采取的措施、如果继续执行业务采取的措施等。

（六）业务执行

会计师事务所的整体质量，是由每个项目组实际执行业务的质量决定的。每个项目组的质量，都会直接影响会计师事务所整体的质量。因此，会计师事务所有必要在项目层面实施质量管理。

1.主要内容

在风险导向的理念下，质量管理准则从业务执行的各个环节出发，提出了较为原则的质量目标和应对措施，包括项目组和项目合伙人的责任；对项目组进行指导、监督和复核，包括内部复核和项目质量复核；项目组运用职业判断和保持职业怀疑；咨询和解决意见分歧；出具业务报告和业务报告的签发过程；业务工作底稿的整理和保存；应对投诉和指控，等等（见表2-10）。与原5101号质量控制准则相比，相关要求都得到补充和强化。

表2-10

项目	内容
质量目标	会计师事务所应当设定下列质量目标： 1.项目组了解并履行其与所执行业务相关的责任，包括项目合伙人对项目管理和项目质量承担总体责任，并充分、适当地参与项目全过程。 2.基于项目的性质和具体情况、向项目组分配的资源以及项目组可获得的资源，对项目组进行的指导和监督以及对项目组已执行的工作进行的复核是恰当的，并且由经验较为丰富的项目组成员对经验较为缺乏的项目组成员的工作进行指导、监督和复核。 3.项目组恰当运用职业判断并保持职业怀疑（如适用）。 4.对困难或有争议的事项进行了咨询，并已按照达成的一致意见执行。 5.项目组内部、项目组与项目质量复核人员之间（如适用），以及项目组与会计师事务所内负责执行质量管理体系相关活动的人员之间存在的意见分歧，能够得到会计师事务所的关注并予以解决。 6.业务工作底稿能够在业务报告日之后及时得到整理，并得到妥善的保存和维护，以遵守法律法规、相关职业道德要求和其他职业准则的规定，并满足会计师事务所自身的需要

续表

项目	内容
应对措施	会计师事务所应当在下列方面建立政策或程序： 1.与委派项目合伙人相关的政策或程序：在全所范围内统一委派具有足够专业胜任能力、时间，并且无不良执业诚信记录的项目合伙人执行业务，并按照质量管理体系的要求对委派进行复核。 2.与项目质量复核相关的政策或程序，并对上市实体财务报表审计业务、法律法规要求实施项目质量复核的审计业务或其他业务，以及会计师事务所认为，为应对一项或多项质量风险，有必要实施项目质量复核的审计业务或其他业务等三类业务实施项目质量复核。 3.与内部复核相关的政策或程序：内部复核的层级、各层级的复核范围、执行复核的具体要求以及对复核的记录要求等。 4.与解决意见分歧相关的政策或程序： （1）项目合伙人和项目质量复核人员（如有）复核并评价项目组是否已就疑难问题或涉及意见分歧的事项进行适当咨询，以及咨询得出的结论是否得到执行。 （2）在业务工作底稿中适当记录意见分歧的解决过程和结论。如果项目质量复核人员（如有）、项目组成员以外的其他人员参与形成业务报告中的专业意见，也在业务工作底稿中作出适当记录。 （3）确保所执行的项目在意见分歧解决后才能出具业务报告。 5.与出具业务报告相关的政策或程序：业务报告在出具前经项目合伙人、项目质量复核人员（如有）复核确认，确保其内容、格式符合职业准则的规定，并由项目合伙人及其他适当的人员（如适用）签署。 6.与业务报告签发相关的政策或程序：加强对业务报告签发过程的控制，委派专门人员负责对报告的签章进行严格管理。 7.与投诉和指控相关的政策或程序：接收、调查、解决由于未能按照适用的法律法规、职业准则的要求执行业务，或由于未能遵守会计师事务所按照准则要求制定的政策和程序，而引发的投诉和指控

2.具体应对措施

（1）项目合伙人的委派。

项目合伙人的委派需要在全所范围内统一进行。被委派的项目合伙人应具有足够的专业胜任能力和时间，且没有不良执业诚信记录。

在评价项目合伙人的专业胜任能力时，需要考虑该人员是否充分了解相关法律法规和监管要求，是否能够熟练掌握和运用相关职业准则的规定，以及是否充分了解客户所在行业的业务特点、发展趋势、重大风险，该行业对信息技术的运用情况等。

此外，会计师事务所应当按照质量管理体系的要求对上述委派进行复核。

（2）指导、监督和复核。

会计师事务所应当确保对项目组进行的指导和监督以及对项目组已执行的工作进行的复核是恰当的，并且由经验较为丰富的项目组成员对经验较为缺乏的项目组成员的工作进行指导、监督和复核。

在确定指导、监督和复核是否恰当时，需要考虑项目的性质和具体情况、向项目组分配的资源以及项目组可获得的资源。

审计项目合伙人应当负责对审计项目组成员进行指导、监督并复核其工作。

①对项目组的指导、监督。

举例来说，对项目组的指导和监督可能包括以下方面：

- 跟踪项目的进展。
- 考虑项目组成员是否理解对其作出的指令，是否严格按照项目计划执行相关工作。
- 应对业务执行过程中遇到的各种事项，考虑其重要程度并相应调整项目计划。
- 识别需要咨询的事项或需要由经验更为丰富的项目组成员加以考虑的事项。

②对项目组的工作进行复核。

第5101号准则中与“复核”相关的概念主要有两个：一是项目组内部复核；二是项目质量复核。项目组内部复核和项目质量复核都属于“业务执行”要素中的应对措施。本版块的阐述主要针对项目组内部复核。对于项目质量复核，会计师事务所应当制定政策和程序，具体参见本书第二部分“二、第5102号准则——实施项目质量复核的具体要求”。

对于项目组内部复核，会计师事务所应当制定与内部复核相关的政策和程序，对内部复核的层级、各层级的复核范围、执行复核的具体要求以及对复核的记录要求等作出规定。

项目合伙人需要对项目组成员的工作进行内部复核，以履行其对项目质量的责任。对于财务报表审计业务，项目合伙人的复核责任包括以下几个方面：一是在审计过程中的适当时点复核工作底稿，包括与重大事项、重大判断、与项目合伙人职责有关的其他事项相关的工作底稿，这有助于重大事项在审计报告日或之前得到及时满意的解决。二是确保审计程序从实质上执行到位，避免审计项目组成员仅简单勾画程序表格而未实质性执行程序、程序与目标不一致、程序执行不到位、审计工作底稿记录不完整等问题。三是确保获取充分、适当的审计证据，以支持得出的结论和拟出具的审计报告。四是确保出具适合具体情况的报告。五是复核正式书面沟通文件，项目合伙人应当在与管理层、治理层或相关监管机构签署正式书面沟通文件之前对其进行复核。需要指出的是，项目合伙人在复核时需要运用职业判断，例如，在识别项目组作出重大判断的领域、确定其他需要复核的事项、确定复核哪些正式书面沟通文件时，都需要运用职业判断加以确定。

举例来说，对项目组的工作进行复核可能需要考虑以下方面：

- 该工作是否按照适用的法律法规、职业准则以及会计师事务所的政策和程序执行。
- 是否已将重大事项提请作出进一步考虑。
- 是否已进行适当咨询，咨询结论是否已得到恰当落实和记录。
- 是否需要调整拟执行工作的性质、时间安排和范围。
- 已执行的工作是否能够支持得出的结论并已得到恰当记录。
- 在鉴证业务中获取的相关证据是否充分、适当，能够为鉴证报告提供支持。
- 实施的各项程序是否已达到目标。

案例：

上市公司X的审计工作底稿中有两份影视版权转让协议。一份协议保存于营业外收入审计底稿中，签约日期为201×年10月10日，是现场审计时取得，早于上市公司X成立日期201×年10月12日；另一份协议保存于重大事项审计底稿中，签约日期为201×年11月10日，是后期重大事项复核时取得。这两份协议内容完全一致，但签约日期不一致。A会计师事务所没有发现两份证据存在日期差异，也没有发现其中一份协议签约日期早于上市公司X成立日期。最终为该项目出具了无保留意见的审计报告。

监管机构检查发现，上市公司X通过虚构影视版权转让虚增收入和利润，并通过虚增行为扭亏为盈。上述协议是版权交易事项的关键证据。

在这一案例中，项目组未对证据的可靠性保持应有的职业怀疑，项目合伙人和项目质量复核人员在复核业务工作底稿时也没有发现签约日期的问题。综合其他问题，事务所受到监管机构处罚。

③指导、监督、复核的性质、时间安排和范围。

在财务报表审计业务中，项目合伙人应当确定按照适用的法律法规和职业准则的规定，以及会计师事务所的政策和程序，计划和执行指导、监督和复核。项目合伙人还应当确定指导、监督和复核的性质、时间安排和范围符合审计项目的性质和具体情况，并与会计师事务所向审计项目组分配或提供的资源相匹配。也就是说，实务中，会计师事务所需要根据实际情况“量身定制”适合本所的指导、监督和复核的方法，并且如果项目的具体情况发生变化，项目合伙人可能也需要对计划执行的指导、监督和复核的性质、时间安排和范围进行重新评价。

在某些情况下，会计师事务所可能利用本所服务提供中心或网络事务所服务提供中心的人员来实施业务中的某些程序（此时这些人员属于项目组成员）。例如，会计师事务所建立了函证集中处理中心，由该中心统一执行本所函证的收发工作。在这些情况下，会计师事务所可能需要专门针对这些人员的指导、监督和复核制定政策和程序，如业务中的哪些方面可以被分配给服务提供中心的人员，项目合伙人或其授权的人员如何对服务提供中心的人员进行指导、监督和复核，项目组与服务提供中心的人员进行沟通的相关规定等。

（3）恰当运用职业判断并保持职业怀疑。

在执行业务的过程中，项目组应当恰当运用职业判断并保持职业怀疑（如适用）。保持职业怀疑，可以为高质量的职业判断提供支持，并通过这些高质量的职业判断，进而为项目组执行业务的总体效果提供支持。

会计师事务所可以针对职业判断和职业怀疑设计和实施多种应对措施，这些应对措施可能也与业务执行要素的其他质量目标相关，如指导、监督和复核，咨询和解决意见分歧等。实施项目质量复核，就是会计师事务所针对职业判断和职业怀疑设计和实施的一项应对措施。

质量管理体系的其他方面也可能有助于项目组运用职业判断和职业怀疑。

举例来说，质量管理体系的下列方面可能有助于项目组运用职业判断和保持职业怀疑：

- 在全所范围内形成以质量为导向的文化。
- 会计师事务所领导层对质量负责并通过实际行动展示其对质量的重视。
- 向业务分配适当的资源，包括人力资源、技术资源和财务资源（为利用专家的工作或实地走访某地，项目组可能需要财务资源）。
- 开发适当的知识资源，包括提示项目组可能需要运用职业判断和职业怀疑的情形，并针对这些情形提供进一步指引。
- 管理向业务分配人员，包括确保分配的人员具备充足的时间执行业务。
- 针对接受或保持业务作出恰当的判断，例如，考虑会计师事务所是否具备适当的资源以执行业务。
- 提供适当的培训。

案例：

1. 项目组发现被审计单位当期新增的供应商被列为失信被执行人，且向其支付了不符合行业惯例的大额预付款，但注册会计师简单认可公司解释，未获取充分适当审计证据验证交易的商业合理性。

在这一案例中，注册会计师面对异常情况未保持应有的职业怀疑，导致未发现被审计单位被实际控制人及其关联方非经营性占用资金。

2. Y上市公司将2019年以前形成的应收账款，在2020年年底以账面净值作价2.01亿元转让给保理公司。上述应收账款账龄长（3年以上的应收账款占比74%）、可收回性差（2020年回款比例仅0.76%）、交易时间发生在年底、交易金额重大，相关交易的商业合理性存疑。在此情形下，注册会计师对此笔金额重大的非常规交易仅执行了查看合同、发函等常规审计程序，未结合应收账款的作价金额、形成时间、清收情况，关注该保理业务的商业合理性，未采取进一步的审计程序。

在这一案例中，注册会计师未保持应有的职业怀疑，导致未发现上市公司实际控制人占用资金的问题。

（4）咨询。

会计师事务所应当对困难或有争议的事项进行咨询，并按照达成的一致意见执行。会计师事务所营造一个重视和鼓励咨询的环境，有助于形成质量至上的文化。

①需要咨询的事项。

会计师事务所可以明确规定需要对哪些困难或有争议事项进行咨询，项目组或项目质量复核人员也可能识别出需要咨询的事项。

举例来说，在财务报表审计业务中，可能需要就下列事项进行咨询：

- 复杂的或不熟悉的事项（例如，某项具有高度估计不确定性的会计估计）。

- 存在特别风险的事项。
- 被审计单位超出正常经营过程的重大交易或重大异常交易。
- 被审计单位管理层施加限制的情况。
- 与违反法律法规有关的情况。

②向谁咨询。

会计师事务所相关人员可以与会计师事务所内部或外部具有相关专长的人员，在适当的专业层面进行讨论。当提供咨询的人员符合下列条件时，针对重大技术、道德问题或其他问题进行的咨询可能是有效的：①了解所有相关事实和情况，能够在知情的前提下提供咨询建议；②具备适当的知识、经验和资历。

③会计师事务所可以制定哪些政策和程序。

举例来说，会计师事务所可以就以下事项制定政策和程序：

- 需要对哪些困难或有争议的事项进行咨询？
- 如何就咨询结论达成一致意见？
- 如何执行咨询结论？
- 如何记录咨询情况？

④项目合伙人的责任。

对于财务报表审计业务，项目合伙人对需要咨询的事项应当承担四个方面的责任。

一是对审计项目组就困难或有争议的事项、会计师事务所政策和程序要求咨询的事项、项目合伙人根据职业判断认为需要咨询的其他事项进行咨询承担责任。

二是确定审计项目组成员已在审计过程中就相关事项进行了适当咨询，咨询可能在审计项目组内部进行，或者在审计项目组与会计师事务所内部或外部的其他适当人员之间进行。

三是确定已与被咨询者就咨询的性质、范围以及形成的结论达成一致意见。

四是确定咨询形成的结论已得到执行。

（5）解决意见分歧。

意见分歧可能存在于项目组内部、项目组与项目质量复核人员之间（如适用）、项目组与会计师事务所内负责执行质量管理体系相关活动的人员之间。会计师事务所应当确保这些意见分歧得到会计师事务所的关注并予以解决。会计师事务所可以鼓励尽早识别出意见分歧，并明确规定提出和解决意见分歧的相关步骤，包括如何解决意见分歧、如何将解决意见分歧达成的结论予以落实以及如何进行记录等。

对项目合伙人和项目质量复核人员（如有）而言，应当复核并评价项目组是否已就疑难问题或涉及意见分歧的事项进行适当咨询，以及咨询得出的结论是否得到执行。

在编制业务工作底稿时，应当适当记录解决意见分歧的过程和结论。如果项目质量复核人员（如有）、项目组成员以外的其他人员参与形成业务报告中的专业意见，也应当在业务工作底稿中作出适当记录。

从出具业务报告的角度，项目合伙人应当确保所执行的项目在意见分歧解决后才能出具业务报告。

为解决意见分歧，会计师事务所可以向相关监管机构、职业组织、其他会计师事务所或注册会计师进行咨询。

（6）出具业务报告。

会计师事务所应当制定与出具业务报告相关的政策和程序，要求业务报告在出具前，应当经项目合伙人、项目质量复核人员（如有）复核确认，确保其内容、格式符合职业准则的规定，并由项目合伙人及其他适当的人员（如适用）签署。

此外，如果会计师事务所未经授权的人员可以接触到注册会计师签章和会计师事务所公章，可能导致出具虚假或未经授权的业务报告。因此，会计师事务所应当加强对业务报告签发过程的控制，委派专门人员负责对报告的签章进行严格管理。

（7）投诉和指控。

会计师事务所应当接收、调查并解决由于未能按照适用的法律法规、职业准则的要求执行业务，或由于未能遵守会计师事务所的政策和程序，而引发的投诉和指控。

投诉和指控可能来自会计师事务所内部，也可能来自外部（如客户、组成部分注册会计师或网络事务所人员）。会计师事务所可以制定政策和程序，鼓励会计师事务所人员积极反映与执业质量相关的问题而不用担心遭受打击报复。如果项目组成员或会计师事务所其他人员收到了投诉和指控，需要按照会计师事务所的政策和程序，将该投诉和指控转交给会计师事务所内负责处理投诉和指控的部门或人员。

会计师事务所可以委派相关人员对投诉和指控进行调查。该人员需要拥有充分、适当的经验，在会计师事务所内部拥有适当的权威性，并且不参与被投诉和指控的业务。必要时，该人员可以邀请法律顾问参与调查。

会计师事务所领导层需要重视并妥善处理与会计师事务所执业质量相关的投诉和指控。为此，会计师事务所可能需要制定相关政策和程序，包括相关机制和处理流程，使投诉和指控能够得到积极、公平、恰当的处理。

案例：

1.A会计师事务所在内部建立了员工投诉机制，日常工作由所内风险管理部负责开展。A会计师事务所还设置了内部交流平台，以促进事务所与内部员工之间的沟通，也有助于会计师事务所及时获取与投诉举报相关的线索。

2.员工甲向其所在的B会计师事务所投诉称，X项目组在执业过程中存在违反执业准则的行为。B会计师事务所未及时妥善处理相关投诉信息。甲随即向监管机构重新反映其投诉举报信息。

（8）业务工作底稿。

会计师事务所应当确保业务工作底稿能够在业务报告日之后及时得到整理，并得到妥善的保存和维护，以遵守法律法规、相关职业道德要求和其他职业准则的规定，并满足会计师事务所自身的需要。

法律法规或职业准则可能针对特定类型的业务，规定了完成工作底稿归档的最终期限。对于不存在此类规定的业务类型，会计师事务所可以确定本所的归档期限。例如，审计工作底稿的归档期限为审计报告日后六十天内，如果注册会计师未能完成审计业务，审计工作底稿的归档期限为审计业务中止后的六十天内。财务报表审阅或其他鉴证业务可以参照此规定。

业务工作底稿的保存和维护可能包括对基础数据的安全、完整、可访问性、可追溯性以及相关技术实施管理。业务工作底稿的保存和维护可能涉及信息技术的应用。如果未经授权对业务工作底稿进行修改、增加或删除，或者业务工作底稿发生永久性丢失或损坏，可能破坏业务工作底稿的安全、完整。

法律法规或职业准则可能规定业务工作底稿的保存期限。如果没有此类规定，会计师事务所可以考虑业务的性质和本所的具体情况，包括是否需要这些工作底稿以记录对未来执行业务具有持续重要性的事项，来决定业务工作底稿的保存期限。例如，审计准则规定会计师事务所应当自审计报告日起，对审计工作底稿至少保存十年，如果注册会计师未能完成审计业务，会计师事务所应当自审计业务中止日起，对审计工作底稿至少保存十年。财务报表审阅或其他鉴证业务可以参照此规定。

（七）资源

“资源”与质量管理体系的其他组成要素都是广泛相关的。将“资源”单独作为质量管理体系中的一个要素，有助于会计师事务所更好地理解质量管理体系的其他要素需要什么样的资源，以及资源如何促进质量管理体系目标的实现。

1. 主要内容及变化

原5101号质量控制准则仅聚焦人力资源。新修订的第5101号准则进一步细化和增加了人力资源要求。此外，考虑到会计师事务所在执行业务过程中，越来越多地运用技术资源和知识资源，新增了有关技术和知识资源的具体规定。与资源有关的要求得到全面的补充和强化，如表2-11所示。

表2-11

项目	内容
质量目标	会计师事务所应当设定下列质量目标： 1. 招聘、培养和留住具备胜任能力的人员。 2. 通过其行为展示出对质量的重视，不断培养和保持适当的胜任能力以履行其职责。会计师事务所通过及时的业绩评价、薪酬调整、晋升和其他奖惩措施对这些人员进行问责或认可。 3. 当会计师事务所在质量管理体系的运行方面缺乏充分、适当的人员时，能够从外部（如网络、网络事务所或服务提供商）获取必要的人力资源支持。 4. 分派具有适当胜任能力的项目合伙人和其他项目组成员，并保证其有充足的时间持续高质量地执行业务。 5. 分派具有适当胜任能力的人员执行质量管理体系内的各项活动，并保证其有充足的时间执行这些活动。 6. 获取、开发、维护、利用适当的技术资源，以支持质量管理体系的运行和业务的执行。 7. 获取、开发、维护、利用适当的知识资源，以为质量管理体系的运行和高质量业务的持续执行提供支持，并且这些知识资源符合相关法律法规（如适用）和职业准则的规定。 8. 从服务提供商获取的人力资源、技术资源或知识资源能够适用于质量管理体系的运行和业务的执行
应对措施	会计师事务所应当： 1. 投入足够资源打造一支专业性强、经验丰富、运作规范的质量管理体系团队。 2. 建立与专业技术支持相关的政策和程序，配备具备相应专业胜任能力、时间和权威性的技术支持人员，确保相关业务能够获得必要的专业技术支持。 3. 建立和运行完善的工时管理系统，确保相关人员投入足够的时间执行业务，并为业绩评价提供依据。 4. 建立和完善与业务操作规程、业务软件等有关的指引，把职业准则的要求从实质上执行到位

2. 具体应对措施

（1）资源的种类。

从性质来看，会计师事务所的“资源”，可能包含房屋、设备等实物资源，还包含财务、人力、技术和知识等资源（见图2–7）。质量管理体系的“资源”要素，主要针对人力资源、技术资源和知识资源作出规定，原因在于这三类资源对于支持质量管理体系的运行并实现业务的高质量更相关、更重要。除这三类资源外，财务资源也与质量管理体系相关，考虑到财务资源在很大程度上由领导层进行管理和分配，因此与财务资源有关的要求在“治理与领导层”要素阐述。

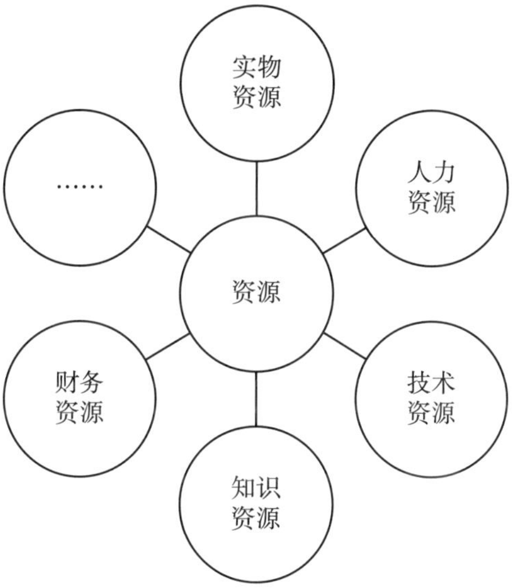

图2–7　会计师事务所的资源种类

从来源来看，资源可能来自会计师事务所内部，也可能从网络、网络事务所或服务提供商处获取。

从用途来看，资源可能用于执行质量管理体系中的各项工作，也可能用于执行具体业务。

（2）人力资源。

①招聘、培养和留住人员。

会计师事务所需要招聘、培养和留住具备胜任能力的人员，既包括合伙人也包括员工。这些人员具备相关的知识和经验，能够持续高质量地承担与业务和质量管理相关的责任。

会计师事务所可以建立下列与人员的招聘、培养和留住相关的政策和程序（见图2-8）：

第一，招聘具备适当胜任能力或能被培养出这些胜任能力的人员；

第二，为这些人员提供培训或职业继续教育，例如，通过事务所内部的知识平台等多种方式，不断培养人员的胜任能力；

第三，建立对人员适当期间的胜任能力和业绩综合评价的机制；

第四，建立薪酬、晋升和其他激励机制。

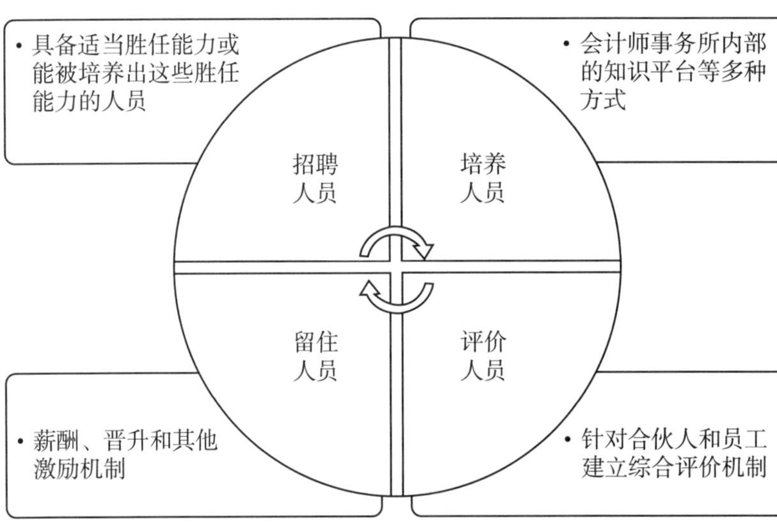

图2-8　招聘、培养和留住人员相关的政策和程序

会计师事务所需要对其人员作出及时的评价和反馈，如通过业绩评价、薪酬调整、晋升和其他奖惩措施来培养和保持人员的胜任能力，或者对未能在执行业务中恰当采取应对措施或未能持续保持其胜任能力的人员进行问责。这些举措可以展示出会计师事务所对质量的重视。

案例：

1. 为了更好地推动建立健全本所的质量管理体系，A会计师事务所对组织结构作出调整，致力于打造一支专业性强、经验丰富、运作规范的质量管理体系团队，设置了会计技术团队、审计技术团队、职业道德团队、信息技术支持团队、业务风险管理团队。

2. B会计师事务所设有专职的技术部，为项目组提供专业技术支持。员工需要至少有5年的项目经验，并且每个年度的绩效达到良好以上，才可以申请转入技术部。

3. 为了鼓励员工持续学习专业知识，C会计师事务所规定，每位员工每年可以报销一定金额的培训费用。如果员工通过注册会计师考试，可以获得一定金额的奖金。

4. D会计师事务所每季度对其员工在质量方面责任的履行情况打分，包括职业道德、行为、能力等方面，不合格的员工需要参加额外的培训教育。

②分派适当的项目组成员。

会计师事务所应保证对每项业务分派的恰当人员，持续高质量地执行业务。这里的“人员”既包括会计师事务所内部的合伙人和员工，也包括来自会计师事务所外部的如网络、网络事务所或服务提供商的人员。这些人员应当具备适当胜任能力，还要有充足的时间。会计师事务所应当建立和运行完善的工时管理系统，确保相关人员投入足够的时间执行业务，并为业绩评价提供依据。

举例：

根据《中国注册会计师审计准则第1121号——对财务报表审计实施的质量管理》准则及其应用指南，确定审计项目组成员拥有适当的胜任能力，可以考虑以下方面的情况：

- 是否理解具有相似性质和复杂程度的审计业务，以及拥有相关实务经验；
- 是否理解适用的法律法规和职业准则的要求；
- 是否具备会计或审计特殊领域的专长；
- 是否具备信息技术（如拟使用的自动化工具和技术）领域的专长；
- 是否了解被审计单位所处的行业；
- 是否具有职业判断的能力；
- 是否理解会计师事务所的政策和程序。

当项目组成员组成部分注册会计师的工作时，除考虑上述规定外，《中国注册会计师审计准则第1401号——对集团财务报表审计的特殊考虑》准则及其应用指南，对事务所了解组成部分注册会计师的专业胜任能力作出了规定并提供了指引。

案例：

1.为了保证合伙人有充足的时间实际参与项目，A会计师事务所的质量管理政策规定，每名合伙人每年签署的审计业务报告（同一企业集团内多份子公司审计报告除外）的数量不能超过100份。

2.B会计师事务所有专门的人员分配流程，以保证项目组成员符合独立性相关的要求。

（3）技术资源和知识资源。

①技术资源和知识资源的含义。

技术资源，通常是指会计师事务所的信息技术应用程序，该程序构成会计师事务所信息化环境的一部分。此外，技术资源还包括为信息技术应用程序提供支持的基础设施、信息技术相关流程以及该流程涉及的人力资源等。

知识资源，通常是指会计师事务所为运行质量管理体系和持续高质量地执行业务而使用的信息。知识资源可能通过技术资源获取。举例参见图2-9。

技术资源

- 信息技术应用程序（如用于监控系统、预算编制或保存工作底稿的应用程序）
- 信息技术网络、操作系统、数据库
- 信息技术相关流程，如访问权限系统（如密码器）等，以及该流程涉及的人力资源等

知识资源

- 业务方法论
- 特定行业业务指引
- 会计指引
- 内部知识共享平台

……

图2–9　技术资源与知识资源的种类举例

案例：

A会计师事务所在审计准则的基础上，设计了本所的审计手册，并将其内置于审计软件中。基于审计手册，审计软件将提供初始化的审计程序和工作底稿，供项目组参考使用。项目组可以随时查询审计手册。审计手册同时要求，项目组需要根据业务的具体情形对审计程序和底稿进行修改、补充，不能仅按照初始化的工作底稿执行和记录工作。

在该例中，审计手册属于知识资源，审计软件属于技术资源。技术资源有助于获取和运用知识资源。

会计师事务所提供知识资源和技术资源，其目的在于更好地帮助其人员执行业务和管理质量。会计师事务所应当避免其人员过度依赖相关知识资源和技术资源，出现仅简单勾画程序表格、未实质性执行程序等问题。执业人员应当充分运用知识、经验和专业技能，结合业务的具体情况和职业判断，把相关程序执行到位，而不是仅为满足相关工作底稿记录要求而机械地记录某些程序已执行。

第一，技术资源。

一项技术资源可能服务于会计师事务所的多个方面，其中某些方面可能与质量管理体系并不相关。下列三类技术资源与实现第5101号准则的目标是相关的：

a.直接用于设计、实施和运行质量管理体系的技术资源，如用于质量管理体系监控程序的信息技术应用程序。

b.项目组在业务执行时直接使用的技术资源，如用于编制底稿的信息技术应用程序或自动化工具和技术（Excel宏的运用）。

c.用于支持上述技术资源的运行有效性的其他技术资源，比如信息技术基础设施和流程。

不同事务所的技术资源可能不同。举例来说，较为复杂的事务所和较不复杂的事务所在技术资源方面可能存在如表2-12所示的区别。

表2-12

技术资源	较为复杂的会计师事务所	较不复杂的会计师事务所
性质	比较复杂，更加需要结合事务所的情况定制	比较简单
来源	定制化开发、网络提供等	从服务提供商处购买
构成	• 多种定制化的信息技术应用程序。例如，项目组使用的项目软件、自动化审计工具，用于质量管理体系的信息技术应用程序（如工时系统）。 • 较为复杂和全面的信息技术流程。例如，会计师事务所为管理信息技术应用程序的更新换代而建立的相关流程。 • 负责管理信息技术基础设施和信息技术流程的人员	• 供项目组使用的商业化应用程序。 • 信息技术流程。例如，授权访问信息技术应用程序的流程、升级信息技术应用程序的流程

第二，知识资源。

需要强调的是，审计方法论是一项非常重要的知识资源。会计师事务所需要重视并加强审计方法论的开发与培训，将职业准则中的要求转化成切实适合本所具体情况、能够在本所落地实施的方法论（如审计手册等），并确保审计人员真正理解和掌握该方法论的精神实质，避免机械执行职业准则中的要求。

②恰当利用技术资源和知识资源。

准则要求，会计师事务所应当获取、开发、维护和利用适当的技术资源和知识资源，能够支持质量管理体系的运行和业务的执行。

举例来说，会计师事务所可以建立下列方面的政策或程序：

a.在执行业务的归档时，要求利用某些技术资源或知识资源；

b.明确使用某些技术资源或知识资源时需要具备的资质或经验；

c.明确规定项目合伙人与利用技术资源和知识资源相关的责任；

d.明确规定如何利用技术资源和知识资源。

案例：

1.A会计师事务所要求，所有工作底稿都应归档至事务所的特定数据库。

2.B会计师事务所新购入了一项数据分析软件，考虑到该软件运行结果的解读需要具备特殊技能，B会计师事务所规定，使用该软件前应经过20个小时的培训。

3.C会计师事务所针对其审计软件制定了操作手册，以指导其员工如何运用该软件，以及如何获得相关支持和协助。

会计师事务所在获取、开发、维护、利用某种信息技术应用程序时，可能需要考虑以下方面：

a.输入数据是否完整和适当；

b.数据的保密性是否受到保护；

c.该信息技术应用程序是否按照设计的方式运行，并能够达到预期目的；

d.输出结果能否达到其使用目的；

e.支持该信息技术应用程序有效运行的信息技术一般控制是否适当；

f.人员是否具备利用该信息技术应用程序所需的专业技能或经过适当培训；

g.是否需要针对该信息技术应用程序的运行方式制定相关政策和程序。

会计师事务所在使用自动化工具和技术时，可能需要额外考虑以下方面：

a.在事务所确定该技术资源适当且批准项目组使用之前，禁止项目组使用某些自动化工具和技术或其部分功能。

b.过度依赖自动化工具和技术带来的质量风险，如注册会计师产生自动化零错误的认知偏差等。

（4）利用服务提供商。

会计师事务所可以利用服务提供商提供的资源，既包括人力资源，也包括知识资源与技术资源。但基本原则是，会计师事务所仍然需要对其质量管理体系负责。

举例来说，会计师事务所利用服务提供商情形可能包括：

①执行监控活动、实施项目质量复核或业务执行中就相关技术问题提供咨询；

②执行业务过程中使用了服务提供商提供的商业软件；

③利用来自其他事务所的注册会计师实施某些程序，如存货监盘；

④利用外部专家的工作。

会计师事务所需要考虑使用服务提供商可能面临的质量风险，及对应对措施的影响。例如，外购的信息系统未及时更新、相关人员缺乏专业胜任能力等。会计师事务所可以从服务提供商的特征（如信誉、规模、市场份额等）、提供资源的性质、事务所如何以及在多大程度上利用这些资源等方面进行考虑。

案例：

A会计师事务所外购了一项审计作业软件。为了确定该软件是否适用于本所质量管理体系的运行和业务的执行，A会计师事务所可以从下列方面进行考虑：

- 相关质量目标和质量风险。例如，该软件未及时将审计准则的变化更新到内嵌的方法论中、非授权访问、信息泄露等风险。
- 资源的性质和范围，以及相关服务的条款。例如，该审计作业软件的使用限制、数据保密性等条款。
- 该资源在会计师事务所多大范围内使用，会计师事务所拟如何利用该资源以及该资源是否适用于这一目的。

- 该资源在多大程度上是针对本所定制的。
- 会计师事务所以前利用该服务提供商的情况。
- 该服务提供商在相关行业中的经验及市场声誉。

（八）信息与沟通

“信息与沟通”要素与质量管理体系的所有其他要素都广泛相关。信息的获取、生成与沟通通常是一个持续的过程，涉及会计师事务所的所有人员，并且涉及信息在会计师事务所内部和外部的传播。因为不同的人员在质量管理体系运行或业务执行过程中担任的角色不同，沟通的信息以及责任也会有所不同。有效的双向沟通对于质量管理体系的运行以及业务的执行至关重要。

1.主要内容及变化

在原5101号质量控制准则中，“信息与沟通”不是一个单独的质量控制要素，虽然也涉及了部分有关信息与沟通的要求，如体现在沟通与独立性有关的信息方面。在新修订的第5101号准则中，“信息与沟通”上升为一个单独的质量管理体系的要素，在信息系统、促进信息与沟通的文化、鼓励和促进事务所内部双向沟通、加强外部沟通等方面提出了新的要求，相关要求都得到全面的补充和强化（见表2–13）。

表2–13

项目	内容
质量目标	会计师事务所应当设定下列质量目标： 1.会计师事务所的信息系统能够识别、获取、处理和维护来自内部或外部的相关、可靠的信息； 2.会计师事务所的文化认同并强化会计师事务所人员与会计师事务所之间，以及这些人员彼此之间交换信息的责任； 3.会计师事务所内部以及各项目组之间能够交换相关、可靠的信息； 4.会计师事务所向外部各方传递相关、可靠的信息

续表

项目	内容
应对措施	会计师事务所应当在下列方面建立政策或程序： 1. 会计师事务所在执行上市实体财务报表审计业务时，应当与治理层沟通质量管理体系是如何为持续高质量地执行业务提供支撑的； 2. 会计师事务所在何种情况下向外部各方沟通与质量管理体系相关的信息是适当的； 3. 会计师事务所进行外部沟通时应当沟通哪些信息，以及沟通的性质、时间安排、范围和适当形式

2. 具体应对措施

（1）信息系统。

会计师事务所应当确保其信息系统能够识别、获取、处理和维护来自内部或外部的相关、可靠的信息，为质量管理体系提供支持。这些信息需要具备准确性、完整性、及时性和有效性。信息系统可能同时使用人工和信息技术，信息被处理的方式因此有所不同，比如可能通过信息技术应用程序的方式实施，在某些情况下，可能嵌入事务所针对质量管理体系其他要素设计和采取的应对措施中。会计师事务所需要根据自身情况，“量身定制”复杂程度不同的信息系统。

案例：

1.A会计师事务所规模较小，人员较少，主要领导层直接参与执业活动。事务所内部的信息传递十分灵活、便捷，人员之间的沟通以直接对话为主。A会计师事务所在信息的识别、获取、处理和维护制定方面没有特别严密的政策和程序。

2.B会计师事务所规模较大，业务类型也比较多。有关信息的识别、获取、处理、维护和沟通主要通过信息技术应用程序的方式实施。B会计师事务所制定了严密的政策和程序，以确保其信息系统能够识别、获取、处理和维护来自内部或外部的相关、可靠的信息。

（2）内部沟通。

会计师事务所与其人员及项目组之间的沟通是双向的。会计师事务所向相关人员和项目组传递信息，以使其理解和履行与执行业务或质量管理体系各项活动相关的责任；同时，会计师事务所人员和项目组在执行业务或质量管理体系各项活动的过程中，也向会计师事务所传递信息。这种双向沟通应当是持续的、有效的。会计师事务所的文化应当强化和认同这种双向沟通的责任。

会计师事务所、项目组、事务所人员之间沟通信息的情况可能包括（见图2–10）：

①项目组及相关人员与事务所沟通。例如，a.有关业务承接的信息；b.对资源的分配情况等可能反映质量管理体系存在缺陷的信息。

②会计师事务所与项目组及相关人员沟通。例如，a.会计师事务所的应对措施；b.与人员职责相关的质量管理体系的变化的信息；c.与项目组计划和执行业务相关的信息。

③项目组及相关人员与项目质量复核人员沟通。例如，有关咨询的情况。

④职业道德或独立性主管合伙人与项目组及相关人员及会计师事务所沟通。例如，独立性要求变化相关的信息。

⑤在集团审计中，集团项目组与组成部分注册会计师沟通。

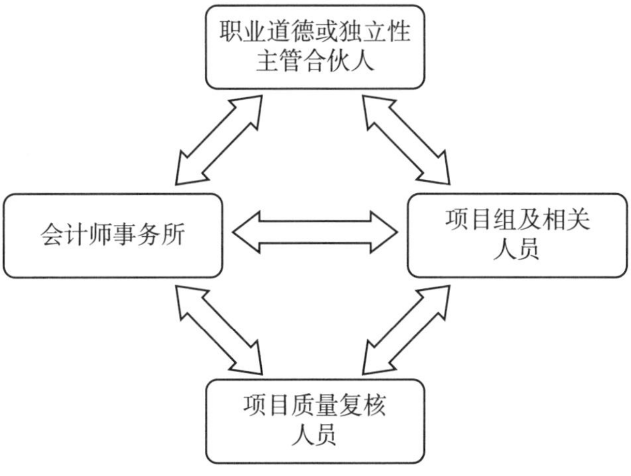

图2–10 双向的内部沟通

（3）外部沟通。

相关、可靠、透明的外部沟通，有利于会计师事务所向外部各方传递如何持续高质量执行业务的信息，有助于强化和保持利益相关方对会计师事务所高质量执行业务的信心。

①沟通的对象。

会计师事务所需要与外部各方保持沟通，包括网络、网络事务所、服务提供商、监管机构等（见图2-11）。

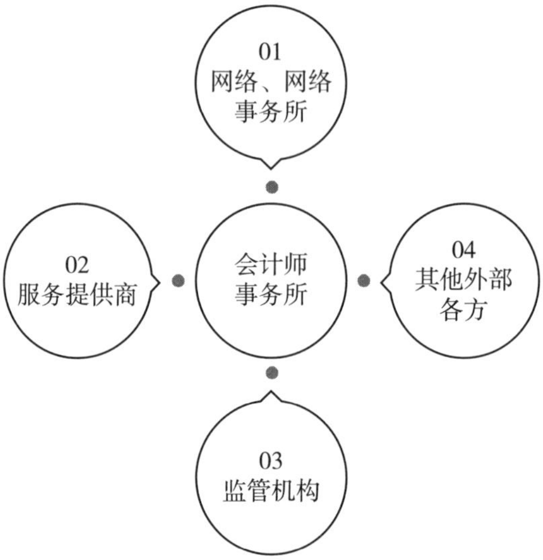

图2-11　外部沟通的对象

外部沟通通常也是双向的。例如，会计师事务所除向网络、网络事务所或服务提供商传递信息外，也可能需要从网络、网络事务所或服务提供商获取信息，以支持质量管理体系的设计、实施和运行。

在某些情况下，会计师事务所可能需要按照法律法规或职业准则的要求向外部传递信息。例如，按照职业道德守则的规定考虑是否向外部的适当机构报告违反法律法规行为。

表2-14列示了会计师事务所可能发生与外部进行沟通的原因。

表2–14

沟通原因	沟通方
法律法规或职业准则要求外部沟通	法律法规或职业准则规定的人员
为支持外部各方理解质量管理体系进行的沟通	事务所确定的需要沟通的外部各方
事务所执行某些特定业务，例如，上市实体财务报表审计业务	按照《中国注册会计师审计准则第1151号——与治理层的沟通》的规定与治理层沟通

案例：

A会计师事务所是国际网络的成员所。A会计师事务所定期向网络汇报其审计客户的信息，同时也从网络获取与网络事务所的审计客户有关的信息。这些信息与遵守独立性要求相关。

②向外部沟通适当的信息。

会计师事务所应当制定一系列的政策和程序，确保向外部各方传递相关、可靠的信息。向外部沟通适当的信息需要运用职业判断，综合考虑多种因素，例如，会计师事务所的情况、沟通的对象、沟通的原因、沟通的内容、沟通的方式等。第5101号准则应用指南第150段，列举了九个方面的考虑因素，这些因素可能会影响会计师事务所沟通的内容，以及沟通的性质、时间安排、范围和适当形式。

③沟通的形式。

会计师事务所可以有很多方式实现与外部各方的沟通，比如，直接对话、政策和程序、邮件、培训、社交媒体、网站信息、信息技术应用程序等。在选择最合适的沟通方式或同时采取多种沟通方式时，事务所需要考虑多个因素，例如，沟通的目标群体；沟通信息的性质和紧急程度。

④禁止外部沟通的情形。

这种情况通常来自于法律法规的禁止。以下是一些示例：

a.与数据保护或保密相关的法律法规可能禁止会计师事务所对外披露某些信息；

b.法律法规或相关职业道德要求可能涉及相关保密要求。

（九）监控和整改程序

正如前面所探讨的那样，质量管理体系需要不断优化和完善，并且新的质量管理理念更加强调事前、事中、事后全方位全流程地实施管理，因此，会计师事务所有必要对质量管理体系进行监控和整改。监控和整改程序不仅有助于对质量管理体系进行评价，还能够促进会计师事务所积极持续地提高业务质量、改进其质量管理体系。

1.主要内容

监控和整改程序的目的：一方面，就质量管理体系的设计、实施和运行情况提供相关、可靠、及时的信息；另一方面，采取适当的行动以应对识别出的质量管理体系的缺陷，以使该缺陷能够及时得到整改，防止其再次发生。

质量管理准则要求会计师事务所应当在全所范围内建立统一的监控和整改程序，并开展实质性监控，包括定期和持续的监控。在实施监控活动的过程中，事务所可能会发现一些情况，经评价认为这些情况表明质量管理体系存在一些缺陷。针对这些缺陷，会计师事务所应当评价其严重程度和广泛性，调查和分析其根本原因，并有针对性地采取整改措施，确保这些缺陷能够得到及时、适当的整改。会计师事务所的适当人员应当及时、持续地就监控与整改程序有关的事项进行沟通，以使相关人员能够根据其职责迅速采取恰当行动。会计师事务所还应当视具体情况对相关人员进行问责，并及时修订完善质量管理体系。

简单来看，监控和整改程序可以分为如图2–12所示的几个方面。

图2–12　会计师事务所的监控和整改程序

监控和整改程序的设计受许多因素的影响，包括质量管理体系的其他方面是如何设计的，以及会计师事务所的性质和具体情况等。因此，不同会计师事务所监控和整改程序的具体内容也会有所不同。此外，正如前面所强调的，会计师事务所的监控和整改程序也不是一成不变的，需要不断优化和完善。

通过监控和整改程序所获取的信息，还可用于其他方面，例如：

- 事务所主要负责人对质量管理体系的年度评价；
- 项目质量复核合伙人使用这些信息作为执行项目质量复核的基础；
- 项目合伙人用于管理并持续改进项目质量。

2.具体内容

（1）设计和实施监控活动。

会计师事务所应当设计和实施监控活动，包括定期实施的监控活动和持续实施的监控活动。

①监控的内容。

会计师事务所对质量管理体系整体进行监控，这可能包括对以下方面的监控：

a.领导层的职责是如何分配的，是否满足了质量管理准则的要求；

b.会计师事务所风险评估程序的设计和实施，即会计师事务所如何设定质量目标、识别和评估质量风险、设计和采取应对措施，如何识别可能影响质量目标、质量风险或应对措施的与事务所及其业务的性质和具体情况发生变化相关的信息；

c.应对措施的设计和实施，包括应对措施是否按照设计的方式恰当实施，以及应对措施是否有效地应对了相关质量风险；

d.会计师事务所的监控和整改程序是否达到了预期的目标；

e.会计师事务所如何应对网络要求或网络服务，是否符合质量管理准则的要求；

f.对质量管理体系承担最终责任的人员对质量管理体系的评价及其是否符合质量管理准则的要求。

②监控活动性质、时间安排和范围的确定。

在确定监控活动的性质、时间安排和范围时，会计师事务所需要考虑内容见表2–15。

表2–15

项目	内容
应当考虑的因素	①对相关质量风险的评估结果以及得出该评估结果的理由； ②针对质量风险的评估结果设计和采取的应对措施； ③会计师事务所的风险评估程序以及监控和整改程序； ④质量管理体系发生的变化； ⑤以前实施监控活动的结果，例如，以前实施的监控活动是否仍然与评价质量管理体系相关，为应对以前识别出的缺陷所采取的整改措施是否有效； ⑥其他相关信息，包括：由于未能按照适用的法律法规、职业准则执行业务，或者由于未能遵守会计师事务所的政策和程序而引发的投诉或指控；从外部检查和服务提供商获取的信息
其他可能的影响因素	例如： ①会计师事务所的规模、结构和组织形式； ②所属网络对监控活动的参与程度； ③在监控活动中拟利用的资源，如是否使用信息化手段实施监控

③检查已完成项目及检查周期。

第5101号准则要求会计师事务所的监控活动应当包括从会计师事务所已经完成的项目中周期性地选择部分项目进行检查。在每个周期内，对每个项目合伙人，至少选择一项已完成的项目进行检查。对承接上市实体审计业务的每个项目合伙人，检查周期最长不得超过三年。

在决定选择哪些项目或项目合伙人进行检查时，会计师事务所可以考虑内容见表2–16。

表2-16

项目	内容
产生质量风险的事项或情况	例如： ①会计师事务所的业务类型，以及对执行这些类型的业务是否具备丰富经验； ②客户的类型，如客户是否属于上市实体、新兴产业实体，客户所属行业是否涉及较高程度的复杂性和判断，会计师事务所针对该行业是否缺乏经验； ③项目合伙人已经任职的时间及经验
以前检查的结果	对已完成的项目实施检查的结果，对项目合伙人实施检查的结果
其他相关信息	例如： ①针对某项目合伙人的投诉和指控； ②外部检查的结果，包括对每位项目合伙人实施外部检查的结果； ③会计师事务所对项目合伙人是否重视质量的评价

第5101号准则应用指南第169段对于可以采用更短的检查周期的情况进行了举例，事务所应根据自身情况在政策文件中明确相应情况下的检查周期。例如，对于新晋升或新加入合伙人，事务所政策中可明确在其晋升或加入的至少2年内抽取至少一个其负责的已完成项目进行检查。

根据第5101号准则应用指南第170段，对于执行上市实体审计业务的项目合伙人，同时满足下列情况时，可以考虑延长检查周期（例如，可以比标准周期延长一年）：a.在标准周期内，已针对某项目合伙人的某项业务实施了其他类型的监控活动，如外部监管检查；b.这些监控活动的结果能够提供关于该项目合伙人的充分信息，如果再对该项目合伙人已完成的项目实施检查，将很可能无法提供更进一步的信息。

④执行监控活动的人员。

第5101号准则没有规定具体由谁来执行监控活动，但规定了执行监控活动的人员应当符合的条件，即：a.具备有效执行监控活动所必需的胜任能力、时间和权威性；b.具有客观性，项目组成员和项目质量复核人员不得参与对其项目的监控活动。

同时，第5101号准则应用指南第175段列举了执行监控活动的人员的客观性可能因自我评价受到不利影响的情况，以及在这种情况下应采取的措施。

在某些情况下（例如，对于较不复杂的会计师事务所），会计师事务所可能缺乏具有胜任能力、时间和客观性的人员来实施监控活动。在这种情况下，会计师事务所可以考虑利用服务提供商或网络服务实施监控活动。利用事务所外部的人员来执行监控活动通常是有利的，因为外部人员可以提供更客观的信息，并帮助事务所识别质量管理体系中需要改进的地方。

（2）评价发现的情况、识别缺陷和评价缺陷。

评价发现的情况、识别缺陷和评价缺陷这一过程如图2-13所示。

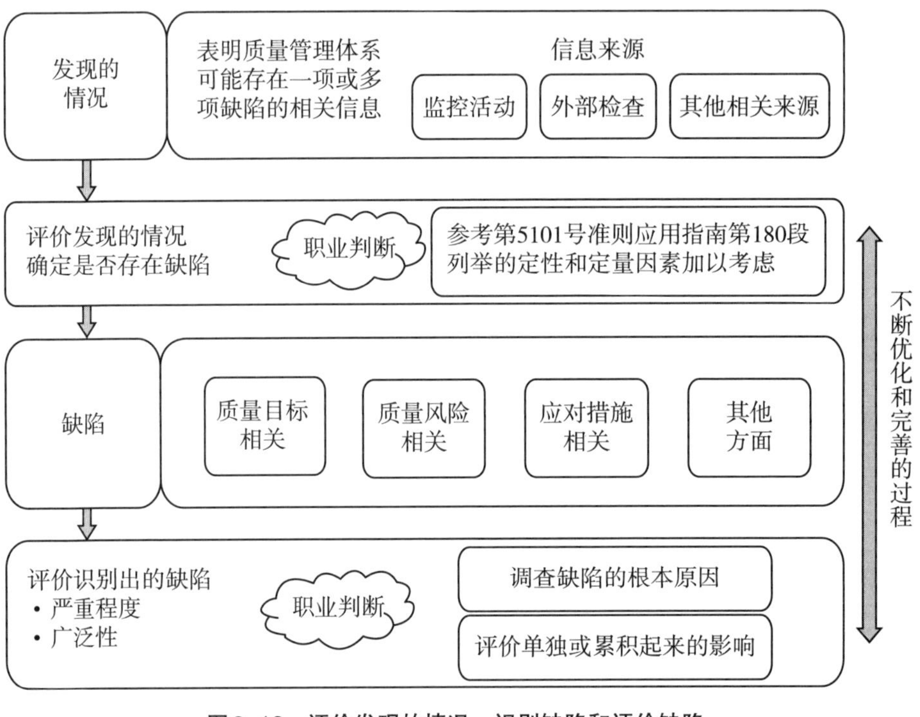

图2-13　评价发现的情况、识别缺陷和评价缺陷

①评价发现的情况并识别缺陷。

在质量管理准则中，“发现的情况”这一术语，是指通过实施监控活动、外部检查或从其他相关来源获取的，与质量管理体系设计、实施和运行相关的信息，这些信息表明质量管理体系可能存在一项或多项缺陷。在实时监控活动的过程中，会计师事务所应当评价发现的情况，以确定是否存在缺陷，包括监控和整改程序中存在的缺陷。

会计师事务所质量管理体系的缺陷，是指会计师事务所质量管理体系的设计、实施或运行无法合理保证实现其目标。在判断是否存在缺陷时，会计师事务所可以考虑发现的情况单独或连同其他情况是否会表明会计师事务所的质量管理体系存在下列问题，如果存在下列问题，则表明质量管理体系存在缺陷（见表2–17）。

表2–17

相关方面	存在的问题
质量目标	• 未能设定或未完整设定第5101号准则明确规定的某些质量目标； • 未能设定额外的质量目标，而这些质量目标对实现质量管理体系的目标是必要的
质量风险	• 未能识别一项或多项质量风险； • 未能恰当评估一项或多项质量风险。 上述问题可能导致缺乏针对这些质量风险的应对措施，或者应对措施的设计或实施不适当
应对措施	• 未能恰当设计和采取应对措施，或者应对措施未能有效发挥作用，导致一项应对措施或者多项应对措施的组合未能将相关质量风险发生的可能性降低至可接受的低水平。 上述问题可能导致事务所无法实现某项质量目标。 需要注意的是，并非所有缺乏应对措施或不适当地采取应对措施的情况都是缺陷
其他方面	• 质量管理体系的其他方面缺失，或未能恰当设计或有效运行，导致不符合第5101号准则的要求

并非所有发现的情况都表明存在缺陷。会计师事务所在确定发现的情况单独或汇总起来是否构成质量管理体系的缺陷时，需要运用职业判断。在作出判断时，会计师事务所可能需要结合相关质量目标、质量风险、应对措施或质量管理体系的其他方面来考虑这些情况的相对重要程度。会计师事务所的职业判断可能受到与这些情况相关的定性和定量因素的影响。第5101号准则应用指南第180段列举了会计师事务所在确定发现的情况是否表明质量管理体系存在缺陷时，可以考虑的定性或定量因素。

案例：并非所有发现的情况都表明存在缺陷

A会计师事务所在对已完成项目的独立性事项进行检查时，发现存档文件中缺少项目组成员中已离职员工的独立性声明。根据A会计师事务所规定，项目组成员必须在项目开始前在事务所独立性系统中签署独立性声明，但独立性系统与存档系统并未建立关联，项目组也未从独立性系统中下载归档。该案例中虽然发现存档文件中无相关员工独立性声明的情况，但各项目组成员均签署独立性声明，并不影响该项目与独立性相关的质量目标，因此并未构成一项缺陷。

②评价识别出的缺陷的严重程度和广泛性。

会计师事务所应当评价缺陷的严重程度和广泛性，因为这将决定整改措施的性质、时间安排和范围，并将影响会计师事务所主要负责人对质量管理体系的评价结果。此外，缺陷的严重程度和广泛性，可能会影响审计项目组在遵守第1121号准则的要求时，是否或在多大程度上依赖事务所的政策和程序。

针对识别出的缺陷，会计师事务所应当通过下列方法评价缺陷的严重程度和广泛性：a.调查缺陷的根本原因；b.评价这些缺陷单独或累积起来对质量管理体系的影响。

调查缺陷根本原因的目的在于了解具体由于哪些情况导致存在这些缺陷。举例来说，针对某项质量风险，会计师事务所采取的应对措施未能有效发挥作用，根本原因可能是该应对措施本身设计不合理，也可能是该应对措施虽然设计合理，但执行中出现了偏差。通过对根本原因进行分析，会计师事务所得以有针对性地采取措施整改这一缺陷。会计师事务所在分析缺陷的根本原因时，需要基于可获得的证据并运用职业判断。第5101号准则应用指南第186段和第190段就在调查和分析缺陷的根本原因时，所实施程序的性质、时间安排和范围的影响因素，根本原因分析的方法等进行了举例说明。

在调查缺陷的根本原因时，会计师事务所可能会发现如下情况：

a.某个缺陷是由多个根本原因导致的，且这些根本原因可能存在于质量管理体系的多个组成要素或方面之中；

b.同一根本原因导致了多种缺陷。

除识别出缺陷外，会计师事务所的监控活动还可能会发现一些积极因素。会计师事务所也可以考虑调查这些积极因素的根本原因，这将可能会是进一步强化和完善质量管理体系的机会。

需要注意的是，评价发现的情况、识别缺陷、评价缺陷的严重程度和广泛性（包括调查缺陷的根本原因），是一个不断完善和优化的过程，并非机械执行、一成不变的。此外，会计师事务所不可能同时获得与发现的情况有关的所有信息，例如，监控活动可能正在进行，新的信息可能会对事务所先前作出的有关发现的情况、缺陷和根本原因的判断产生影响。因此，建立一个动态的、反应迅速的评价程序，有助于积极和及时地对缺陷进行整改。

案例：评价程序是一个不断完善和优化的过程

1.A会计师事务所在实施监控活动时，发现审计业务存在某些不恰当的职业判断，在调查这一情况的根本原因时，A会计师事务所认为根本原因与审计业务团队对相关会计准则的理解不恰当有关。在此之前，A会计师事务所也曾经发现，某些员工在参加事务所组织的线上培训时存在只打卡不学习的情况，但A会计师事务所当时认为仅是个别员工的个人行为，并未将其评估为一项缺陷。由于已经发现业务团队缺乏适当的专业知识，A会计师事务所调整了对此前发现的情况的评估，并将其归类为缺陷。

2.B会计师事务所在评估缺陷的严重程度和广泛性时发现，由于事务所的监控活动需要很长时间才能发现缺陷，许多缺陷持续存在了几个月。此前，B会计师事务所曾经注意到，其新上线的在线培训系统存在漏洞，3个月后才通过监控活动察觉这一情况，但B会计师事务所认为该漏洞的影响较小，并未将这些发现的情况归类为缺陷。由于已经识别出事务所的监控活动需要很长时间才能发现缺陷，B会计师事务所调整此前的评估，并将其归类为缺陷。

（3）设计和采取整改措施以应对识别出的缺陷。

会计师事务所需要采取适当行动应对识别出的缺陷，这些行动包括：

①及时针对识别出的缺陷采取整改措施，防止其再次发生；

②评价整改措施的有效性，如果效果不好，采取进一步的措施。

会计师事务所设计和采取整改措施，应当基于对缺陷根本原因的调查结果。同时，缺陷的严重程度越高、越广泛，整改措施的设计和实施就越紧迫。

在某些情况下，会计师事务所可能需要一定的时间来恰当地设计和实施整改措施，或者整改措施可能需要一定的时间才能达到预期效果。在这种情况下，会计师事务所可以采取临时救急性的整改措施来应对缺陷，直到更为理想的整改措施能够充分设计和实施为止。

案例：采取临时救急性整改措施

1.A会计师事务所在对其X分所针对某保险公司的年度审计项目的监控检查中，发现审计项目组在审计财务报表中的保险准备金数据时，获取了事务所内保险精算师的专业复核意见，但审计项目组和保险精算复核人员均未对客户用于估算保险准备金的基础数据进行核实，导致其中某项精算假设不合理。经进一步调查，发现X分所审计项目组在所有利用内部精算专家、估值专家、IT专家的工作中，均未针对基础数据进行核对，存在缺陷。经分析根本原因，在于事务所对于审计中利用事务所内部专家工作，未明确区分和界定工作界限，审计团队也未对专家工作予以复核，由于影响事务所多个项目，评估后认为该缺陷的影响具有广泛性。

针对该项缺陷，A会计师事务所采取了如下整改措施：对于所检查的项目，要求予以纠正，评估该缺陷对于财务报表的影响，并判断审计报告意见的恰当性。根据根本原因的调查结果，在事务所层面设计并采取应对措施，修改和明确事务所审计方法论中关于利用事务所内部专家工作的相关要求，并通过事务所内部指引和内部培训等方式，在全所进行宣传和培训。

2. B会计师事务所使用的审计软件是由Y服务提供商提供的。B会计师事务所在实施监控活动的过程中，识别出了一项与该审计软件相关的缺陷，即该审计软件针对某些行业会生成不正确的审计程序。为了弥补这一缺陷，B会计师事务所要求Y服务提供商修正该审计软件，但这需要一定的时间。

为此，B会计师事务所采取了一项临时救急性整改措施，即：将正确的审计程序通过电子邮件发送给审计项目组，并要求审计项目组执行电子邮件中的审计程序，而不是审计软件中的审计程序。

第5101号准则规定，对监控和整改程序的运行承担责任的人员应当评价整改措施是否得到恰当的设计，确定这些措施是否已得到实施，并评价已实施的整改措施是否有效。如果评价表明整改措施并未得到恰当的设计和执行，或未达到预期效果，则该人员应当采取适当措施，确保对这些整改措施作出必要调整。

如果监控发现某项业务在执行过程中遗漏了应当实施的程序，或者出具的报告可能不适当，会计师事务所应当采取以下应对措施：①采取适当行动，以遵守适用的法律法规和职业准则的规定；②当认为出具的报告不适当时，考虑其影响并采取适当的行动，包括考虑是否需要征询法律意见。

针对遗漏审计程序或出具不当报告采取的应对措施举例：

- 如果仅涉及“遗漏了应当实施的程序”，可以考虑联系被审计单位补充执行相关遗漏的程序，并评价补充执行的审计程序的结果是否导致需要修改已出具的审计报告。如果不涉及修改审计报告，可以认为整改措施已经得到执行，记录已执行的补充审计程序工作底稿，并归档该工作底稿，作为原审计工作底稿的补充。
- 如果检查发现涉及“出具的报告可能不适当”，则监控和整改负责人应及时汇报给对会计师事务所质量管理体系的运行承担责任的人员，并考虑咨询内外部律师的法律意见，以确定需要采取的整改措施。

如果确定某个缺陷的根本原因与服务提供商提供的某项资源有关，会计师事务所可以：①考虑是否继续利用该服务提供商提供的资源；②就此事项与该服务提供商沟通。在这种情况下，会计师事务所应考虑该缺陷对质量管理体系的影响，并采取措施防止该缺陷在质量管理体系中再次发生。然而，会计师事务所通常没有责任代替服务提供商对该缺陷进行整改，也没有责任进一步调查服务提供商缺陷的根本原因。

（4）沟通和问责。

对监控和整改程序的运行承担责任的人员，应当及时与对质量管理体系承担最终责任的人员（即主要负责人），以及对质量管理体系的运行承担责任的人员沟通下列事项：①对已执行的监控活动的描述；②识别出的缺陷，包括这些缺陷的严重程度和广泛性；③针对识别出的缺陷采取的整改措施。同时，会计师事务所应当就上述事项与项目组以及在质量管理体系中承担相关责任的其他人员沟通，以使项目组和这些人员能够根据其职责迅速采取恰当行动。

这种沟通有助于向相关人员进一步强化质量的重要性，使相关人员根据其角色承担责任并接受问责，还有助于及时识别出质量管理体系需要重点关注的关键领域。沟通的信息还可能会为评价质量管理体系提供依据。

针对缺陷的性质和影响程度，会计师事务所应当对相关人员进行问责。这种问责应当与相关责任人员的考核、晋升和薪酬挂钩。对执业中存在重大缺陷的项目合伙人，会计师事务所应当对其是否具备从事相关业务的职业道德水平和专业胜任能力作出评价。

会计师事务所应当就监控的实施情况，发现的缺陷，评价、补救和改进措施、问责等形成监控报告，并针对存在的缺陷，及时修订完善质量管理体系。

（十）评价质量管理体系

1. 评价的人员及责任

会计师事务所应当对质量管理体系进行评价。具体来说，由对质量管理体系承担最终责任的人员（即主要负责人）代表会计师事务所对质量管理体系进行评价。主要负责人可以利用其他人员提供协助，但仍然由主要负责人对该评价承担责任。

评价质量管理体系是会计师事务所的内部行为。尽管这是一种自我评价，但这对于强化主要负责人的责任非常重要。评价的结果也可以反映出事务所的领导层履行其职责的情况。

会计师事务所可以考虑取得关于其质量管理体系的外部独立鉴证报告，但是质量管理准则并没有要求必须这样做。

对于对质量管理体系承担责任的人员，会计师事务所应当定期对他们进行业绩评价。在进行业绩评价时，会计师事务所应当考虑对质量管理体系的评价结果。

2. 评价的时点和频率

对质量管理体系的评价应当以某一时点为基准，并且应当至少每年一次。

会计师事务所开始实施评价的时点可能取决于会计师事务所的具体情况，该时点的确定，可以考虑会计师事务所财务年度的截止日或会计师事务所完成一轮年度监控的日期。

案例：

A会计师事务所的政策规定，以每年的6月30日为基准日，对其质量管理体系在前12个月的运行情况以及相关整改措施的落实情况进行总体评价。

202×年12月，A会计师事务所与B会计师事务所开始商议合并事宜。为此，A会计师事务所决定，以当年12月31日为基准日，对其质量管理体系进行评价。

3. 实施评价

评价质量管理体系如图2–14所示。

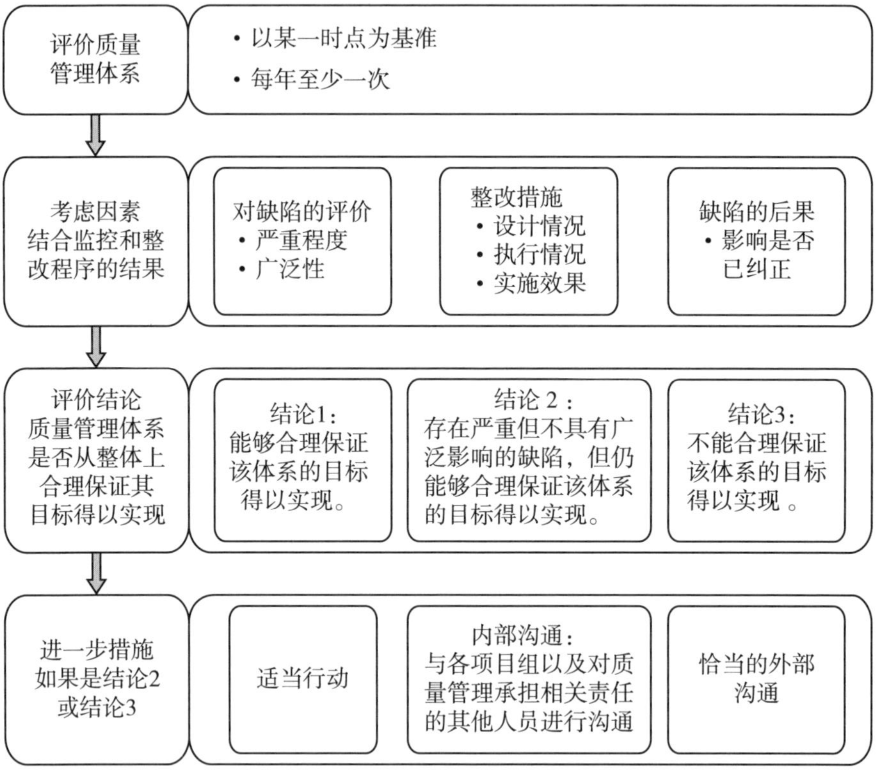

图2–14　评价质量管理体系

（1）考虑因素。

会计师事务所主要负责人在对质量管理体系得出评价结论时，可以结合实施监控和整改程序的结果，并从下面三个方面进行考虑：

①对已识别出的缺陷的评价，即考虑缺陷的严重程度和广泛性，及其对实现质量管理体系目标的影响。

举例：

1. 可能产生广泛影响的缺陷：

- 该缺陷影响质量管理体系的多个要素或多个方面；

- 该缺陷虽然只局限于质量管理体系的特定要素或特定方面，但对质量管理体系来说至关重要；
- 该缺陷影响会计师事务所的多个业务单元或多个分所（或分部）；
- 该缺陷虽然只局限于某一业务单元或者某个分所（或分部），但该业务单元或分所（或分部）对会计师事务所整体至关重要；
- 该缺陷影响会计师事务所某一类型或某一性质业务的较大比例。

2. 可能较为严重但不具有广泛性的缺陷：

缺陷只局限于会计师事务所的某一小型分所，但该缺陷涉及违反会计师事务所的多项政策和程序。会计师事务所认为该分所的组织文化，尤其是领导层过度强调经济利益优先，是造成这一缺陷的根本原因。

②整改措施，即考虑是否已设计和采取整改措施，截止到实施评价的时点，这些整改措施是否有效。

③缺陷的后果，即已识别出的缺陷对质量管理体系的影响是否已得到适当纠正。

对上述因素的考虑需要运用职业判断。比如对于上述第③点，缺陷可能仅得到了部分修正，而没有被完全修正。此时需要运用职业判断，考虑缺陷被修正的程度以及这种情况对质量管理体系有效性的影响。

（2）评价结论。

对质量管理体系的评价应当围绕质量管理体系是否从整体上合理保证其目标得以实现形成结论，即会计师事务所是否针对其业务设计、实施和运行质量管理体系，为下列方面提供合理保证：

①会计师事务所及其人员按照适用的法律法规和职业准则的规定履行职责，并根据这些规定执行业务；

②会计师事务所和项目合伙人出具适合具体情况的报告。

第5101号准则提出了三种结论的方式：

①质量管理体系能够向会计师事务所合理保证该体系的目标得以实现；

②质量管理体系的设计、实施和运行存在严重但不具有广泛影响的缺陷，

除与这些缺陷相关的事项外，质量管理体系能够向会计师事务所合理保证该体系的目标得以实现；

③质量管理体系不能向会计师事务所合理保证该体系的目标得以实现。

举例：

已识别出的缺陷较为严重且具有广泛性。对较为严重且具有广泛性的缺陷进行整改可能需要一定时间。

如果在这段时间内缺陷的广泛性有所降低，导致该缺陷变得不再具有广泛性，但仍然较为严重，则可能得出第2种结论，即质量管理体系的设计、实施和运行存在严重但不具有广泛影响的缺陷，除与这些缺陷相关的事项外，质量管理体系能够向会计师事务所合理保证该体系的目标得以实现。

如果该缺陷在会计师事务所对质量管理体系实施评价之前已被适当整改，并且正常运行了一段适当的期间，其影响也已得到适当纠正，则可能得出第1种结论，即质量管理体系能够向会计师事务所合理保证该体系的目标得以实现。

（3）进一步措施。

如果得出的是上述第2种或第3种结论，即质量管理体系存在严重但不具有广泛影响的缺陷，或者质量管理体系不能合理保证其目标得以实现，会计师事务所还应当采取进一步的措施，包括：

①迅速采取适当行动。例如，会计师事务所可以为业务执行提供更多支持（如向项目组分配更多资源、开发更多业务指引等），确保出具的业务报告适合业务的具体情况，直到相关缺陷得到适当整改为止，并向项目组沟通这些措施。会计师事务所还可以考虑征询法律建议。

②与各项目组以及在质量管理体系中承担相关责任的其他人员就与其责任相关的事项进行沟通。

③按照会计师事务所根据第5101号准则第七十八条的规定制定的政策和程序，与外部各方沟通。

举例来说，在下列情况下，会计师事务所可能基于其对质量管理体系的评价结论，采取进一步措施，与外部各方沟通：

- 会计师事务所属于某一网络。
- 会计师事务所为其网络事务所执行了某些工作。例如，在集团审计中，网络事务所是集团注册会计师，会计师事务所是组成部分注册会计师。
- 由于质量管理体系失效，导致会计师事务所出具的某项业务报告是不适当的，在这种情况下，会计师事务所需要告知客户的管理层或治理层。
- 法律法规要求会计师事务所向某些监管机构沟通。

二、第5102号准则——实施项目质量复核的具体要求

项目质量复核可以防范风险和提高业务质量。但在实务中，会计师事务所可能会存在项目质量复核人员不具备胜任能力、复核流于形式、质量不高等问题。质量管理准则在原5101号质量控制准则的原则性规定的基础上，对项目质量复核提出了更全面和细化的要求。其中，第5101号准则规范了实施项目质量复核的范围；第5102号准则在此基础上，明确了项目质量复核的目标和定位，规定了项目质量复核人员的委派和资质要求，同时对项目质量复核人员的具体复核工作和工作底稿要求作出了细化规定。

（一）项目质量复核的概念

项目质量复核，是指在报告日或报告日之前，项目质量复核人员对项目组作出的重大判断和据此得出的结论作出的客观评价。

在质量管理体系中，项目质量复核的“定位”是会计师事务所为应对质量风险，在项目层面设计和实施的一项应对措施，属于“业务执行”要素。

准则中与“复核”相关的概念有两个：一是项目组内部复核；二是项目质量复核。项目组内部复核和项目质量复核都属于“业务执行”要素中的应对措

施，但是二者在复核的主体、适用的业务范围、复核的内容方面有明显的区别，需要加以理解和区分（见表2–18）。

表2–18

项目	项目组内部复核	项目质量复核
复核的主体	项目组内部复核由项目合伙人及其他项目组成员执行。 经验较为丰富的项目组成员对经验较为缺乏的项目组成员的工作进行指导、监督和复核。 项目组内部复核通常包括多个复核层级	项目质量复核由独立于项目组的项目质量复核人员执行。 项目质量复核人员的胜任能力应当至少与项目合伙人相当。 会计师事务所内部的项目质量复核人员应当是合伙人或类似职位的人员
适用的业务范围	适用于所有业务	第5101号准则规定，三类业务需要进行项目质量复核：①上市实体财务报表审计业务；②法律法规要求实施项目质量复核的审计业务或其他业务；③会计师事务所政策和程序要求实施项目质量复核的审计业务或其他业务
复核的内容	内容比较宽泛，涉及项目的各个方面	主要聚焦于复核两个方面的内容：①项目组作出的重大判断；②根据重大判断得出的结论

（二）项目质量复核的范围

会计师事务所应当对三类业务实施项目质量复核。

1. 上市实体财务报表审计业务

与原5101号质量控制准则要求相同，对于上市实体财务报表审计业务，会计师事务所应当实施项目质量复核。

2. 法律法规要求实施项目质量复核的审计业务或其他业务

如果法律法规要求对某些业务实施项目质量复核，会计师事务所应当实施项目质量复核。

举例来说，法律法规可能要求针对下列实体的审计业务实施项目质量复核：

- 法律法规或职业准则界定的公众利益实体
- 接受政府提供资金的实体
- 特定行业中的实体，例如，商业银行、保险公司、公募基金等金融机构
- 资产需要满足某些门槛条件的实体
- 处于法院或司法程序管理之下的实体，如处于清算状态下的实体

以上应用指南中举例，仅作为提示，相关法律法规可能要求对某些业务实施项目质量复核，会计师事务所应予以关注。

就目前实务而言，会计师事务所更有可能是基于自身对风险的考量，扩大和确定项目质量复核范围，即下面3所述的情形。

3.会计师事务所认为，为应对一项或多项质量风险，有必要实施项目质量复核的审计业务或其他业务

会计师事务所实施项目质量复核的范围，可能超出上述1、2所述的情形。会计师事务所可以基于自身对风险的考量，确定除了1、2所述的强制规定之外，还需要对哪些业务实施项目质量复核。但是，是否对更大范围的业务进行质量复核、具体扩大到哪些业务，不同事务所的标准可能不同。如果会计师事务所认为，实施项目质量复核有助于应对质量风险，在这种情况下会计师事务所可以考虑实施项目质量复核。

在哪些情况下，实施项目质量复核可能是适当应对措施？举例来说：

（1）高度复杂或涉及较多判断的业务，例如：

①某些财务报表审计业务，被审计单位所处行业通常涉及具有高度估计不确定性的会计估计（例如，某些大型金融机构或矿产企业），或者被审计单位的某些事项或情况存在重大不确定性，从而可能导致其持续经营能力存在重大疑虑。

②某些鉴证业务，运用适当的标准对其鉴证对象进行衡量或评价需要特殊知识和技能（例如，在温室气体排放鉴证业务中，与温室气体排放情况有关的报告是该业务的鉴证对象，该报告中披露的温室气体排放量可能存在重大不确定性）。

（2）遇到问题的业务。例如，遇到下列问题的审计业务：在内外部检查中反复发现问题、内部控制存在重大缺陷且未整改、财务报表中的比较信息发生重大重述等。

（3）会计师事务所在客户关系和具体业务的接受或保持过程中识别出异常情况的业务（例如，某一新承接的客户，该客户与其前任注册会计师之间存在重大分歧）。

（4）某些业务要求会计师事务所对向监管机构提交的财务或非财务信息出具报告，并且这些信息可能涉及较高程度的判断（例如，招股说明书中的备考财务信息）。

（5）客户处于新兴行业，或会计师事务所对客户所处行业缺乏经验。

（6）在会计师事务所与监管机构的沟通中，监管机构对客户表示关注。

（7）客户虽然属于非上市实体，但可能涉及公众利益。例如：

①以受托人身份为大量利益相关者持有大量资产，如商业银行、保险公司、公募基金等金融机构；

②具有较高社会知名度，或者其管理层或所有者具有较高社会知名度；

③拥有大量且广泛的利益相关者。

案例：

A会计师事务所制定了《项目分类管理办法》，对项目按照风险高、低进行分类，被评估为高风险的项目由风险管理合伙人实施项目质量复核；被评估为低风险的项目不进行单独的项目质量复核。

（三）项目质量复核人员的委派和资质要求

项目质量复核人员是会计师事务所中实施项目质量复核的合伙人或其他类似职位的人员，或者由会计师事务所委派实施项目质量复核的外部人员。

为需要实施项目质量复核的业务委派适当的项目质量复核人员，是充分实施项目质量复核的关键。实务中，由于项目质量复核人员不具有胜任能力、适当的权威性和独立性等原因，有时使项目质量复核流于形式。

1.在全所范围内统一委派项目质量复核人员

会计师事务所应当在全所范围内统一委派项目质量复核人员，全所范围包括分所或分部。

委派项目质量复核人员的责任应当由事务所内部具有相关胜任能力和适当权威性的人员承担。这里要求的相关胜任能力，包括了解项目质量复核人员的职责，了解项目质量复核人员需要满足的条件，以及了解项目质量复核所针对的客户以及项目的性质和具体情况（包括项目组的构成）等。

负责委派的人员还需要独立于项目组，也就是说，对于接受项目质量复核的项目，其项目组成员不能负责委派本项目的项目质量复核人员。

会计师事务所可以指定多个人员负责委派项目质量复核人员。例如，针对上市实体审计业务、非上市实体审计业务或其他类型的业务，可以分别制定不同的委派项目质量复核人员的流程，并指定不同的人员分别负责各流程。

2.项目质量复核人员的资质要求

项目质量复核人员应当满足一定的资质要求，包括具备适当的胜任能力、时间和权威性，遵守相关职业道德要求和遵守相关法律法规。

（1）具备适当的胜任能力和充足的时间。

项目质量复核人员的胜任能力应当至少与项目合伙人相当。在确定项目质量复核人员是否具备适当的胜任能力时，可能既要考虑该人员本身的因素，如是否了解相关法律法规、是否具备相关行业和项目经验等；也要考虑项目本身的因素，如哪些事项或情况使得会计师事务所确定项目质量复核是适当的应对措施、客户所处行业或监管环境的特殊性和复杂程度、项目涉及特殊知识和技能的程度等；还要考虑会计师事务所在检查过程中了解到的信息，如实施监控活动发现的情况、外部检查的结果等。

项目质量复核人员还应当具备充足的时间实施项目质量复核。

案例：

1.A会计师事务所规模较大，设立了质控部门专门负责项目质量复核，但该部门仅有5人，人员配备严重不足，无法保障项目质量复核的质量，导致没有发现多个项目审计程序不到位、审计工作底稿缺失的问题。

2.B会计师事务所没有专门的团队进行项目质量复核，而由执行业务的项目合伙人承担其他项目的质量复核工作。由于项目合伙人甲忙于完成自己负责的项目，没有充足的时间和精力对其他项目实施项目质量复核，导致没有发现被复核的项目审计程序不到位的问题。

在上述两个案例中，项目质量复核人员都没有充足的时间实施项目质量复核，没有起到项目质量复核的把关作用。

（2）具备适当的权威性。

会计师事务所内部的项目质量复核人员应当是合伙人或类似职位的人员，在面对来自项目合伙人或会计师事务所内部其他人员的压力时能够坚持原则。项目质量复核人员也可能是会计师事务所委派的外部人员。

使项目质量复核人员具备适当的权威性可能依赖于会计师事务所层面的相关措施。例如，会计事务所内部的文化尊重项目质量复核人员，可以使项目质量复核人员较少受到项目合伙人或其他人员的不当影响。反之，如果会计师事务所的文化仅提倡尊重职务层级较高的人员，项目质量复核人员的权威性可能被削弱。在某些情况下，会计师事务所为解决意见分歧制定的政策和程序也可以加强项目质量复核人员的权威性，这些政策和程序可能包括当项目质量复核人员与项目组发生意见分歧时可以采取的相关行动。

（3）遵守相关职业道德要求。

项目质量复核人员应当遵守相关职业道德要求，包括应对对其客观性和独立性产生的不利影响，并在实施项目质量复核时保持独立、客观、公正。

①项目质量复核人员与项目组。

项目质量复核人员应当独立于项目组，项目合伙人和项目组成员不得兼任本项目的项目质量复核人员。项目质量复核人员应当与项目合伙人分别承担各自的责任，执行项目质量复核不能改变或减轻项目合伙人的相关责任。

案例：

1.在A会计师事务所的薪酬考核机制中，项目质量复核人员与项目组经济利益一致，导致项目质量复核人员难以保持独立性。

2.在B会计师事务所中，X项目出具报告时间紧张，项目合伙人为尽快出具报告，干扰项目质量复核人员的工作，导致项目质量复核难以独立、有效进行。

在上述两个案例中，项目质量复核人员不能独立于项目组，将严重影响项目质量复核的质量。

②项目质量复核人员与鉴证客户。

按照中国注册会计师职业道德守则，项目质量复核人员属于鉴证业务项目团队成员，应当遵守所有适用于鉴证业务项目团队的独立性要求，独立于鉴证客户。

③项目质量复核人员作为关键审计合伙人的轮换规定。

在财务报表审计业务中，项目质量复核人员属于中国注册会计师职业道德守则规定的关键审计合伙人。为应对关键审计合伙人与公众利益实体审计客户长期存在业务关系而对独立性产生的不利影响，中国注册会计师职业道德守则规定，如果审计客户属于公众利益实体，会计师事务所任何人员担任项目合伙人、项目质量复核人员以及其他属于关键审计合伙人的职务的累计时间不得超过五年。任期结束后，该人员应当遵守有关冷却期的规定。

④前任项目合伙人担任该项目的项目质量复核人员。

如果某项目合伙人在不再担任该项目的项目合伙人之后，立即担任该项目的项目质量复核人员，可能对其客观性产生不利影响。因此，会计师事务所应当规定一段冷却期，在冷却期结束之前，前任项目合伙人不得担任该项目的项目质量复核人员。对于公众利益实体审计和审阅业务，中国注册会计师职业道德守则规定，前任项目合伙人不得在两年内担任该审计业务或审阅业务的项目质量复核人员；对于公众利益实体审计和审阅业务以外的其他情形，冷却期也应当至少为两年。

⑤交叉复核。

会计师事务所应当充分考虑拟委派的质量复核人员的胜任能力和客观性。如果同一年度内，A项目的项目合伙人对B项目实施项目质量复核，同时B项目的项目合伙人也对A项目实施项目质量复核，可能会对两位项目质量复核人员的客观性产生不利影响。为了尽量避免这种不利影响，除非出现特殊情况，会计师事务所应当尽量避免同一年度内在需要实施项目质量复核的两个项目之间交叉实施项目质量复核。在某些特殊情况下，避免交叉实施项目质量复核可能导致会计师事务所无法委派具有足够胜任能力的人员。在这种情况下，会计师事务所综合考虑相关人员的胜任能力、客观性和权威性等因素之后，可能认为交叉实施项目质量复核是难以避免的。对于在特殊情况下出现的交叉实施项目质量复核的情况，会计师事务所可以制定相关政策和程序予以应对。

案例：

在某一财务报表审计业务中，由于被审计单位处于特殊行业，或被审计单位的业务高度复杂，财务报表涉及较高程度的主观判断，并且会计师事务所难以找到其他适当的人员实施该项目的项目质量复核，在这种情况下，会计师事务所综合考虑相关人员的胜任能力、客观性和权威性等因素之后，可能认为交叉实施项目质量复核是难以避免的。对于在特殊情况下出现的交叉实施项目质量复核的情况，会计师事务所可以制定相关政策和程序。例如，要求取得质量管理主管合伙人和业务主管合伙人的批准，并至少每年重新评估和批准一次。同时，会计师事务所也需要进一步强化资源方面的应对措施，使更多的人员具备相关的胜任能力、客观性和权威性，尽量避免交叉复核的情况。

（4）遵守相关法律法规。

项目质量复核人员应当遵守与项目质量复核人员任职资质要求相关的法律法规。例如，法律法规可能要求项目质量复核人员持有某些资格证书或符合规定条件，如有这类规定，项目质量复核人员应当遵守。

对于较不复杂的会计师事务所，在某些情况下，例如会计师事务所规模较小时，会计师事务所内部可能没有合伙人或其他人员能够满足项目质量复核人员的任职资质要求。在这些情况下，会计师事务所可以考虑聘请外部人员实施项目质量复核。这些外部人员可能来自网络事务所、网络中的其他组织，或者服务提供商。如果会计师事务所聘请这些人员实施项目质量复核，则适用第5101号准则中与网络要求、网络服务、服务提供商有关的规定。会计师事务所需要制定相关政策和程序，确保所聘请实施项目质量复核的外部人员满足项目质量复核人员的任职资质要求。对于较为复杂的会计师事务所，如执行公众利益实体审计业务的会计师事务所，如果其内部拥有能够满足项目质量复核人员任职资质要求的合伙人或其他人员，则不需要从外部聘请项目质量复核人员。

3. 为项目质量复核人员提供协助的人员

在实施项目质量复核的过程中，项目质量复核人员通常需要相关人员提供协助。例如，具备相关高度专业化知识和技能人员或团队可能有助于项目质量复核人员深入理解客户所从事的某项交易，从而能够帮助项目质量复核人员评价项目组针对该项交易作出的重大判断。

与项目质量复核人员相同，为确保协助人员的客观性，项目合伙人和项目组其他成员也不得为本项目的项目质量复核提供协助。同时，提供协助的人员还应当满足两个方面的条件：一是具备适当的胜任能力，包括充足的时间，以履行对其分配的职责；二是遵守相关法律法规的规定和相关职业道德要求，其中，相关职业道德要求包括与该人员如何应对对其客观性和独立性产生的不利影响相关的职业道德要求。

4.项目质量复核人员不再符合任职资质要求

对会计师事务所而言，会计师事务所应当对项目质量复核人员符合资质要求的情况进行实时监控，及时识别出项目质量复核人员不再符合其任职资质要求的情况，并采取适当措施，包括委任新的项目质量复核人员。

对项目质量复核人员而言，当项目质量复核人员意识到其不再符合任职资质要求时，应当通知会计师事务所适当人员。如果项目质量复核尚未开始，该项目质量复核人员不应再承担项目质量复核责任；如果项目质量复核已经开始实施，该项目质量复核人员应立即停止实施项目质量复核。

（四）项目质量复核的程序

项目质量复核是对项目组作出的重大判断和据此得出的结论作出客观评价。实务中，常常存在项目质量复核人员重审计报告复核、轻审计程序和审计证据复核的问题，对涉及重大判断的领域关注不够，发现不了重要事项和重要工作底稿中存在的问题，甚至项目质量复核人员未实质性参与项目质量复核，使项目质量复核失去了为审计质量把关的作用。

新质量管理准则细化了项目质量复核的程序和内容，明确项目质量复核人员应当实施的程序。

1.沟通和了解信息

项目质量复核人员与项目组就项目和客户的性质和具体情况进行沟通，并与会计师事务所就监控和整改程序进行沟通，特别是针对可能与项目组作出的重大判断相关或影响该重大判断的领域识别出的缺陷进行沟通。

上述沟通获取的信息，可能有助于项目质量复核人员了解该项目预期可能涉及的重大判断，也可能有助于项目质量复核人员针对该项目在计划、实施和报告阶段涉及的重大事项和重大判断与项目组进行讨论。项目质量复核人员阅读并了解这些信息。

例如，会计师事务所通过实施监控，对其他项目组就某些会计估计作出的重大判断发现了一些情况，从而识别出一项缺陷，在这种情况下，与会计师事务所进行沟通获取的信息可能与该项目中针对类似会计估计作出的重大判断相关。项目质量复核人员获取这些信息，可能有助于其与项目组讨论重大事项和重大判断。

2.讨论重大事项和重大判断

项目质量复核人员应当与项目合伙人、其他项目组成员讨论重大事项，以及在项目计划、实施和报告时作出的重大判断。

以审计业务为例，审计业务中的重大判断可能包括与总体审计策略和具体审计计划、审计业务的执行以及审计项目组得出的总体结论有关的事项。

举例来说，在审计业务中，以下事项可能涉及重大判断：

- 与计划审计工作有关的事项，例如，与确定重要性水平有关的事项。
- 审计项目组的人员构成，包括：

①在会计或审计的特殊领域具备专长的人员；

②来自服务提供中心的人员。

- 与利用专家（包括外部专家）工作有关的决策。
- 审计项目组对在客户关系和审计业务的接受与保持中获取的信息的考

虑，以及拟采取的措施。

- 审计项目组的风险评估程序，包括在评估固有风险时需要审计项目组作出重大判断的情况。
- 审计项目组对关联方关系及其交易和披露的考虑。
- 审计项目组对审计项目中的重大领域实施审计程序的结果，包括对某些会计估计、会计政策或持续经营事项得出的结论。
- 审计项目组对由专家执行的工作和得出的结论作出的评价。
- 在集团审计中：

①制定的集团总体审计策略和具体审计计划；

②与组成部分注册会计师参与审计工作有关的决策，包括对组成部分注册会计师如何实施指导、监督和复核，如当针对组成部分财务信息的某些领域评估的重大错报风险较高时；

③对组成部分注册会计师已执行的工作和得出的结论作出的评价。

- 影响总体审计策略和具体审计计划的事项是如何应对的。
- 在执行审计项目的过程中识别出的已更正和未更正错报的性质和重要程度。
- 审计报告拟发表的审计意见和拟沟通的事项，例如，关键审计事项，或与持续经营相关的重大不确定性。

3. 复核业务工作底稿并评价

基于从上述沟通和讨论程序中获取的信息，项目质量复核人员应当选取部分与项目组作出的重大判断相关的业务工作底稿进行复核，并评价：①作出这些重大判断的依据，包括项目组对职业怀疑的运用；②业务工作底稿能否支持得出的结论；③得出的结论是否恰当。

会计师事务所可以明确规定哪些工作底稿需要由项目质量复核人员复核，还可以规定项目质量复核人员可以运用职业判断，选择部分与项目组作出重大判断相关的工作底稿进行复核。

案例：

1.A会计师事务所对X项目20××年财务报表发表了带强调事项段的无保留意见，其中对某大额债权减值事项和违规担保预计负债计提事项作为强调事项披露。

经查，相关事项存在对财务报表影响重大的错报，仅作为强调事项披露，并发表无保留意见不恰当。X项目的项目质量复核人员对大额债权收回可能性及违规担保预计负债计提充分性，以及上述事项作为强调事项是否合适提出复核意见，但是在项目组回复仅为审计底稿既有内容，未取得进一步有说服力证据的情况下，未进一步质疑。结合其他情况，监管机构对A会计师事务所采取了责令改正并出具警示函的监督管理措施。

2.Y公司财务报表非标意见涉及事项多、金额影响大，但项目组判断影响不构成广泛性，拟发表保留意见。项目质量复核人员提出项目组关于保留意见涉及事项影响不构成广泛性的判断依据不足，要求项目组对包括广泛性判断的依据等事项进行关注。项目组后续虽进行了回复，但未提供进一步的论证依据。

3.Z公司于20××年计提大额商誉减值。甲注册会计师作为项目质量复核人员，没有充分关注并复核与商誉减值事项有关的审计程序与审计证据的充分性、适当性，以及审计结论的恰当性。

4.评价是否已遵守独立性要求

在财务报表审计业务中，项目合伙人在签署审计报告前，应当负责确定相关职业道德要求（包括独立性要求）已经得到遵守。

对于财务报表审计业务，项目质量复核人员应当评价项目合伙人确定独立性要求已得到遵守的依据。

5. 评价是否已就疑难问题或争议事项、涉及意见分歧的事项进行适当咨询

“业务执行”要素要求项目组就疑难问题或争议事项、涉及意见分歧的事项进行咨询。项目质量复核人员应当评价是否已就上述事项进行适当咨询，并评价咨询得出的结论。

6. 评价项目合伙人是否充分、适当地参与审计过程

在财务报表审计业务中，在签署审计报告之前，项目合伙人应当确定其已充分、适当地参与了审计项目的全过程，以使其能够确定，根据审计项目的性质和具体情况，审计项目组作出的重大判断和据此得出的结论是适当的。

对于财务报表审计业务，项目质量复核人员应当评价项目合伙人确定这些方面的依据，即项目合伙人对整个审计过程的参与程度是充分、适当的，项目合伙人能够确定作出的重大判断和得出的结论适合项目的性质和具体情况。

7. 复核鉴证对象信息和业务报告

项目质量复核人员应当对下列方面实施复核：①对于财务报表审计，复核被审计财务报表和审计报告，以及审计报告中对关键审计事项的描述；②对于财务报表审阅，复核被审阅财务报表或财务信息，以及拟出具的审阅报告；③对于财务报表审计和审阅以外的其他鉴证业务或相关服务业务，复核业务报告和鉴证对象信息。

对于财务报表审计业务，在实施上述复核时，项目质量复核人员需要考虑的事项可能包括下列两者之间是否一致：①对与项目组重大判断相关的事项的列报（包括披露）；②项目质量复核人员通过对选取的业务工作底稿进行复核并与项目组进行沟通所获得的了解。

在复核财务报表时，项目质量复核人员可能会注意到一些原本预期项目组会作出重大判断，而项目组未作出重大判断的其他领域，项目质量复核人员可能需要针对项目组实施的程序和得出的结论获取进一步信息。在这种情况下，

项目组在与项目质量复核人员进行讨论后，可能认为需要实施额外的程序。

案例：

A会计师事务所出具的《前期会计差错更正情况专项说明的鉴证报告》存在明显低级错误，如报告描述“公司管理层按照《全国中小企业股份转让系统有限责任公司信息披露规则》编制”，与公司为A股上市公司的事实明显不符。上述报告经多级内部复核和项目质量复核，均未发现上述差错，复核程序流于形式。

8.项目质量复核人员实施的程序的性质、时间安排和范围

项目质量复核人员应当在项目的适当时点实施复核程序，以为客观评价项目组作出的重大判断和据此得出的结论奠定适当基础。项目质量复核人员实施的程序的性质、时间安排和范围，因项目或客户的性质和具体情况而异。例如，如果某一项目需要项目组作出的重大职业判断较少，则项目质量复核人员需要执行的程序可能较为简单。

举例来说，确定实施复核程序的性质、时间安排和范围时，可能考虑下列因素：

- 会计师事务所政策和程序的规定。
- 相关质量风险的评估结果及其理由。例如，针对新兴行业的实体或交易较为复杂的实体，质量风险可能较高。
- 会计师事务所通过实施监控和整改程序识别出的缺陷和为应对这些缺陷而采取的整改措施，以及会计师事务所发布的相关指引，上述事项可能提示出项目质量复核人员需要实施更为详细复核程序的领域。
- 项目的复杂程度。
- 客户的性质和规模，包括客户是否属于上市实体。
- 与项目有关的发现。例如，监管机构以前实施检查的结果，或者项目组

工作质量引发的其他关注。

- 会计师事务所在客户关系和具体业务接受与保持中获取的相关信息。
- 在鉴证业务中，项目组对重大错报风险的识别、评估和应对。
- 项目组成员是否配合项目质量复核人员的工作。会计师事务所可以制定相关政策和程序，规定在项目组成员不配合的情况下，项目质量复核人员可以采取的措施。例如，告知会计师事务所内部的适当人员，以采取适当措施解决这一问题。

9.集团财务报表审计的额外考虑

由于集团项目质量复核人员要对集团财务报表审计的项目质量复核承担总体责任，对于规模较大且较复杂的集团审计项目，集团项目质量复核人员可能需要与集团项目组以外其他项目组的关键成员（例如，负责对组成部分财务信息实施审计程序的关键成员）讨论重大事项和重要判断。在上述情况下，该项目质量复核人员可能需要由相关人员提供协助。

如果出于集团审计目的，某实体或业务单元被识别为一个组成部分，在组成部分层面作出的某些重大判断与集团审计相关。该实体或业务单元的审计业务是法律法规要求的或者是由于其他原因而执行的，某一项目质量复核人员只负责对该实体或业务单元的审计业务实施复核。该项目质量复核人员与集团审计的项目质量复核人员进行沟通，可能有助于集团项目质量复核人员履行其对实施集团项目质量复核承担的总体责任。

（五）完成项目质量复核

如果项目质量复核人员怀疑项目组作出的重大判断或据此得出的结论并不恰当，应当告知项目合伙人。

项目质量复核人员如果不能满意地解决这一怀疑，应当通知会计师事务所内部的适当人员项目质量复核无法完成。针对未能得到解决的怀疑，会计师事务所可以在事务所内部或外部（如监管机构或职业组织）进行咨询。

项目质量复核人员应当确定是否遵守了第5102号准则中与实施项目质量复核相关的要求，以及项目质量复核是否已完成。如果已完成，则项目质量复核人员应当签字确认并通知项目合伙人，然后项目合伙人才能出具业务报告。

案例：

项目质量复核人员明确提出不同意对被审计单位X公司的财务报表及内部控制出具无保留意见的审计报告。在意见分歧没有得到解决的情况下，项目组出具了带强调事项段的无保留意见审计报告。综合其他情况，监管机构对会计师事务所采取了责令改正的监督管理措施。

（六）与项目质量复核相关的工作底稿

项目质量复核人员应当负责就项目质量复核的实施情况形成工作底稿，并将该工作底稿包括在业务工作底稿中。

对项目质量复核形成的工作底稿应当足以使未曾接触该项目的、有经验的执业人员了解项目质量复核人员以及对项目质量复核提供协助的人员（如适用）所执行程序的性质、时间安排和范围，以及在实施复核的过程中得出的结论。

项目质量复核工作底稿中应当包括项目质量复核人员及协助人员的姓名、已复核的业务工作底稿的识别特征、项目质量复核人员确定遵守了第5102号准则中与实施项目质量复核相关的要求并已经完成项目质量复核的依据、项目质量复核人员就无法完成项目质量复核或已完成项目质量复核所发出的通知，以及完成项目质量复核的日期。

业务报告需在项目质量复核完成之后才能签署。如果与实施项目质量复核相关的所有要求都已得到遵守，项目质量复核的工作底稿可以在业务报告日后，最终业务档案归档之前完成。

案例：

X项目的项目质量复核工作底稿中，只有程序性勾画表格，未见相关问题明细及答疑补充，也未见项目质量复核人员的签字盖章及复核日期。此外，事务所制定的《项目质量与风险控制政策和程序管理规定》明确，审计计划由项目经理负责拟定，项目负责合伙人复核批准，其中一、二类项目需经项目质量复核人员复核。但是属于一类项目的X项目审计计划未见项目质量复核人员的复核记录。

（七）对项目质量复核的责任

1.项目合伙人的责任

以财务报表审计为例，项目合伙人对于需要实施项目质量复核的审计项目应当承担的责任包括：

（1）确定会计师事务所已委派项目质量复核人员；

（2）配合项目质量复核人员的工作，并告知审计项目组其他成员有责任配合项目质量复核人员的工作；

（3）与项目质量复核人员讨论在审计中遇到的重大事项和重大判断，包括在项目质量复核过程中识别出的重大事项和重大判断；

（4）只有完成项目质量复核，才签署审计报告。

2.项目质量复核人员的责任

项目质量复核人员对实施项目质量复核承担总体责任。

项目质量复核人员不是项目组成员，执行项目质量复核，并不改变项目合伙人对项目实施质量管理以高质量执行业务的责任，以及对项目组成员进行指导和监督并复核其工作的责任。项目质量复核人员并不需要获取证据以支持项目的意见或结论，但是，项目组在回应项目质量复核过程中提出的问题时可能获取进一步证据。

在执行项目质量复核的过程中利用协助人员，也不改变项目质量复核人员针对项目质量复核承担的总体责任。针对为项目质量复核提供协助的人员，项目质量复核人员应当确定对这些人员进行指导和监督，以及对这些人员的工作进行复核的性质、时间安排和范围。

案例：

X项目的原项目质量复核人员在复核完项目后，拒绝签字。项目合伙人遂兼任项目质量复核人员，签署审计报告前，该合伙人未完成工作底稿复核，也没有发现审计报告中存在的问题。

三、第1121号准则——审计项目层面的质量管理

（一）重要定义的修改

1.关于“项目合伙人”的定义

第1121号准则修改了“项目合伙人”的定义，删除了有关其他签字注册会计师的表述。这样改动，是为了强调项目合伙人需要切实承担起自己的职责，而不能把准则中确定为“项目合伙人”的责任转嫁给其他的签字注册会计师。虽然审计报告同时由项目合伙人和另一名负责该项目的注册会计师共同签名和盖章，项目合伙人对项目管理和项目质量承担的责任并不会因此而减轻。第5101号准则也相应修改了“项目合伙人”的定义。

此外需要注意，质量管理准则修订项目合伙人的定义，意在强调项目合伙人对质量管理的责任，而并非减轻签字注册会计师的责任。新旧定义的比较见表2-19。

表2-19

准则	旧定义	新定义
第1121号	项目合伙人，是指会计师事务所中负责某项审计业务及其执行，并代表会计师事务所在出具的审计报告上签字的合伙人。 如果项目合伙人以外的其他注册会计师在审计报告上签字，本准则对项目合伙人作出的规定也适用于该签字注册会计师	项目合伙人，就中国注册会计师审计准则而言，是指会计师事务所中负责某项审计项目及其执行，并代表会计师事务所在出具的审计报告上签字的合伙人
第5101号	项目合伙人，是指会计师事务所中负责某项业务及其执行，并代表会计师事务所在出具的报告上签字的合伙人。 如果项目合伙人以外的其他注册会计师在报告上签字，本准则对项目合伙人作出的规定也适用于该签字注册会计师	项目合伙人，是指会计师事务所中负责某项业务及其执行，并代表会计师事务所在出具的报告上签字的合伙人

案例：

注册会计师甲是X审计业务的项目合伙人，乙是该项目另外一名签字注册会计师。自项目承接以来，甲由于手头项目过多没有精力管理X项目，X项目主要由乙负责管理和执行。会计师事务所因X项目受到监管机构处罚。甲认为，X项目的主要工作由乙负责，质量由乙把关，自己并未实际参与项目工作。因此，甲请求免于处罚。

第1121号准则规定，审计项目合伙人负责项目及其执行，应当对管理和实现审计项目的高质量承担总体责任。在这一案例中，第二签字注册会计师乙并不能减轻项目合伙人甲的责任。甲作为项目合伙人，没有充分、适当地参与整个审计过程，没有承担起项目合伙人的责任。

2.关于“项目组”的定义

第1121号准则修改了“项目组”的定义。新定义强调，任何为项目实施审计程序的人员（不包括外部专家和提供直接协助的内部审计人员），都属于项目组的成员。第5101号准则也相应修改了“项目组”的定义。新旧定义的比较见表2-20。

表2-20

准则	旧定义	新定义
第1121号	项目组，是指执行某项审计业务的所有合伙人和员工，以及会计师事务所或网络事务所聘请的为该项业务实施审计程序的所有人员，但不包括会计师事务所或网络事务所聘请的外部专家，也不包括按照《中国注册会计师审计准则第1411号——利用内部审计人员的工作》的规定为审计项目组提供直接协助的被审计单位内部审计人员	审计项目组，是指执行某项审计业务的所有合伙人和员工，以及为该项业务实施审计程序的所有其他人员，但不包括外部专家，也不包括为审计项目组提供直接协助的内部审计人员
第5101号	项目组，是指执行某项业务的所有合伙人和员工，以及会计师事务所或网络事务所聘请的为该项业务实施程序的所有人员，但不包括会计师事务所或网络事务所聘请的外部专家，也不包括按照《中国注册会计师审计准则第1411号——利用内部审计人员的工作》的规定，为审计项目组提供直接协助的被审计单位内部审计人员	项目组，是指执行某项业务的所有合伙人和员工，以及为该项业务实施程序的所有其他人员，但不包括外部专家，也不包括为项目组提供直接协助的内部审计人员

总的来说，新定义强调的是在项目中实施审计程序的人员，而非组织形式、地点或者雇佣的形式等因素。举例来说，表2-21可能有助于理解“项目组”的含义。

表2-21

项目	内容
审计项目组可能包括	• 位于同一地点、位于不同地点、分成若干小组的人员，即审计项目组可能采用多种组织形式。 • 来自网络事务所、不属于同一网络的其他会计师事务所的人员，例如集团审计项目组中的组成部分注册会计师。 • 来自服务提供商的人员。 • 来自服务提供中心的人员，例如函证集中处理中心的人员。 • 在会计或审计某一特殊领域具有专长的人员，例如事务所信息技术团队、金融工具团队或估值团队的人员。但是如果某人员的参与仅限于提供咨询，则该人员不属于项目组成员
不属于审计项目组的人员	• 项目质量复核人员及其他执行项目质量复核程序的人员。 • 提供直接协助的被审计单位内部审计人员。 • 利用其工作的外部专家

（二）项目层面的质量管理

会计师事务所负责设计、实施和运行质量管理体系。质量管理体系为项目层面的质量管理提供支撑。质量管理体系的内容可能在项目层面落地实施，而具体如何运用，需要结合会计师事务所及其业务的具体情况加以考虑。

项目组在项目合伙人的领导下，在会计师事务所质量管理体系的框架下，并结合审计项目的性质和具体情况，在项目层面实施质量管理。会计师事务所无法识别项目层面的所有质量风险，项目组需要运用职业判断确定是否有必要在项目层面采取额外的措施。项目组与事务所之间的沟通对于保障业务质量至关重要，也可以反过来支持质量管理体系的设计、实施和运行（见图2-15）。

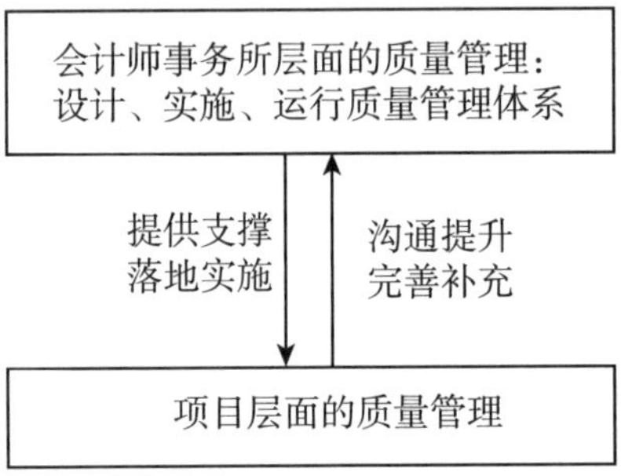

图2-15　会计师事务所层面的质量管理和项目层面的质量管理

（三）审计项目合伙人对质量管理的责任

项目合伙人是会计师事务所中负责某项业务及其执行，并代表会计师事务所在出具的报告上签字的合伙人。项目合伙人在报告上签字，绝不仅仅是一种形式，而是表明了项目合伙人对于该项目的质量承担责任。进一步明确项目合伙人的责任，是修订第1121号准则的目标之一。对于审计项目合伙人在项目层面实施质量管理的责任，可以从以下几个方面进行理解。

1.领导责任

总的来说，审计项目合伙人应当对管理和实现审计项目的高质量承担总体责任。审计项目合伙人应当充分、适当地参与到整个审计过程中，不做“甩手掌柜”，并恰当地考虑审计项目的性质和具体情况、发生的任何变化，以及会计师事务所与之相关的政策和程序，确保项目组恰当履行审计职责、执行审计业务，并出具适合具体情况的审计报告。

项目合伙人在项目层面管理和实现审计质量的领导责任还体现在一些具体的方面。例如，为审计项目组营造良好的环境；采取明确、一致和有效的行动体现对质量的重视；强调审计项目组所有成员都有责任为在项目层面管理和实现业务的高质量作出贡献；鼓励审计项目组成员进行开放、顺畅、深入的沟通；强调审计项目组成员在整个审计项目中保持职业怀疑的重要性等。

2.围绕质量管理体系要素的具体责任

（1）相关职业道德要求。项目合伙人自身应当了解适用于审计业务的性质和具体情况的相关职业道德要求（包括与独立性相关的要求）；还应当负责确保审计项目组其他成员知悉适用于审计业务的相关职业道德要求，以及会计师事务所的相关政策和程序。项目合伙人应当识别和评价对遵守相关职业道德要求的不利影响，对于违反相关职业道德要求的情形保持警觉，并适时采取适当的行动。在签署审计报告之前，项目合伙人应当负责确定相关职业道德要求（包括与独立性相关的要求）已经得到遵守。

（2）业务承接。客户关系和具体业务的接受与保持，通常是事务所层面的职责，由事务所统一决策和安排。

审计项目合伙人应当确定会计师事务所就客户关系和审计业务的接受与保持制定的政策和程序已得到遵守，并且得出的相关结论是适当的。如果项目组获知了某些可能导致拒绝该客户的信息，项目合伙人应当立即与会计师事务所沟通。此外，在计划和执行审计工作时，项目合伙人应当考虑在业务承接环节获取的信息。

（3）业务资源。在考虑业务资源时，除了人力资源，准则修订时还增加了对知识资源和技术资源的考虑。

项目合伙人应当确定项目组具有充分、适当的资源用于执行审计项目，并且恰当使用这些资源。准则特别强调要制定合理的时间预算，保证整个项目组投入充分时间参与审计项目。项目合伙人还应当确定审计项目组成员以及提供直接协助的外部专家或内部审计人员，作为一个集体拥有适当的胜任能力。

如果项目合伙人确定项目组的资源是不充分、不适当的，则应当采取适当的行动，包括与适当的人员沟通。

案例：

甲是X项目的审计项目合伙人。X项目的规模比较大，并且涉及复杂衍生金融产品的审计。甲认为原本分配的项目组成员不足以承担X项目的工作，尤其是缺乏高级别的员工来处理复杂的专业事项。因此，甲与相关业务条线的主管合伙人以及人力资源部门进行了沟通。经过沟通，会计师事务所委派了如下几名新成员参与工作：

- 一名审计合伙人和一名审计高级经理，他们具有相关业务的经验和专长，可以协助进行指导、监督和复核工作；
- 一名衍生金融产品方面的专家；
- 一名协助进行项目管理的工作人员。

（4）业务执行。第1121号准则还规定了审计项目合伙人在业务执行中应承担的具体责任，例如，对指导、监督并复核项目组成员的工作承担的责任，对项目质量复核承担的责任，对需要咨询的事项、意见分歧承担的责任等，本书第二部分“一、第5101号准则——构建质量管理体系”中“（六）业务执行”详述了这些责任。

需要额外指出的是，项目合伙人应当确定，审计项目组成员在审计项目执行过程中，将职业准则以及会计师事务所的政策和程序从实质上执行到位，避免审计项目组成员仅简单勾画程序表格而未实质性执行程序、程序与目标不一致、程序执行不到位、审计工作底稿记录不完整等问题，确保审计项目组成员恰当记录判断过程、程序执行情况及得出的结论。

（5）监控与整改。项目合伙人应当负责下列方面：①了解从会计师事务所的监控和整改程序获取的信息，这些信息可能是由会计师事务所提供的，也可能来自网络和网络事务所的监控和整改程序；②确定上述第①项提及的信息与审计项目的相关性及其对审计项目的影响，并采取适当行动；③在整个审计过程中，对可能与会计师事务所的监控和整改程序相关的信息保持警觉，并将此类信息通报给对监控和整改程序负责的人员。

会计师事务所和项目组之间的沟通和互动是双向的。会计师事务所应当向项目组沟通与监控和整改程序有关的信息，以使项目组能够根据其职责迅速采取恰当行动。项目组成员提供的信息也可以供会计师事务所的监控和整改程序使用。

3.“回头看”的责任

在签署审计报告之前，项目合伙人应当再次审视和思考，确定自己已按照准则的要求履行了工作，可以对管理和实现审计项目的高质量承担责任。项目合伙人应当确定下列事项：①项目合伙人充分、适当地参与了审计项目的全过程，以使其能够确定，根据审计项目的性质和具体情况，审计项目组作出的重大判断和据此得出的结论是适当的；②在遵守准则的要求时，已考虑了审计项目的性质和具体情况、发生的任何变化，以及会计师事务所与之相关的政策和程序。

4.区别项目合伙人需要亲自承担的要求和可以分配给其他项目组成员的工作

总的来说，项目合伙人对遵守第1121号准则的各项要求承担最终责任。但是，对于不同的要求，项目合伙人承担责任的方式和程度是有差别的，第1121号准则通过不同的措辞予以区分。

当某些条款采用“项目合伙人应当负责……”的措辞时，表明允许项目合伙人将设计或实施某些审计程序的任务分配给审计项目组中具有适当的专业知识、技能和经验的成员。如果项目合伙人为了遵守第1121号准则中的某项要求，将设计或实施某些审计程序、执行某些审计工作或采取某些行动的任务分配给审计项目组其他成员，项目合伙人仍然应当通过指导、监督这些审计项目组成员并复核其工作，对管理和实现审计项目的高质量承担总体责任。

对于未采用“项目合伙人应当负责……”的措辞的条款，则表明该条款中的要求或责任应当由项目合伙人亲自遵守或承担，但项目合伙人可以从会计师事务所或审计项目组其他成员获取信息。

第三部分　质量管理体系组成要素实务操作

本部分旨在为会计师事务所建立健全质量管理体系提供更具实操性的指导，主要针对质量管理体系的八要素，从“关键点”“质量目标、质量风险及应对措施示例”“主要角色及对应职责”“涉及制度”四个方面提出落地实施的参考示例。其中：

• “关键点”部分列举了各要素通常需要考虑的关键方面。

• “质量目标、质量风险及应对措施示例”部分是最核心的内容，本部分依据质量管理准则所述的风险导向的质量管理方法，从关键点出发，基于确定的质量目标，列举了各关键点可能存在的质量风险及可以考虑采取的应对措施。需要注意的是，“会计师事务所的风险评估程序”和“监控和整改程序”属于程序性质的要素，其质量目标、质量风险及应对措施示例的结构与其他六个要素略有差别，主要从“实施风险点”的角度来阐述。

• “主要角色及对应职责”部分列举了与该要素相关的、可考虑设置的岗位或角色以及对应的职责。

• “涉及制度”部分简单列举了为实现该要素质量目标建立制度或流程时考虑涵盖的事项。

在“质量目标、质量风险及应对措施示例”中描述应对措施时，考虑了相关角色或岗位承担的职责和发挥的作用，以及建立相关制度或流程的内容，并作出了较为具体的阐述。“主要角色及对应职责”和“涉及制度”旨在从另一角度、以汇总的方式提供清单式的参考，提示会计师事务所将“质量目标、质量风险及应对措施示例”中的应对措施，融入设计事务所的岗位、角色以及相关政策时考虑。

本部分综合考虑了第5101号准则、第5102号准则以及第1121号准则的相关要求。应对措施可能体现在事务所层面，也可能体现在项目层面。第5101号准则针对在事务所层面设计、实施和运行质量管理体系。第1121号准则在此基础上，针对财务报表审计业务，规范了在项目层面实施质量管理的责任。本部分也基于第1121号准则的这些要求，提出了在财务报表审计项目层面实施质量管理时需要考虑的应对措施，以作提示参考。

需要说明的是，本部分所列举的示例，既不作为强制的要求，也不是质量管理体系的“标准模板”，亦无法对实务中的所有情况作出一一举例。会计师事务所不能机械照搬。会计师事务所需要充分考虑质量管理准则的要求，以及本所的内部环境和实际情况，确定质量目标、识别和评估质量风险、设计和采取应对措施，建立健全适合本所的质量管理体系。

一、质量管理体系框架

质量管理体系的建设，整体上以质量管理准则为基础框架，具体参考见表3–1。

表3–1

要素	关键点
会计师事务所的风险评估程序	质量风险评估运行机制（风险评估机制）
	设定质量目标体系
	识别和评估质量风险
	设计和采取应对措施
	识别可能表明需要增加或调整质量目标、质量风险和应对措施的信息
	……

续表

要素	关键点
治理和领导层	质量至上的文化体系
	治理与组织体系
	事务所一体化管理体系
	合伙人绩效考核体系
	……
相关职业道德要求	职业道德管理
	关键审计合伙人轮换
	……
客户关系和具体业务的接受与保持	业务的性质和具体情况以及客户的诚信和道德价值观
	执行业务的能力
	财务和运营方面对优先事项的安排
	接受和保持某一客户关系或具体业务后知悉的信息
	……
业务执行	项目组责任
	业务咨询
	项目质量复核
	意见分歧解决
	报告管理
	业务工作底稿管理
	……
资源	人力资源
	知识资源
	技术资源
	……

续表

要素	关键点
信息与沟通	内部沟通
	内部沟通——员工意见调查
	内部沟通——负面清单管理
	外部沟通——审计质量报告
	外部沟通——与监管机构的沟通
	外部沟通——与客户治理层沟通
	内部沟通——与业务执行相关的知识资源管理
	内部沟通——与质量管理体系相关的知识资源管理
	信息安全
	……
监控和整改程序	建立全所统一的监控和整改程序的职能和运行机制
	设计和实施全所统一的监控活动
	评价发现的情况并识别缺陷，包括调查缺陷的根本原因
	应对已识别的缺陷，评估整改结果
	沟通监控和整改活动，建立问责机制，形成监控和整改报告
	……
网络要求或网络服务	适用于网络要求或网络服务的范围及程度
	会计师事务所关于网络要求或网络服务的责任
	网络针对网络中事务所实施的监控活动
	……
评价质量管理体系	对质量管理体系进行评价
	对领导层成员进行业绩评价
	……

二、会计师事务所的风险评估程序

（一）会计师事务所风险评估程序的关键点

会计师事务所在设计、实施和运行质量管理体系时应当采用风险导向的方法。第5101号准则第四十四条要求会计师事务所应当设计和实施风险评估程序，以设定质量目标、识别和评估质量风险、设计和采取应对措施来应对质量风险。

会计师事务所风险评估程序的关键点及实施要点举例见表3-2。

表3-2

关键点（示例）	实施要点（示例）
质量风险评估运行机制（风险评估机制）	1.建立质量风险管理的组织结构，明确质量风险管理的部门和人员； 2.建立质量风险评估政策和程序，包括但不限于评估范围、评估方法、评估工具、评估期限和评估结果的利用等； 3.……
设定质量目标体系	1.按照质量管理准则的要求对质量管理体系各组成要素分别设定质量目标，形成质量目标体系； 2.可以对质量目标进行分解或细化，设定质量子目标； 3.根据会计师事务所及其业务的性质和具体情况的变化，新增额外质量目标或调整之前设定的质量目标； 4.……
识别和评估质量风险	1.指定专人或专门部门（如质量风险管理部门）定期组织进行质量风险评估，了解和评估可能对实现质量目标产生不利影响的事项或情况，以及产生不利影响的方式和程度； 2.对影响质量目标实现的内、外部事件进行识别并形成风险事件库； 3.明确重大事项特殊质量风险评估程序； 4.……
设计和采取应对措施	1.按照质量风险级别，制定不同的质量风险应对措施； 2.根据需要，设计和采取额外的应对措施来应对质量风险； 3.跟踪质量风险评估结果，根据重要程度按照会计师事务所规定的流程汇报； 4.……

续表

关键点（示例）	实施要点（示例）
识别可能表明需要增加或调整质量目标、质量风险和应对措施的信息	1. 制定政策和程序，识别会计师事务所或业务的性质和具体情况发生变化时可能需要增加或调整质量目标、质量风险和应对措施的信息，以及监控和整改程序反映出的需要增加或调整质量目标、质量风险和应对措施的信息； 2. 指定专人或专门部门（如质量风险管理部门）负责变化事项的跟踪； 3.……
……	……

对于不同规模和复杂程度的会计师事务所，其运用风险评估程序的具体方式可能不同。会计师事务所可以在质量管理准则框架下，完善和细化适合本所的方法论。例如，会计师事务所认为需要对质量管理准则中的质量目标进行分解细化、设立质量子目标，或者对识别出的质量风险进行分解细化、设立质量子风险。

对于不同规模和不同复杂程度的会计师事务所中常见的质量风险，应对措施的性质、时间安排和范围会有所不同。举例见表3–3。

表3–3

事务所特征	质量风险	应对措施
只有单一地点的小型会计师事务所。领导职责集中在一个人身上（如主要负责人）	领导层的不当行为对会计师事务所文化产生重大不利影响	会计师事务所负责人就事务所文化直接沟通，包括定期征求事务所内部各级人员的反馈，以便清楚地了解领导的行为和行为如何影响事务所，以及如何改进以实现所期望的事务所文化
大型会计师事务所，拥有多个地点，设置多层次的领导层框架	一致的文化并没有渗透到整个事务所之中	有较为正式的文件规定，如在事务所行为守则中确立坚定、一致的价值观；在全所范围内强调质量的重要性；正式的定期文化评估和定期讨论关键信息、决策和行动的领导层会议

（二）实施风险点及应对措施示例

会计师事务所风险评估程序要素实施风险点及应对措施示例参考见表3–4。

表3–4

关键点	参考准则条款	具体准则要求	实施风险点	应对措施（示例）
质量风险评估运行机制（风险评估机制）	第5101号准则第三十五条、第四十四条	会计师事务所在设计、实施和运行质量管理体系时，应当采用风险导向的方法。 会计师事务所应当设计和实施风险评估程序，以设定质量目标，识别和评估质量风险，并设计和采取应对措施以应对质量风险	**实施风险点01：** 质量风险评估机制不健全，可能导致质量风险管理边界划分不清晰，对质量风险评估工作的有效运行产生影响	会计师事务所建立健全质量风险评估运行机制。例如： 1.建立质量风险评估管理政策和程序，包括但不限于评估范围、评估方法、评估工具、评估的期限和评估结果的利用等，评估范围包括事务所层面质量管理体系八个要素和业务层面即客户和业务；评估方法可以按风险接受程度将质量风险划分为“高”“中”“低”三类，风险接受程度与事务所业务战略、财务战略、管理风格和质量目标相匹配；评估工具可以按照质量管理准则八个要素中的关键点设计评估模型，可以建立风险案例库[参考下述（3）]，也可以通过信息化手段建立反舞弊工具；评估期限可以分为定期风险评估（例如一年评估一次）和重大事项特殊风险评估。 2.建立事务所质量风险管理组织结构，指定质量管理主管合伙人或成立质量管理委员会（或类似机构）履行质量风险评估职责，明确质量风险评估管理责任人、职责权限和决策路径。管理委员会（或类似机构）为质量风险评估结果及应对措施的决策机构。 3.建立风险评估案例库。明确收集用以实施风险评估程序的信息的来源、范围、收集频率、收集人。 （1）信息来源：会计师事务所实施监控和整改程序的结果、外部检查结果、投诉和指控、行业监管和诉讼案例、来自网络或服务提供商的信息等。 （2）信息范围：包括外部风险信息，例如，国内外政治环境、经济环境、法律环境、信息技术和行业发展的变化等可能给事务所带来潜在质量风险的信息以及有代表性的风险案例等；内部风险信息，例如，战略决策、管理风格、组织结构、业务性质、作业模式、技术标准、资源、网络服务和网络要求的变化等可能带来潜在质量风险的信息以及业务执行的风险案例等。

续表

关键点	参考准则条款	具体准则要求	实施风险点	应对措施（示例）
				（3）收集频率：根据实际情况分别设定不定期或定期。 （4）收集人：质量风险管理部门（或其他类似机构或职位）。 4.质量风险管理部门定期对风险事项和应对措施进行更新和完善。会计师事务所针对下列情况，调整质量目标、质量风险或应对措施： （1）已识别出质量风险考虑因素或者状况、事件、情形、作为或不作为方面发生的变化及不利影响的程度； （2）已识别出会计师事务所质量管理体系的缺陷。 5.……
设定质量目标体系	第 5101 号准则第四十五条、第四十八条	会计师事务所应当设定本准则明确规定的质量目标，以及会计师事务所认为对实现其质量管理体系的目标而言必要的其他质量目标。在某些情况下，由于会计师事务所或其业务的性质和具体情况发生变化，可能需要设定额外的质量目标、评估额外的质量风险	**实施风险点02：** 会计师事务所缺失关键质量目标，导致未能识别和评估相关质量风险，未能设计和采取应对措施，引发质量管理体系的缺陷	会计师事务所需要根据事务所及其业务的性质和具体情况设定质量目标，例如： 1.设立统一的质量目标体系。质量管理准则规定了各个要素应当设立的质量目标，各要素质量目标是相互关联和相互依赖的，例如，信息与沟通要素中规定会计师事务所内部以及各项目组之间能够交换相关、可靠的信息，这一质量目标同时也支持业务执行要素中的相关质量目标，因为及时了解和交换信息对于业务执行至关重要。在设立质量目标时，会计师事务所允许由各业务单元、职能部门、业务条线、分支机构分别设定质量目标，但是会计师事务所需要在总所（或总部）层面统筹管理和确定质量管理体系的质量目标，以从实质上严格执行一体化管理机制。 2.事务所可以根据需要，对质量目标进行分解或细化，设定质量子目标。例如，“会计师事务所领导层通过实际行动展示其对质量的重视”的质量目标，会计师事务所可以将其细化为如下子目标：

续表

关键点	参考准则条款	具体准则要求	实施风险点	应对措施（示例）
				（1）会计师事务所领导层能够了解到所有与本所执业质量相关的内外部投诉和指控及其处理情况； （2）对于涉及会计师事务所执业质量的重大问题，会计师事务所领导层亲自参与相关决策过程，率先垂范，并且在全所范围内形成一种“质量至上”的示范效应。 3. 明确新增额外质量目标或调整之前设定质量目标的决策权限。例如，因会计师事务所或其业务的性质和具体情况发生变化，可能需要设定额外的质量目标或调整之前设定的质量目标，由质量管理主管合伙人、质量管理委员会或类似机构审核新增或调整质量目标的内容、依据等，提交管理委员会或类似机构审议。 4.……
识别和评估质量风险	第5101号准则第四十六条	会计师事务所应当识别和评估质量风险，为设计和采取应对措施奠定基础	**实施风险点03：**未能识别产生不利影响的事项或情况，导致未能识别和评估相关质量风险，将影响质量目标的实现	1. 风险评估可分为定期风险评估和重大事项特殊风险评估。明确重大事项特殊质量风险评估程序。遇有重大决策事项时，启动重大事项特殊质量风险评估程序。 2. 指定质量风险管理部门（或类似机构）负责收集和更新对实现质量目标产生不利影响的事项或情况。 3. 事务所对影响质量目标实现的内、外部事件进行识别并形成风险事件库，风险事件库中的风险事项都有相应的应对措施。（风险事件库可以包括：事项、不利影响、应对措施、案例及来源等）。

续表

关键点	参考准则条款	具体准则要求	实施风险点	应对措施（示例）
				4.对照质量管理准则八要素，识别整体层面质量管理的缺陷，评估各要素存在的质量风险。 5.结合客户关系和具体业务的接受与保持的风险评估，按照会计师事务所的客户和业务风险分类管理制度，识别业务层面的高风险客户和业务。 6.……
设计和采取应对措施	第5101号准则第四十七条	会计师事务所应当设计并采取应对措施，以应对质量风险	**实施风险点04：**评估的质量风险未及时采取有效的应对措施，可能导致质量目标无法实现	1.事务所可以指定专人或专门部门（例如，质量风险管理部门）定期组织进行质量风险评估，围绕确定的质量目标进行评估，并分析、判断现有应对措施的有效性，对最终识别的质量风险，调查和分析其发生的可能性和影响程度，研究确定可接受的质量风险，制定相应应对措施，汇总形成质量风险评估结果，提交质量管理主管合伙人、质量管理委员会（或类似机构）审核，最终由事务所管理委员会（或类似机构）审议。 2.事务所可以就质量管理体系各要素存在的质量风险、客户和业务方面存在的质量风险分别采取应对措施。例如，对质量管理体系存在的缺陷进行整改，对识别出的高风险客户和业务制定适合本所具体情况的管理策略。 3.……
			实施风险点05：未建立重大质量风险跟踪机制，风险是否解决无监控，可能导致采取的应对措施无效	1.根据质量风险评估结果，质量风险管理部门按照重大质量风险管理要求，跟踪重大质量风险事项是否按照已确定的应对措施得到改进，并将跟踪结果向质量管理主管合伙人（或同等职位的人员）汇报。根据重要程度向事务所主要负责人汇报。重大风险事项未予解决前，不能签发业务报告。 2.……

续表

关键点	参考准则条款	具体准则要求	实施风险点	应对措施（示例）
识别可能表明需要增加或调整质量目标、质量风险和应对措施的信息	第5101号准则第四十八条	在某些情况下，由于会计师事务所或其业务的性质和具体情况发生变化，可能需要设定额外的质量目标、评估额外的质量风险，也可能需要调整之前评估的质量风险或采取的应对措施	**实施风险点06：** 在会计师事务所或其业务的性质和具体情况发生变化时，未能及时调整质量目标、评估额外质量风险以及调整相应的应对措施，可能影响质量目标的实现	事务所制定政策和程序，识别事务所或业务的性质和具体情况发生变化产生额外质量风险的信息，并适当设计和采取应对措施。包括但不限于： 1.定期审视与会计师事务所及其业务的性质和具体情况相关的信息； 2.根据风险事件库持续跟踪内、外部环境中的相关趋势和事件。例如： 外部事件：包括行政处罚案例和民事赔偿案例，例如，债券违约的民事赔偿风险增大，事务所需要考虑债券业务的风险等级是否需要调整，在保险责任方面的应对措施是否适当；行业发生的重大事件或变化的影响，例如，国家宏观调控对房地产行业带来的影响，事务所需要重新评估房地产客户和业务的风险等级以及应对措施是否适当； 内部事件：例如，会计师事务所为提升综合服务能力，拟发展咨询业务，对于新业务的开展，事务所需要识别、评价和应对承做咨询业务对鉴证业务独立性的不利影响，需要调整资源配置，以满足咨询业务发展的需求。 3.指定专人或专门部门（如质量风险管理部门）负责上述事项的跟踪。 4.……

（三）主要角色及对应职责（示例）

会计师事务所的风险评估程序要素可能涉及的角色及对应职责示例见表3–5。

表3–5

功能	主要角色（示例）	职责说明（示例）
会计师事务所的风险评估程序	质量管理委员会	1.督导质量管理领导层建立完善风险管理体系，审批质量风险相关的政策和程序，向事务所管理委员会报告； 2.研究拟订质量目标； 3.明确质量风险管理框架设置； 4.审议质量风险评估结果，监控关键质量风险指标； 5.定期评估事务所质量风险承受能力、质量风险水平、质量风险管理状况； 6.根据监管机构的要求，审查、监督相关质量风险管理工作
	质量管理主管合伙人	具体负责质量风险管理体系的设计、实施和运行，对事务所主要负责人负责并向其报告
	质量风险管理部门	独立于其他业务部门： 1.负责拟订质量风险管理的政策和程序，制定相应工作流程和工作规范； 2.统筹管理各级质量风险管理机构； 3.向质量管理主管合伙人报告

（四）涉及制度（示例）

针对会计师事务所的风险评估程序要素，可以考虑在以下方面建立相关制度：

（1）质量风险管理；

（2）质量风险评估及风险应对；

（3）质量风险监控管理；

（4）舆情或质量风险事件跟踪管理；

（5）……

三、治理和领导层

（一）治理和领导层关键点

治理和领导层应当为会计师事务所质量管理体系的设计、实施和运行营造良好的环境，以为该体系的有效运行提供支持。

在“治理和领导层”要素中，会计师事务所可以考虑的关键点见表3–6。

表3–6

关键点	治理和领导层关键点的考虑要点
质量至上的文化体系	1.建立全所统一的质量至上行为准则以及职业道德规范； 2.营造质量至上的文化氛围； 3.会计师事务所将可持续发展和高质量发展作为战略决策的关键环节； 4.……
治理与组织体系	1.明确会计师事务所质量管理领导层责任； 2.根据事务所及其业务的性质和具体情况设置事务所的组织结构，以能够满足质量管理体系设计、实施和运行的需要； 3.适当的资源计划，以保障会计师事务所履行其对质量的责任； 4.……
事务所一体化管理体系	1.会计师事务所对设立的分所（或分部）、内设部门、业务团队进行一体化管理，建立一体化管理办法； 2.建立、设计有效的管理措施，确保新加入团队能够按照事务所统一的质量管理标准执行； 3.……
合伙人绩效考核体系	1.在全所范围内执行统一的合伙人聘用、定级、培训、考核、奖惩和辞退等标准； 2.针对合伙人晋升建立和实施质量“一票否决”制度； 3.制定总分所一体化的合伙人收益分配机制； 4.……
……	……

（二）质量目标、质量风险及应对措施示例

治理和领导层要素质量目标、质量风险及应对措施示例参考见表3–7。

表3-7

关键点	参考准则条款	质量目标	质量风险	应对措施（示例）
质量至上的文化体系	第5101号准则第四十九条第（一）项第1点至第4点。 第5101号准则应用指南第62段、第63段	在全所范围内形成一种质量至上的文化、树立质量意识	**质量风险01：** 事务所未能设定高层基调，或定义的基调未能强调质量，可能导致事务所人员在执业过程中缺少质量意识	1.明确会计师事务所领导层有责任创建、形成会计师事务所质量至上文化，尤其是会计师事务所主要负责人（如首席合伙人、主任会计师或者同等职位的人员）。 2.分三个阶段构建和形成事务所“质量至上”的文化： （1）设计事务所的价值观体系，可以包括但不限于：愿景、使命、核心价值观、经营策略等；例如，事务所可以把“诚信”作为事务所的核心价值观。 （2）实施和推进价值观体系。事务所可以通过培训、文件宣传、政策规定、会议等方式，进行自上而下的广泛传导。事务所领导层和合伙人要起到率先垂范作用，例如，事务所主要负责人在各类会议上强调执业质量的重要性并要求把执业质量作为注册会计师的“生命线”。 （3）巩固和传播价值观体系。“质量至上”的文化通过不断的推进和培育，交流和沟通，达成一致认同。可以通过媒体、日常服务、事务所员工、客户口碑等进行传播。 3.首席合伙人、主任会计师或者同等职位的人员批准会计师事务所以质量至上为原则的行为准则和职业道德规范，并在全所范围内统一宣贯和实施。 4.向全体合伙人和员工宣贯质量在执业中的重要性，尤其在服务上市实体中的重要性。例如，质量管理领导层通过参与重大风险事项的处理不断向合伙人和员工传递诚信和风险意识，鼓励合伙人和员工主动汇报风险。 5.通过培训宣贯、签署承诺函、绩效考核、负面清单管理、一票否决制度、项目合伙人和项目质量复核人员资质管理等多种方式，将质量至上文化融入全所执行业务过程中。 6.宣贯的范围、计划以及为持续落实行为准则和职业道德规范的相关监控活动，经过首席合伙人、主任会计师或者同等职位的人员的审阅和批准。 7.……

续表

关键点	参考准则条款	质量目标	质量风险	应对措施（示例）
			质量风险02：缺少行为准则、职业道德规范具体要求，可能导致事务所合伙人及员工未树立质量意识，缺乏专业敬畏精神，不能诚信执业和高质量地服务客户	事务所将质量管理准则和职业道德守则的要求，落实在事务所的行为准则和职业道德规范要求中： 1.会计师事务所行为准则包括但不限于：诚信为本，质量为先，将诚信作为会计师事务所发展的生命线，始终坚持质量至上的发展导向，持续提升执业能力、独立性、道德水平和行业公信力；恪守承诺，通过持续高质量地执行业务来服务于公众利益的角色；精确管理，科学配置资源，强化会计师事务所内部管理；关爱员工，为员工搭建职业规划通道（例如，接班人计划）。 2.员工职业道德规范包括但不限于：持续学习，高效工作；爱岗敬业，遵章守纪；尊重他人，坦诚沟通；职业道德、职业价值观和职业态度的重要性；事务所所有人员都对其执行业务的质量承担责任，或对执行质量管理体系各项活动的质量承担责任。 3.……
			质量风险03：未能在战略决策和绩效考核中强调执业质量，可能导致事务所作出的战略决策重商业利益，轻业务质量	事务所将质量作为战略决策、绩效考核的关键要素： 1.事务所在制定发展战略时，平衡好规模、业务发展与质量风险的关系，不能以牺牲质量为代价，片面追求规模和商业利益，要注重事务所的可持续发展和高质量发展。例如，事务所在制定规模发展战略和业务发展战略时，将质量至上的文化融入其中，并在相关政策的制定上体现这一导向。 2.会计师事务所将质量至上作为战略决策、绩效考核的关键考虑要素。通过业绩衡量标准、奖惩措施来强调质量的重要性，鼓励合伙人和员工履行质量承诺的行为。对没有履行质量承诺的行为，制定适当的补救和惩治措施，并让全体合伙人和员工知悉这些措施。例如，制定对违反职业道德行为进行纪律处分的政策和程序。会计师事务所需要让全体合伙人和员工知悉这些措施，确保作出反映质量承诺的战略决策能落地执行。

续表

关键点	参考准则条款	质量目标	质量风险	应对措施（示例）
				3. 确认事务所在制定发展战略时充分考虑质量方面的要求，不存在由于业务扩张导致的人力资源不足或技术储备不足等风险。 4. 确保事务所的战略发展有足够的资源相匹配，不存在规模扩张或快速扩张导致的经营风险。 5. 事务所在制定发展战略时，考虑了事务所的规模和业务结构，确认事务所的业务活动主要分布于哪些地区、行业，避免客户过于集中某行业（如最大单一审计客户占全部审计收入的比例、最大行业客户占全部审计收入的比例、报告数量等）。 6. 确认事务所在制定发展战略时，避免客户过于集中某部门或某些合伙人（如部门最大单一审计客户占部门和事务所收入的比例、最大行业客户占全部收入的比例等）。 7.……
治理与组织体系	第5101号准则第四十九条第（二）项。 第5101号准则应用指南第64段	会计师事务所领导层对质量负责	**质量风险04：** 对领导层的业绩评价中未明确其对质量的责任，导致领导层不重视审计质量，以追求收入或利润为目标，而忽略质量管理，造成质量风险	事务所设计并执行对领导层的业绩评价，可以： 1. 岗位说明书中，明确首席合伙人、主任会计师或者同等职位的人员对事务所质量管理体系承担最终责任。例如，参与重大风险事项评估；关注质量方面需要投入的资源（例如，集约化处理业务、聚焦行业线分工及能力建设）。 2. 建立质量管理领导层业绩评价制度，定期对质量管理体系承担最终责任、运行责任以及其他特定方面承担运行责任的人员进行业绩评价。评价方式包括年终合伙人大会述职、全体合伙人评分、管理委员会评分等。 3. 为确保领导层对质量负责，需要设计和采取相应的应对措施，例如，建立与质量挂钩的业绩评价措施；在晋升与薪酬体系中增加业务质量、培训、项目质量复核等业绩考评指标。 4.……

续表

关键点	参考准则条款	质量目标	质量风险	应对措施（示例）
	第5101号准则第四十九条第（三）项、第五十一条	会计师事务所领导层通过实际行动展示其对质量的重视	**质量风险05：**领导层未重视或及时处理与质量相关的事项，可能导致影响质量的事项被忽视，引发质量风险	1. 明确会计师事务所领导层有责任了解到所有与本所执业质量相关的内外部投诉和指控及其处理情况。 2. 首席合伙人、主任会计师或者同等职位的人员有责任复核和批准改善质量的行动，包括持续监督和评价这些行动的有效性。 3.……
			质量风险06：领导层不参与质量风险决策，或领导层凌驾质量管理体系之上，导致质量管理相关政策和程序未得到有效遵循，严重破坏事务所质量至上文化，导致质量管理体系失效	对于涉及会计师事务所执业质量的重大问题，会计师事务所领导层亲自参与相关决策过程： 1. 事务所领导层以身作则、率先垂范，带头遵守质量管理体系中的各项政策和程序。 2. 明确重大质量管理事项和项目意见分歧事项的职责权限、审批流程和决策机制，强调分歧解决机制和质量管理内核会议的权威性。实行集体决策或者联签制度，任何个人不得单独进行决策或者擅自改变集体决策意见，避免“一言堂”和管理层凌驾导致的决策风险。 3.……

续表

关键点	参考准则条款	质量目标	质量风险	应对措施（示例）
	第5101号准则第四十九条第（四）项	会计师事务所领导层向会计师事务所人员传递质量至上的执业理念，培育以质量为导向的文化	**质量风险07**：缺少清晰、有效的沟通机制，不利于质量至上文化的传导	1. 建立质量管理领导层之间以及质量管理领导层与项目合伙人的沟通机制，形成事务所内各层级之间清晰、一致、经常的行动和沟通。例如，管理委员会对质量和风险管理议题的讨论和决定，内核会议对重大风险事项和分歧事项的讨论、培训等。 2. 建立质量管理领导层与事务所全体人员的沟通机制。通过领导层与全体人员的直接沟通，或者领导层与合伙人沟通、合伙人再与员工沟通的逐级传递，在全体员工中传递质量至上的理念，形成清晰、一致、经常的行动。例如，事务所全体人员参加的会议、首席合伙人专栏文章等。 3.……
	第5101号准则第四十九条第（五）项、第五十条，以及附录。 第5101号准则应用指南第66段	会计师事务所组织结构以及对相关人员角色、职责、权限的分配是恰当的，能够满足质量管理体系设计、实施和运行的需要	**质量风险08**：事务所未能设计适合本所的质量管理领导层框架以及领导者的角色、职责、权限的分配，导致质量管理职责不清，无法切实有效地发挥作用	1. 根据会计师事务所治理结构、规模及业务情况，经合伙人管理委员会或类似机构审批，设定质量管理领导层框架： 明确质量管理领导层中的角色和职能，包括主要负责人（首席合伙人或主任会计师）、质量管理主管合伙人、职业道德主管合伙人、独立性主管合伙人、业务管理合伙人（含业务条线主管合伙人）、监控和整改主管合伙人；将角色和职能落实到具体的岗位或人员，同时明确其具体责任。上述角色和职能可以根据事务所具体情况进行适当的合并和调整。例如，对于中小事务所来说，由于满足相关条件的人员较为缺乏，事务所可以考虑由某些人员“身兼数职”（主要负责人、质量管理主管合伙人、监控和整改主管合伙人的角色和职责可以由同一人员承担）。 2. 事务所在设计组织结构时，可以考虑采用条线化管理模式，按照行业、区域、职能、业务类型等原则进行专业化分工，划分业务条线和职能条线。例如，可以按照职能分工设置专业委员会，可以按照行业分工设置行业线以及行业线主管合伙人；可以按照区域分工设置大区合伙人等；按照业务内容设置资本市场业务主管合伙人、国企业务主管合伙人等。 3.……

续表

关键点	参考准则条款	质量目标	质量风险	应对措施（示例）
	第5101号准则第四十九条第（六）项、第七十二条、第七十三条、第七十四条、第七十五条。第5101号准则应用指南第67段、第68段	会计师事务所的资源（包括财务资源）需求有计划，并且资源的取得和分配能够保障会计师事务所履行其对质量的承诺	**质量风险09：** 事务所资源的取得和分配缺乏规划，未充分考虑执行质量承诺所需资源的运营活动和服务交付模式的变化，可能无法保障对质量的承诺	制定明确的资源规划或战略（例如，量化可增长的财务资源投入和质量管理人力资源投入标准等），并通过合适的组织予以推进和保障实施，确保资源规划或战略支持质量至上的文化： 1.首席合伙人、主任会计师或者同等职位的人员及质量管理委员会批准分配具有适当经验、知识、影响力和权威以及有足够时间履行分所的质量管理负责人职责的专业人员。 2.首席合伙人、主任会计师或同等职位的人员与质量管理主管合伙人或同等职位的人员依托战略规划批准与质量相关的资源（包括人力、技术和财务资源）投入计划和资源分配，以支持质量目标的实现。 3.首席合伙人、主任会计师或者同等职位的人员审查与质量相关的实际资源投入情况，并建立恰当的组织结构予以保障实施，以确定实际投入是否在计划范围内，实现与质量相关的业务目标。就定期审查而言，考虑了业务和情况的变化及其对质量相关资源投入的性质、时间和范围的可能影响。 4.由于资源需求通常随时间发生变化，会计师事务所可能难以预测其所有的资源需求。会计师事务所的资源计划可能包括确定当前的资源需求、预测未来的资源需求，并建立相关程序以应对始料未及的资源需求。 5.会计师事务所领导层在制定发展战略时，要将质量管理资源纳入战略规划范围，量化资源投入标准（例如，财务资源的额度或收入占比），避免由于行业变化或是业务扩张导致的相关专业人力资源不足或技术储备不足等风险。 6.……

续表

关键点	参考准则条款	质量目标	质量风险	应对措施（示例）
事务所一体化管理体系	第5101号准则第三十三条、第四十九条第（一）项。 国办发〔2021〕30号第四条第（十）项。会计师事务所一体化管理办法（财会〔2022〕12号）。会计师事务所分所管理暂行办法	会计师事务所在全所范围内形成一种质量至上的文化，树立质量意识	**质量风险10：** 事务所未实施一体化管理，总所（或总部）对分所（或分部）执业质量缺乏有效控制，可能导致质量风险	1.合伙协议（公司章程）中明确一体化管理要求。会计师事务所主要负责人（如首席合伙人、主任会计师或同等职位的人员）对会计师事务所实行一体化管理负主要责任。 2.会计师事务所对设立的分所（或分部）、内设部门、业务团队进行一体化管理，建立一体化管理办法，定期评价并形成自评报告。 3.事务所总分所一体化管理主要关注： （1）人力资源统一管理。例如，建立统一的人力资源管理政策和程序，包括招聘、绩效考核、员工薪酬和职业发展等；分所（或分部）的关键管理人员（如机构负责人、主任会计师、质量管理负责人、财务负责人）由事务所统一委派、监督和考核；人力资源在全所范围内进行统一调配；建立统一的工时管理系统；制订统一的接班人计划。 （2）财务统一管理。例如，建立统一的财务管理平台（包括但不限于预算管理体系、核算管理体系、资金管理体系等）；统一进行财务预算、业务收支和收益分配等（一个利润中心）；统一制定财务审批制度和开支标准；统一制定职业风险补偿机制。 （3）业务承接统一管理。例如，在全所范围内执行统一的业务风险评估和分类分级管理；对于在客户关系和具体业务的接受与保持方面具有较高风险的客户，设计和实施统一的质量管理程序；高风险项目统一委派项目合伙人、项目质量复核人。 （4）统一的质量管理体系。例如，事务所制定统一的执业标准以及质量管理政策和程序；统一的项目咨询、意见分歧解决、项目质量复核、风险监控、出具报告前的控制、定期的质量与风险检查以及违规处罚相关的政策和程序。 （5）一体化管理通过信息系统落地。例如，建立全所唯一的信息化管理平台，统一管理业务接受与保持、审计作业、档案管理、人力资源管理和财务管理等。 4.……

续表

关键点	参考准则条款	质量目标	质量风险	应对措施（示例）
			质量风险11：吸收转入的新合伙人（或团队）不认同质量文化，各方难以融合，质量管理要求无法贯彻落实，易产生质量风险	1.吸收转入新合伙人（或团队）的质量风险识别，可以考虑如下事项： （1）吸收转入新合伙人（或团队），不是简单地追求规模、客户、市场，而是更注重于通过引入新合伙人（或团队）提升事务所综合服务能力，以满足高质量服务需求； （2）所有拟转入合伙人（或团队）认同事务所质量文化理念、合伙机制、管理体系、规章制度及运行规则，并在人员、财务、业务、技术标准和信息管理等方面，全方位接受一体化管理； （3）拟转入合伙人近期不存在执业质量处罚事项； （4）对于拟转入客户和业务，事务所质量管理委员会或类似机构统一组织安排风险排查，逐一进行风险评估，判断是否存在潜在的高风险，并据此作出是否批准转入的意见。 2.新加入合伙人（或团队）能够按照会计师事务所统一的质量管理标准执行业务，可以考虑如下管理措施： （1）对合伙人（或团队）进行甄别，确保吸收的合伙人（或团队）符合上述第1点中的要求； （2）对新加入合伙人（或团队）与现有团队进行整合，例如，按行业分工进行人员重新安排和调整； （3）对新转入客户和业务重新安排负责合伙人； （4）对新转入客户和业务安排专门的质量复核合伙人； （5）将新转入客户和业务或合伙人纳入当年重点监控范围； （6）对新合伙人和团队进行培训，促进新合伙人和团队尽快熟悉本所文化和执业规则。 3.……

续表

关键点	参考准则条款	质量目标	质量风险	应对措施（示例）
合伙人绩效与考核体系	第5101号准则第四十九条第（一）项	会计师事务所在全所范围内形成一种质量至上的文化，树立质量意识	**质量风险12：** 合伙人绩效考核未充分体现质量要求，可能导致合伙人重商业利益而轻业务质量，影响质量至上文化的形成和执业质量	合伙人绩效和考核充分体现质量要素，可以考虑： 1. 在全所范围内执行统一的合伙人聘用、定级、培训、考核、奖惩和辞退等标准。 2. 确认合伙人具备适当的知识、经验和资质，参加各种专业培训不断更新自身的知识。 3. 建立违规合伙人的处分和惩戒机制。以负面清单和质量考核指标为依托，建立处分、辞退和劝退不符合事务所质量要求的合伙人处罚机制。对于因违规受到处罚或内部质量检查不达标的合伙人，对其业务质量、专业能力和职业道德进行评估，并采取相应的惩戒措施（例如，禁止一定时期内承做相关业务）。 4. 定期对合伙人的执业质量、专业胜任和勤勉尽责情况进行考核和评价并形成评价记录。 5.……
			质量风险13： 合伙人晋升机制设置未考虑质量要素，未综合考虑拟晋升人员综合素质，存在晋升人员不符合质量管理要求的风险	1. 加强对员工晋升合伙人的管理，建立以质量为导向的晋升机制，不得以承接和执行业务的收入或利润作为晋升合伙人的首要指标。 2. 对合伙人晋升建立和实施质量一票否决制度。例如，有重大质量问题的人员不得晋升为合伙人，合伙人如在执业中发生重大质量问题，不得晋升并辅之相应的惩戒。事务所对该类人员的执业质量给予持续关注，直至其执业质量得到全面提升。 3.……

续表

关键点	参考准则条款	质量目标	质量风险	应对措施（示例）
			质量风险 14： 事务所未统一进行合伙人收益分配，将导致收益分配背离质量至上的原则，造成合伙人重商业利益、轻质量管理，以及导致质量管理参差不齐等情况	1. 制定全所范围内统一的合伙人收益分配制度，全所一个利润池，不以分所（或分部）、合伙人所在团队作为利润中心进行收益分配。 2. 合伙人的收益分配应综合考虑合伙人执业质量、管理能力、社会声誉和经营业绩等指标，不得以承接和执行的业务收入或利润作为首要指标。 3.……
……	……	……	……	……

（三）主要角色及对应职责（示例）

治理和领导层要素可能涉及的角色及对应职责示例见表3-8。

表3-8

功能	主要角色（示例）	职责说明（示例）
质量管理领导层	主要负责人	会计师事务所主要负责人（如首席合伙人、主任会计师或者同等职位的人员，下同）对会计师事务所质量管理体系承担最终责任，并履行下列职责： 1.提名或委任会计师事务所质量管理领导层的其他成员，保障其具备充分的时间、资源、胜任能力和权限履行职责，并对其进行指导、监督、评价和问责； 2.建立并有效运行以质量为导向的合伙人管理机制； 3.合理保证质量管理体系健全并在全所范围内有效运行； 4.通过审核与监控和整改程序相关的报告等方式，每年至少一次对质量管理体系作出评价，并定期评价相关人员的业绩，落实问责和整改措施； 5.领导并决定对质量管理具有重大影响的其他事项
	质量管理主管合伙人	质量管理主管合伙人（或同等职位的人员）具体负责质量管理体系的设计、实施和运行，并履行下列职责： 1.建立、完善并有效运行会计师事务所质量管理政策和程序，确保会计师事务所持续满足法律法规、职业准则和监管要求； 2.全面参与业务质量管理决策，形成工作记录； 3.对监控和整改程序的运行提供督导，就质量管理存在的问题提出整改措施，并向主要负责人报告； 4.就与重大风险相关的事项提供咨询； 5.会计师事务所其他质量管理职责。 如果会计师事务所成立质量管理委员会或类似机构履行质量管理主管合伙人的职责，该委员会的主任委员或类似职位的成员可以参照质量管理主管合伙人承担领导责任
	职业道德主管合伙人	职业道德主管合伙人（或同等职位的人员）具体负责会计师事务所与职业道德有关的事务，并履行下列职责： 1.制订与职业道德相关的工作计划以及与该计划相关的年度绩效目标，并对职业道德计划的所有方面承担明确的责任；

续表

功能	主要角色（示例）	职责说明（示例）
质量管理领导层	职业道德主管合伙人	2.根据相关职业道德要求，建立、完善并有效运行与职业道德相关的政策和程序，包括与违反职业道德后果相关的政策和程序，以确保会计师事务所持续满足相关职业道德要求； 3.计划和组织针对全体合伙人、执业人员以及其他人员的职业道德培训，以增强这些人员对职业道德和职业价值观的认识和理解； 4.建立专门的渠道，供会计师事务所所有人员就职业道德相关问题进行咨询和报告职业道德相关事项和情况，并对这些咨询和报告保密； 5.建立与解决具体职业道德问题相关的流程，确保能够恰当应对所有已识别出的职业道德问题； 6.向主要负责人报告所有与职业道德相关的重大事项； 7.获取会计师事务所所有人员就其遵守职业道德情况的确认，包括已阅读并了解相关职业道德要求，以及是否存在违反相关职业道德要求的情况等； 8.至少每年一次向主要负责人报告与职业道德相关的政策和程序、事件和结果，以及后续计划； 9.会计师事务所其他职业道德管理职责
	独立性主管合伙人	独立性主管合伙人（或同等职位的人员）具体负责会计师事务所与审计、审阅和其他鉴证业务独立性有关的事务，并履行下列职责： 1.统筹会计师事务所所有与独立性相关的重大事项，包括设计、实施、运行、监督和维护与独立性相关的监控程序； 2.建立和完善与独立性相关的咨询机制，保证提供咨询的人员具备适当的时间、经验、专业胜任能力、客观性、权威性和判断能力； 3.建立和维护相关信息系统，以提供会计师事务所人员禁止投资清单、受限制实体清单、关键审计合伙人执业年限清单等信息，并制定相关政策和程序，以确保这些信息真实、准确和完整； 4.指导、监督和复核会计师事务所独立性相关政策和程序的运行情况； 5.就独立性相关事务开展监控活动；

续表

功能	主要角色（示例）	职责说明（示例）
		6.至少每年一次向主要负责人报告与独立性相关的重大事项，如会计师事务所开展独立性监控活动的结果、违反独立性要求的情况、即将实施的独立性政策、法律法规和相关职业道德要求的变化情况、就违反独立性情况作出的处分等； 7.及时识别法律法规、职业准则、监管机构对适用的独立性要求作出的修订，并考虑是否更新会计师事务所相关流程。 会计师事务所可以根据本所的实际需要，将职业道德主管合伙人和独立性主管合伙人的职责进行合并
质量管理领导层	各业务条线的主管合伙人	会计师事务所可以根据本所业务的实际情况和质量管理的需要划分业务条线。例如，可以根据业务的性质、客户所处行业或地区等划分业务条线。各业务条线的主管合伙人负责所主管业务的总体质量，并履行以下职责： 1.确定本业务条线相关计划，包括资源的需求、获取和分配计划，并合理地获取和分配资源； 2.督导项目合伙人有效执行质量管理体系中的政策和程序，并遵守相关职业道德要求； 3.委派或授权他人委派具有足够专业胜任能力、时间与良好诚信记录的项目合伙人执行业务； 4.按照会计师事务所内部规定参与本业务条线中有关业务质量的重大事项的讨论以及意见分歧的解决，发表意见并形成工作记录； 5.会计师事务所其他质量管理职责。 如果会计师事务所建立业务条线管理委员会或类似机构履行业务条线主管合伙人职责，该委员会的主任委员或类似职位的成员需要参照业务条线主管合伙人承担领导责任
	监控和整改主管合伙人	监控和整改主管合伙人（或同等职位的人员）对质量管理体系“监控和整改程序”要素的运行承担责任，包括下列职责： 1.领导与监控和整改相关的政策和程序的设计、实施和运行，并提供适当督导； 2.领导业务检查和其他监控活动的设计、实施和运行工作，并提供适当督导； 3.就业务检查和其他监控活动的结果与主要负责人和质量管理体系中的相关负责人进行及时沟通； 4.会计师事务所其他监控和整改管理职责

（四）涉及制度（示例）

针对治理和领导层要素，可以考虑在以下方面建立相关制度：

（1）合伙人协议、会计师事务所章程；

（2）管理委员会及下设各职能委员会相关议事规则；

（3）质量管理领导层委任及相关职责；

（4）合伙人考核及收益分配；

（5）合伙人晋升；

（6）新合伙人（或团队）加入管理；

（7）合伙人不当行为罚则；

（8）合伙人负面清单管理；

（9）合伙人与员工行为和执业道德守则以及质量至上文化手册；

（10）总所和分支机构一体化管理；

（11）……

四、相关职业道德要求

（一）相关职业道德要求关键点

注册会计师行业的宗旨是维护公众利益。遵守相关职业道德要求，是注册会计师规范执业的基础。保持独立性是注册会计师执业的灵魂所在。

会计师事务所在设定相关职业道德要求质量目标时，要综合考虑职业道德守则、《会计师事务所质量管理准则第5101号——业务质量管理》第四章第五节相关职业道德要求、《中国注册会计师审计准则第1121号——对财务报表审计实施的质量管理》第四章第二节，以及《会计师事务所质量管理准则第5102号——项目质量复核》中的相关职业道德要求。制定的政策和程序能够合理保证会计师事务所及其人员，以及受职业道德要求约束的其他组织或人员，包括网络、网络事务所、网络或网络事务所中的人员、服务提供商，在执行业务或质量管理体系各项活动时，遵守相关职业道德要求（包括独立性要求）。如果会计师事务所属于某一网络，其所制定的政策和程序不仅要能够合理保证会计师事务所及其人员遵守相关职业道德要求（包括独立性要求），同时也要合理保证网络、网络事务所、网络或网络事务所的人员、服务提供商（如适用）遵守相关职业道德要求（包括独立性要求）。《中国注册会计师职业道德守则第4号——审计和审阅业务对独立性的要求》适用于会计师事务所及其人员，以及网络、网络事务所、网络或网络事务所的人员、服务提供商（如适用）。

会计师事务所“相关职业道德要求”涉及的关键点，以及相关考虑要点举例见表3–9。

表3–9

关键点	相关职业道德要求关键点的考虑要点
职业道德管理	1.明晰职业道德管理的组织结构、岗位和职责； 2.签署职业道德承诺函； 3.诚信宣誓； 4.建设并持续完善独立性申报管理，明晰政策和程序，以识别、评价和应对对遵守相关职业道德要求的不利影响； 5.……
关键审计合伙人轮换	1.明确轮换要求（原则和相关应对措施）； 2.实质性轮换的保障机制； 3.针对轮换的监控、整改和问责； 4.……
……	……

识别、评价和应对对遵守相关职业道德要求的不利影响是一个持续的过程，贯穿注册会计师执业的全过程，涉及会计师事务所的客户、业务和人员。在设

计“相关职业道德要求”相关应对措施时，可能需要紧密结合质量管理体系其他要素，或者直接体现在质量管理体系其他要素中。例如：

（1）确保会计师事务所及相关人员与拟接受或保持的客户之间不存在重大经济利益、利益诱惑等利益冲突，确保拟接受或保持的业务与既有业务之间不存在自我评价，与“客户关系和具体业务的接受与保持”要素相关；

（2）确保与公众利益实体审计业务有关的关键审计合伙人（例如项目质量复核人员）做到实质性轮换，与“业务执行”要素相关；

（3）会计师事务所做到财务、人员、业务等方面的一体化管理，是实现实质性轮换的有力组织保障，这与“治理和领导层”以及“资源”要素相关。

会计师事务所可以针对本所的业务性质、规模、人员等具体情况设定职业道德（包括独立性）质量目标，梳理可能存在的质量风险，并针对性设计相关的应对措施。例如，未从事公众利益实体审计而主要从事国有企业审计的会计师事务所，可以结合国有企业主管部门有关轮换的具体要求，制定相应的轮换标准、政策和程序；未从事为鉴证客户提供非鉴证服务的会计师事务所制定的与职业道德（包括独立性）相关的政策和程序不涉及识别、评价和应对非鉴证服务对鉴证客户产生独立性不利影响的有关内容。较不复杂会计师事务所在考虑与职业道德（包括独立性）管理相关的组织结构、岗位设置、职责分配时可能相对简化，但不能以牺牲职业道德和独立性为代价。

（二）质量目标、质量风险及应对措施示例

相关职业道德要求要素质量目标、质量风险及应对措施示例参考见表3-10。

表3–10

关键点	参考准则条款	质量目标	质量风险	应对措施（示例）
职业道德管理	第5101号准则第五十五条第（一）项。 职业道德守则第1号至第5号	会计师事务所及其人员充分了解规范会计师事务所及其业务的职业道德要求，并严格按照这些职业道德要求履行职责	**质量风险01：** 与职业道德相关的组织结构、岗位及其职责设置不健全，可能导致会计师事务所无法建立并持续完善职业道德（包括独立性）政策和程序，并使其得到有效执行	会计师事务所设置职业道德（包括独立性）管理的组织结构、岗位并明确职责： 1.明确职业道德（包括独立性）管理的组织结构及其职责（包括决策机构、执行机构）。例如，设置职业道德主管合伙人或类似职位的人员、独立性主管合伙人或类似职位的人员，或者设置负责职业道德和独立性管理的机构（比如风险委员会），负责职业道德（包括独立性）政策批准、执行情况的监控、相关重大问题的决策；职业道德和独立性主管合伙人或类似职位的人员或机构下设职业道德（包括独立性）管理的执行部门，负责职业道德（包括独立性）政策的制定和持续完善、职业道德（包括独立性）日常管理、咨询、监控。 2.指定职业道德主管合伙人和独立性主管合伙人并明确其权限和职责。 3.明确各级职业道德管理人员的职责权限。 4.明确业务条线主管合伙人督导项目合伙人有效遵守相关职业道德要求的责任。 5.明确项目合伙人相关职业道德管理的职责。 6.……

续表

关键点	参考准则条款	质量目标	质量风险	应对措施（示例）
			质量风险02： 未制定会计师事务所内部职业道德行为准则，未定期组织职业道德有关培训，注册会计师未能掌握最新政策和规定，导致违反职业道德要求的情形发生	会计师事务所明确相关职业道德要求（包括独立性要求）： 1.制定会计师事务所的职业道德行为规范，要求合伙人及员工恪守客观、公正的原则，保持专业胜任能力和应有的关注，并对执业过程中获知的信息保密等。该规范为会计师事务所对合伙人和员工所期望的行为提供了参照标准，并配以其他更具体的政策作为补充，例如，独立性政策、信息安全政策等。 2.会计师事务所要求合伙人和员工书面确认知晓并遵守职业道德规范（包括独立性要求），对其在执行业务中遵守职业道德的行为承担责任。 3.签署职业道德承诺函的内容经过会计师事务所职业道德主管合伙人或者同等职位的人员审核和批准，保证需承诺内容的完整性。 4.承诺函的发放范围需要覆盖所有参与鉴证业务的合伙人和员工。会计师事务所可以采用信息系统进行管理，确保相关人员在阅读完毕所有内容后才能够签署承诺函并提交。 5.会计师事务所需要安排专人监督承诺函的签署情况，跟进未及时签署的情形，并审阅已签署承诺函中反馈的内容。如果在反馈的内容中发现异常情况，例如，存在违反独立性要求的问题，需要安排专人跟进，评价违反独立性要求问题的严重程度，并及时采取应对措施。 6.向新入职员工提供行为准则的培训，针对在职员工，通过电子邮件提醒、开机提示等不同方式持续提醒员工遵循行为准则，并每年提供相关的年度课程培训。 7.要求合伙人及员工必须完成相应的独立性培训课程（例如，年度培训、新入职人员培训、新晋升经理培训、新晋升合伙人培训）。

续表

关键点	参考准则条款	质量目标	质量风险	应对措施（示例）
				8.有关独立性的新政策或重要指南的发布以邮件提示或相关培训等形式通知所有员工。 9.所有的独立性政策、指南、提示、模板、监控/查询/咨询系统反映在内部独立性网站上，方便员工随时查询。 10.……
			质量风险03： 缺少诚信文化氛围，未采取适当措施树立和培养注册会计师的诚信意识，可能导致注册会计师在执业中的松懈，进而影响执业质量	1.会计师事务所可采取会议宣讲、管理层讲话、诚信宣誓等多种方式，促进形成诚信文化。 2.……
			质量风险04： 识别、评价和应对对职业道德产生不利影响的政策和程序不健全，导致事务所或相关人员未能遵守职业道德要求，影响执业质量	会计师事务所建设并持续完善独立性申报，明确政策和程序： 1.识别、评价和应对对遵守相关职业道德要求的不利影响，例如： （1）至少每年一次向所有需要按照相关职业道德要求保持独立性的人员获取其已遵守独立性要求的书面确认。 （2）持续更新公众利益实体客户清单，要求相关人员及时、动态申报独立性相关重要事项，职业道德管理部门及时评价是否对遵守相关职业道德要求（包括独立性要求）产生不利影响及其影响的严重程度，对职业道德（包括独立性）产生严重不利影响的，及时与相关人员、相关项目合伙人沟通，采取适当的应对措施以降低或消除不利影响。

续表

关键点	参考准则条款	质量目标	质量风险	应对措施（示例）
				（3）在具体客户或业务的接受与保持审批时，职业道德管理部门对客户、业务、项目组成员独立性是否适当进行审核，符合独立性要求或将独立性不利影响降至可接受水平，是客户或业务的接受与保持审批通过的前提条件之一。例如，承接既有鉴证业务客户的非鉴证业务，或承接既有非鉴证业务客户的鉴证业务，相关项目合伙人沟通确认是否存在自我评价（为鉴证业务客户承担管理层职责）等对独立性不利影响，由职业道德管理部门审核，职业道德主管合伙人（或独立性主管合伙人）审批，经评估无法将独立性不利影响降至可接受水平的，拒绝或终止相关的客户或业务。 （4）事务所与任何第三方建立商业关系，需取得职业道德管理部门的预先审核。该部门定期对此类商业关系进行复核。 （5）就职业道德（包括独立性）相关事宜提供咨询。 2.建立对违反相关职业道德要求（包括独立性要求）的行为进行投诉和指控的渠道，鼓励事务所员工或客户就相关事项进行举报，职业道德管理部门及时跟踪相关情况，并上报职业道德主管合伙人（或独立性主管合伙人）。 3.定期或不定期实施遵循相关职业道德要求（包括独立性要求）情况的专项检查、监控和整改，例如：

续表

关键点	参考准则条款	质量目标	质量风险	应对措施（示例）
				（1）建立适当的投资申报制度，要求特定人员（例如，项目合伙人及专业人员）在特定系统中申报本人及其近亲属的投资情况。每年定期或不定期对相关人员拥有经济利益（例如，买卖本所上市公司客户的股票、在被审计单位担任高管或特定人员等）独立性重要事项进行抽查。 （2）在内部执业质量检查（年度）或职业道德专项检查（年度）中，针对项目组成员遵循独立性情况、在业务收费方面遵循独立性情况（例如，是否存在或有收费、是否存在长期逾期收费、是否存在单一客户收入重大依赖等）、为鉴证客户提供非鉴证业务时遵循独立性的情况进行检查。 （3）由职业道德主管合伙人（或独立性主管合伙人）定期（每年）评价本所及相关人员在持有经济利益、利益诱惑、审计收费、为鉴证客户提供非鉴证服务等方面遵循相关独立性要求的情况和效果，形成书面结论。同时针对存在的问题，提出整改措施。 （4）专人跟踪整改落实情况。 4.在合伙人利益分配机制中，明确关键审计合伙人的薪酬不得与其推荐的非鉴证业务收入直接挂钩。 5.在合伙人利益分配机制、员工考核机制中，设置遵循职业道德（包括独立性）的具体指标。例如，将违反相关职业道德要求（包括独立性要求）的行为纳入合伙人、员工年度考核评价体系中，作为考核扣分项。 6.在负面清单制度、问责办法中，明确与违反相关职业道德要求（包括独立性要求）的罚则。例如，在利益冲突管理相关违规事项发生时，及时计入并公示负面清单，或予以问责。 7.……

续表

关键点	参考准则条款	质量目标	质量风险	应对措施（示例）
				对于财务报表审计业务还可以考虑以下应对措施： 1. 项目合伙人在承接新的客户、业务或发生商业关系前，采取合理措施（如履行前后任沟通程序）以识别可能因利益冲突产生不利影响的情形。 2. 在执行鉴证业务过程中，项目合伙人通过传达、沟通、项目组讨论、复核有关信息等方式确保项目团队、组成部分会计师、服务提供商等相关人员了解相关独立性要求和责任，对可能存在的对职业道德（包括独立性）产生不利影响的情形全程保持警觉，必要时进行咨询，对识别出的相关独立性不利影响作出适当的评价和应对，并在出具审计报告或鉴证意见前确定已将相关独立性不利影响降至可接受水平。 3. 审计项目组成员了解事务所职业道德（包括独立性）相关政策，遵守职业道德守则，及时向项目合伙人报告识别出的对独立性产生的不利影响，签署独立性声明。 4. 根据利益冲突的性质和严重程度，明确需要进行特定的披露，并获取明确的同意的范围以及程序，包括与客户治理层沟通。 5. 在审计工作底稿中添加遵循独立性的步骤，要求项目组完成对遵循独立性的评价。 6. 项目合伙人在签署报告前确认相关职业道德要求（包括独立性要求）已经得到遵守。按照《中国注册会计师审计准则第1501号——对财务报表形成审计意见和出具审计报告》第二十八条第（三）项的规定，在审计报告中声明注册会计师按照与审计相关的职业道德要求独立于被审计单位，并履行了职业道德方面的其他责任。 7.……

续表

关键点	参考准则条款	质量目标	质量风险	应对措施（示例）
	第5101号准则第五十五条第（二）项。 第1121号准则第四章第二节	受职业道德要求约束的其他组织或人员，包括网络、网络事务所、网络或网络事务所中的人员、服务提供商，充分了解与其相关的职业道德要求，并严格按照这些职业道德要求履行职责	**质量风险05：** 建立与职业道德相关政策或程序时，如果未考虑受职业道德要求约束的其他组织或人员，会导致网络、网络事务所、网络或网络事务所中的人员、服务提供商未能充分了解与其相关的职业道德要求，或未能严格按照这些职业道德要求履行职责	如果会计师事务所存在受职业道德要求约束的其他组织或人员，需要考虑： 1.事务所制定职业道德政策和程序时，要明确统一的政策和程序适用网络、网络事务所、网络或网络事务所中的人员。 2.适时举办职业道德政策和程序相关的培训，并有效覆盖网络、网络事务所、网络或网络事务所中的人员。 3.设咨询岗位，面向网络、网络事务所、网络或网络事务所中的人员提供职业道德政策和程序相关咨询。 4.发布职业道德政策和程序相关指引和提示时，面向网络、网络事务所、网络或网络事务所中的人员。 5.建立的独立性管理系统，确保网络范围客户、业务、人员存在独立性冲突时，能够得到及时识别、评价和应对对遵守相关职业道德要求产生的不利影响。 6.……

续表

关键点	参考准则条款	质量目标	质量风险	应对措施（示例）
关键审计合伙人轮换	第5101号准则第十六条和第五十七条。 职业道德守则第4号第四节和第五节	针对公众利益实体审计业务，明确关键审计合伙人轮换要求，确保做到实质性轮换，防止流于形式	**质量风险06：** 未建立关于与公众利益实体审计客户长期存在客户关系的相关控制，轮换要求（原则和相关措施）不明确，可能导致关键审计合伙人未能及时轮换，未能避免合伙人或项目组的利益与特定客户长期直接挂钩，影响独立性	1.按照相关职业道德要求设定审计合伙人轮换要求，明确轮换原则和相关措施，例如： （1）明确需要轮换的项目范围，并提供清单，例如，公众利益实体审计业务； （2）明确关键审计合伙人以及审计项目团队其他核心成员的轮换政策，例如，项目合伙人、签字注册会计师、项目质量复核人员的任职期、冷却期、到期轮换冲突的处理等。 2.职业道德管理部门及人员可通过开发和运行独立性管理系统，对于为某一公众利益实体审计客户连续执行审计业务的关键审计合伙人的任职期和冷却期实施日常管理。 （1）明确相关政策和流程，针对事务所连续为同一公众利益实体审计客户执行审计业务的时间达到10年或以上的公众利益实体审计客户，要求审计项目组每年评估因长期执行审计业务可能对独立性产生不利影响的严重程度，执行额外防范措施将不利影响降至可接受的水平； （2）建立关键审计合伙人服务年限清单等方式，管理关键审计合伙人轮换相关信息； （3）就轮换相关事宜提供咨询； （4）每年对轮换情况实施复核，并在全所范围内统一进行轮换。 3.……

续表

关键点	参考准则条款	质量目标	质量风险	应对措施（示例）
			质量风险07： 未建立有效的机制保障实质性轮换，导致轮换流于形式，未能实质避免合伙人或项目组的利益与特定客户长期直接挂钩	1.会计师事务所做到财务、人员、业务等方面的一体化管理，是实现实质性轮换的有力保障。例如： （1）会计师事务所合伙人的利益分配在统一的一个利润池进行分配，避免分灶吃饭，从利益分配机制上保障客户和业务归事务所实质拥有，而不为合伙人个人控制，从而避免业务、团队随合伙人走，确保执行审计业务的关键审计合伙人能够实质轮换。 （2）会计师事务所人力资源在全所范围内统一调配，避免审计团队长期为个别合伙人长期占有，确保执行审计业务的关键审计合伙人能够实质轮换。 在“治理与领导层”要素“事务所一体化管理体系”关键点中，提供了更详细的示例。 2.会计师事务所加强行业线管理，以确保同一行业线的不同项目在需要人员轮换时，轮入的人员具备应有的专业胜任能力和实质性参与项目，从而避免出现轮入人员只签署审计报告而仍由原签字注师执行业务的情况，确保执行审计业务的关键审计合伙人能够实质轮换。 3.会计师事务所应避免轮出的关键审计合伙人在冷却期内参与轮出项目的风险决策或质量管理工作（如担任质量复核合伙人、执业质量检查人员等）。 4.会计师事务所应统筹考虑轮换事宜，确保同一关键审计合伙人同时轮出、轮入的审计业务量或审计业务收入能够相当或平衡，避免出现关键合伙人因轮入项目过多而实质上没有充足的时间执行轮入的业务，而仍由原签字注册会计师执行业务的情况，确保执行审计业务的关键审计合伙人能够实质轮换。 5.……

续表

关键点	参考准则条款	质量目标	质量风险	应对措施（示例）
	第5101号准则第五十八条	针对公众利益实体审计业务，实时监控关键审计合伙人的轮换情况，每年对轮换情况实施复核，并在全所范围内统一进行轮换	**质量风险08：** 针对轮换的监控、整改和问责不到位，导致轮换要求得不到有效遵循	会计师事务所建立针对轮换的监控、整改和问责的政策和程序： 1. 职业道德管理部门及人员可通过开发和运行独立性管理系统，对于为某一公众利益实体审计客户连续执行审计业务的关键审计合伙人的任职期和冷却期，进行实时跟踪和监控。 2. 在内部执业质量检查（年度）或职业道德专项检查（年度）中针对公众利益实体审计业务关键审计合伙人轮换适当性进行检查。 3. 由职业道德主管合伙人（或独立性主管合伙人）定期（每年）评价实施关键审计合伙人轮换的情况和效果，形成书面结论。同时针对存在的问题，提出整改措施。 4. 专人跟踪整改落实情况。 5. 在负面清单制度、问责办法、合伙人利益分配机制、员工考核机制中，明确与违反轮换要求有关的罚则，例如： （1）在轮换相关违规事项发生时，及时记入并公示负面清单，或予以问责； （2）将关键合伙人轮换违规事项纳入合伙人年度绩效考核。 6.……
……			……	……

（三）主要角色及对应职责（示例）

相关职业道德要求要素可能涉及角色及对应职责示例参考见表3–11。

表3–11

功能	主要角色（示例）	职责说明（示例）
相关职业道德	职业道德主管合伙人	职责参照“治理和领导层”要素中质量管理领导层之职业道德主管合伙人的职责说明
	独立性主管合伙人	职责参照“治理和领导层”要素中质量管理领导层之独立性主管合伙人的职责说明
	质量管理主管合伙人	1.定期（每年）听取职业道德主管合伙人或独立性主管合伙人关于关键审计合伙人轮换管理、利益冲突管理的情况和效果，监督整改方案的制定和实施； 2.对包括职业道德相关要求在内的质量控制体系的运行进行监督，并每年度作出评价，向主要负责人报告
	项目合伙人	1.至少每年一次向事务所提供已遵守独立性要求的书面确认； 2.合伙人申报投资情况； 3.督导项目组了解并遵循具体业务相关独立性要求，及时识别、评价和应对独立性不利影响
	审计项目组成员	1.至少每年一次向事务所提供已遵守独立性要求的书面确认； 2.及时、如实申报独立性重要事项； 3.在业务执行全过程中，保持应有的职业道德，从形式上和实质上遵守独立性相关要求，并在审计工作底稿中记录履行与遵守相关职业道德要求的相关责任

（四）涉及制度（示例）

针对相关职业道德要求要素，可以考虑在以下方面建立相关制度：

（1）会计师事务所的职业道德规范；

（2）职业道德承诺及诚信宣誓；

（3）独立性管理；

（4）公众利益实体关键审计合伙人轮换；

（5）……

五、客户关系和具体业务的接受与保持

（一）客户关系和具体业务接受与保持关键点

会计师事务所在设定客户关系和具体业务的接受与保持质量目标时，要综合考虑第5101号准则第四章第六节、第1121号准则第四章第三节的相关要求，确保制定的政策和程序能够合理保证事务所按照法律法规和职业准则的规定进行客户关系和具体业务的接受与保持。

在“客户关系和具体业务的接受与保持”要素中，会计师事务所可以考虑如表3-12所示的关键点。

表3-12

关键点	客户关系和具体业务接受与保持关键点的考虑要点
业务的性质和具体情况以及客户的诚信和道德价值观	1.了解、评价业务的性质和具体情况以及客户的诚信和道德价值观； 2.识别和应对可能对遵守职业道德要求的不利影响； 3.……

续表

关键点	客户关系和具体业务接受与保持关键点的考虑要点
执行业务的能力	1.会计师事务所拥有和获取适当资源以执行业务； 2.为项目组安排具备胜任能力的人员； 3.……
在财务和运营方面对优先事项的安排	1.明确会计师事务所收费标准，按照确定的收费标准报价； 2.明确对外报价流程； 3.明确需要优先考虑财务和运营的事项或情形，并制定相应的应对措施判断是否接受或保持客户关系或具体业务； 4.明确界定业务收费异常情形，例如，收费过高或过低，并制定相应的应对措施，以确保执业质量； 5.……
业务接受与保持统一决策	1.事务所应当制定政策和程序，对业务的接受和保持实行统一管理，对业务进行分级、分类管理，明确业务接受和保持的前提条件以及审批程序； 2.……
接受和保持某一客户关系或具体业务后知悉的信息	1.制定政策和程序，用以考虑接受和保持后知悉信息对业务承接与保持的影响以及如何应对； 2.考虑这些信息对业务执行的影响以及在业务执行过程中如何应对； 3.……
……	……

（二）质量目标、质量风险及应对措施示例

客户关系和具体业务的接受与保持要素质量目标、质量风险及应对措施示例参考见表3–13。

表3-13

关键点	参考准则条款	质量目标	质量风险	应对措施（示例）
业务的性质和具体情况以及客户的诚信和道德价值观	第5101号准则第五十九条第（一）项第1点。 第1121号准则第四章第三节	会计师事务所针对业务的性质和具体情况以及客户（包括客户的管理层和治理层）的诚信和道德价值观获取了足以支持适当判断的充分信息	**质量风险01：** 未充分了解业务的性质和具体情况以及客户，可能导致拟接受或保持的业务存在高风险未发现，或客户不诚信风险未被识别	1.明确需要获取的信息： （1）明确需要了解信息的范围和内容，既要包括客户的相关信息，也要包括业务性质和业务具体情况等相关信息； （2）业务的性质和具体情况相关信息主要包括客户所属行业信息、客户业务需求的信息等，具体需要关注的信息范围和内容可以参考第5101号准则应用指南第77段； （3）客户相关信息主要关注用于支持其对客户的诚信和道德价值观进行判断的信息，包括客户的主要所有者、关键管理人员及治理层的身份和商业信誉，具体需要关注的信息范围和内容可以参考第5101号准则应用指南第78段。 对新接受或保持进行区分，新接受的客户关系或具体业务需要收集的信息更为全面和严格。 2.明确收集信息的渠道。事务所可以从内外部各种渠道获取相关信息，例如： （1）对于现有客户，从当前正在执行或以前执行的业务中获取信息，或者询问其他为该客户提供过服务的人员，这些人员可以是具体的项目组成员，也可以是项目质量复核人员和参与过该项目监控检查的人员； （2）对于新客户，根据相关职业准则要求，询问当前或以前为该客户提供过服务的现任或前任注册会计师，例如，《中国注册会计师审计准则第1153号——前任注册会计师和后任注册会计师的沟通》明确了前任注册会计师和后任注册会计师在财务报表审计中的沟通责任； （3）与其他第三方沟通，如银行、法律顾问或行业同行； （4）搜索相关数据库（包括事务所内部的知识库）等方式进行背景调查。会计师事务所也可以利用服务提供商实施背景调查。 3.……

续表

关键点	参考准则条款	质量目标	质量风险	应对措施（示例）
			质量风险02： 未适当记录评价信息，可能导致评价的结果不合理或是不适当未被发现	1.事务所对于收集的信息进行评价，记录评价的过程和结果，形成业务承接评价表。 2.……
	第5101号准则第五十九条第（一）项第1点。 第1121号准则第四章第三节		**质量风险03：** 未识别对遵守相关职业道德要求（包括独立性）可能产生不利影响的情形。（请同时参考相关职业道德部分有关内容）	1.事务所在承接新的客户、具体业务或产生商业关系前，采取合理措施识别可能对职业道德基本原则产生不利影响的情形，并规定可能采取的应对措施。 2.对于有独立性要求的业务，无论新接受还是保持项目，均需进行独立性评价。 3.对单一客户收费占比较高的情况，事务所需评价因自身利益或外在压力对独立性产生的不利影响。 4.……
			质量风险04： 新加入团队带入项目未从承接角度进行评估，可能导致带入项目存在风险未被发现，引发质量风险	对于从其他会计师事务所转入的人员带来的客户业务，可制定如下政策： 1.重新执行与客户关系和具体业务的接受与保持相关的程序，审慎承接新客户。 2.经评估确定接受的上市公司等业务，对其安排新的项目合伙人和项目质量复核人员。 3.……

续表

关键点	参考准则条款	质量目标	质量风险	应对措施（示例）
执行业务的能力	第5101号准则第五十九条第（一）项第2点	会计师事务所具备按照适用的法律法规和职业准则的规定执行业务的能力	**质量风险05：** 不具备或不能够获取适当的资源，造成业务执行缺乏合适的资源支持，可能导致事务所承接超出胜任能力的业务	在决定是否承接业务时，事务所考虑以下方面，以确定是否具备或可以获取适当的资源以支持业务执行： 知识资源方面： 1.是否具备高风险项目应对经验（例如，上市公司、IPO项目、平台公司发债等资本市场业务）。 2.是否具备与执行业务相关的方法论、具体行业或鉴证对象的相关指引、相关信息的获取渠道等。 人力资源方面： 3.是否已经进行业务条线或专业化分工。 4.是否具备能够对业务进行指导和监督的人员。 5.是否需要利用金融、IT等专家的工作，如需要，事务所能否获取相关专家的支持。 6.是否具备在客户所处相关行业、监管要求等方面具备相关知识和经验的人员。 7.是否具备充足的保证项目执行的人力资源，例如，在集团审计中，对组成部分财务信息实施审计程序的人员。 8.是否具备满足第5102号准则规定的任职资质要求的项目质量复核人员。 技术资源方面： 9.是否具备相关信息技术应用程序供项目组处理从客户处获取的数据以及实施相关程序。 10.……

续表

关键点	参考准则条款	质量目标	质量风险	应对措施（示例）
财务和运营方面对优先事项的安排	第5101号准则第五十九条第（二）项。 第1121号准则第四章第三节第三十九条	会计师事务所在财务和运营方面对优先事项的安排，并不会导致对是否接受或保持客户关系或具体业务作出不恰当的判断	**质量风险06：** 收费标准不合理，定价未经过适当人员的审批，可能导致低价竞争并影响执业质量	1.建立收费管理政策，明确收费标准和管理程序。事务所可以以开展业务活动有效工时和执业人员职级等为基础，制定统一的收费管理政策，包括收费标准、计算方式等 。 2.确定收费标准时，可以考虑以下主要因素： （1）专业服务所需的知识和技能； （2）所需专业人员的水平和经验； （3）各级别专业人员提供服务所需的时间； （4）提供专业服务所需承担的责任等。 事务所可以根据不同区域制定不同的收费标准，确保其符合各区域的大致市场水平。 3.事务所需要明确收费的审批流程。 4.事务所可以建立收费标准的定期复核机制，经授权人员批准后，定期对收费标准进行调整，并经适当复核和审批后执行。例如，事务所收费标准制定和调整由财务部门牵头负责，经事务所管理委员会或类似机构审批后执行。 5.……
			质量风险07： 收费显著不合理，可能因自身利益对职业道德基本原则产生不利影响	1.事务所明确界定异常收费的情形，并制定相应的应对措施，以保证执业质量。事务所可以关注以下方面： （1）拟接受或保持的项目收费过低； （2）收费显著增加或下降； （3）或有收费； （4）介绍费或佣金。

续表

关键点	参考准则条款	质量目标	质量风险	应对措施（示例）
				2. 事务所可以建立收费报价的审核机制，例如，会计师事务所可以设置相关考核指标（如项目回报率=项目收费/预计成本），并设定最低标准值，对于低于该标准值的项目，分析其原因，并考虑是否承接。如存在超出胜任能力的项目或客户不诚信的项目，无论报价高低均不能承接。 3.……
业务接受与保持统一决策	第5101号准则第六十三条	会计师事务所应当制定政策和程序，针对客户关系和具体业务的接受与保持（如适用），在全所范围内统一决策。对于会计师事务所认定存在高风险的业务，应当经质量管理主管合伙人（或类似职位的人员）或其授权的人员审批	**质量风险08：** 事务所未制定统一的接受与保持决策程序，可能导致承接和保持的业务不恰当	事务所应当制定政策和程序，对业务的接受和保持实行统一管理，对业务进行分级、分类管理，明确业务接受和保持的前提条件以及审批程序。例如： 1. 在考虑风险因素、专业胜任能力、业务负荷程度以及轮换签字等条件的基础上，进行统一的风险级次审定； 2. 新承接高风险业务，由事务所统一承接，经事务所质量管理负责人审批后承接； 3. 对于保持业务，进行统一的保持评估，对高风险项目统一安排适合的项目合伙人、项目执行团队以及项目质量复核人员； 4.……

续表

关键点	参考准则条款	质量目标	质量风险	应对措施（示例）
接受和保持某一客户关系或具体业务后知悉的信息	第5101号准则第五十九条第（一）项、第六十条。 第1121号准则第三十四条	会计师事务所就是否接受或保持某项客户关系或具体业务所作出的判断是适当的，获取了足以支持上述判断的充分信息	**质量风险09：** 在接受或保持某一客户关系或具体业务后知悉了已存在的信息，或出现了新信息，未明确相应的应对措施，可能导致承接和保持的业务不恰当	会计师事务所在接受或保持某一客户关系或具体业务后知悉了此前已经存在的信息，或知悉了出现的新信息，可以采取下列措施： 1.在事务所内部或向法律顾问咨询。 2.考虑相关法律法规或职业准则是否要求事务所在这种情形下继续执行该项业务。 3.与客户管理层和治理层中适当级别的人员，或与业务的相关方讨论事务所根据相关事实和情况可能采取的措施。 4.如果事务所认为拒绝接受或保持该客户关系或具体业务是适当的，则需要采取下列措施： （1）将这一决定及其理由告知客户管理层和治理层，或者业务的相关方； （2）考虑相关法律法规或职业准则是否要求事务所向相关监管机构报告这一决定及其理由。 如果项目组在接受或保持某项客户关系或具体业务之后获知了上述信息，项目合伙人应立即与会计师事务所沟通。 5.……

续表

关键点	参考准则条款	质量目标	质量风险	应对措施（示例）
			质量风险10： 根据法律法规的规定，会计师事务所有义务接受本应拒绝的某项客户关系或具体业务，事务所未设定应对措施，可能导致质量风险	如果会计师事务所知悉了本来可能导致其拒绝接受或保持某一客户关系或业务的信息，但按照法律法规的规定，会计师事务所有义务接受或保持该客户关系或业务，会计师事务所可以考虑制定下列应对措施，例如： 1. 事务所考虑这些信息对业务执行的影响； 2. 事务所向项目合伙人沟通这些信息，并要求项目合伙人扩大对项目组成员指导、监督、复核的范围，并提高指导、监督、复核的频繁程度； 3. 事务所为项目组配置充足的资源，包括人员和时间； 4. 事务所为项目组分配具有特殊专长的成员，包括利用专家工作； 5. 设定有针对性的应对程序，强调在业务执行各个环节保持职业怀疑； 6. 事务所决定对该项目实施项目质量复核； 7. 召开内核会议解决项目合伙人存有进一步疑虑或认为尚未适当解决的相关事项； 8.……
……	……	……	……	……

（三）主要角色及对应职责（示例）

客户关系和具体业务的接受与保持要素可能涉及的角色及对应职责示例见表3-14。

表3-14

功能	主要角色（示例）	职责说明（示例）
项目接受与保持	质量管理主管合伙人（或同等职位的人）	对于高风险业务进行审核和决策，包括： 1.高风险项目的承接与保持； 2.与事务所利益或能力不适配项目的承接与保持； 3.变更事务所的项目的承接； 4.保持类项目中高风险项目的排查与承接
	职业道德合伙人（包括独立性主管合伙人）	1.评估对拟接受或保持客户关系或具体业务产生不利影响的事项； 2.解答项目组针对不利影响事项的咨询； 3.监督降低不利影响措施的执行结果
	审计业务主管合伙人	1.在承接阶段对项目合伙人的资源进行协调，为承接项目提供支持； 2.负责事务所与项目接受与保持相关制度的拟订和日常管理
	业务条线主管合伙人	1.协助质量管理主管合伙人评估项目风险； 2.批准项目组的资源分配
	项目合伙人	1.授权范围内，决定对外报价，参与投标； 2.识别业务风险； 3.进行业务接受或保持信息评估； 4.负责业务的进一步拓展并签署相应业务合同

（四）涉及制度（示例）

针对客户关系和具体业务的接受与保持要素，可以考虑在以下方面建立相关制度：

（1）鉴证业务承接；

（2）鉴证业务保持；

（3）鉴证业务人员委派；

（4）事务所对外报价；

（5）……

六、业务执行

（一）业务执行关键点

会计师事务所在考虑业务执行质量风险时，要综合考虑第5101号准则第四章第七节业务执行和第5102号准则项目质量复核的相关要求。本部分也基于第1121号准则的要求，提出了在财务报表审计项目层面实施质量管理时需要考虑的应对措施，以作提示参考。会计师事务所要确保制定的政策和程序能够合理保证事务所和项目组按照适用的法律法规、职业准则、事务所政策的规定执行业务，使事务所和项目合伙人能够出具适合具体情况的报告。

会计师事务所需要建立风险决策机制，以解决意见分歧和决策重大风险事项，这是“业务执行”要素的一项基本制度。例如，可以建立内核会议制度（或类似机制）。内核会议的目的是在业务报告出具前，由内核会议参会成员对项目组提出的与风险有关的重大事项、分歧事项、报告意见进行独立审核。内核会议制度在“治理和领导层”“客户关系和具体业务的接受与保持”“监控和整改程序”中也有所运用。

在“业务执行”要素中，会计师事务所可以考虑如表3-15所示关键点。

表3-15

关键点	业务执行关键点的考虑要点
项目组责任	1.明确项目组与执行业务相关的责任，传达并使项目组了解和履行其相关责任； 2.明确项目合伙人管理和承担项目质量的总体责任，以及充分、适当地参与项目全过程的责任，包括适当地指导、监督项目组并复核项目组工作的责任； 3.事务所在分配项目资源时，考虑项目的性质和具体情况，包括合理确定各级别或项目角色业务量上限； 4.建立与项目组内部复核相关的政策和程序，对内部复核的层级、各层级复核范围及具体要求等作出要求； 5.在执行业务时恰当运用职业判断并保持职业怀疑； 6.……

续表

关键点	业务执行关键点的考虑要点
业务咨询	1.建立专业技术咨询的政策和程序，事务所人员以及项目组可以获取政策和程序； 2.明确日常技术咨询部门（或类似机构），配备具有相应专业胜任能力、时间和权限的技术咨询人员； 3.明确项目组就哪些具体事项进行技术咨询； 4.明确项目合伙人针对项目中需要咨询的事项应当承担的责任； 5.明确规定就咨询结论达成一致意见并予以落实，技术咨询情况以及执行的结果在业务工作底稿中予以恰当记录； 6.……
项目质量复核	1.确定项目质量复核人员以及协助项目质量复核的人员的任职资质要求、职责权限； 2.建立与质量复核相关的政策或程序； 3.确定项目质量复核的范围； 4.项目质量复核的结果在工作底稿中记录； 5.……
意见分歧解决	1.建立沟通和解决意见分歧的机制； 2.事务所人员了解沟通的渠道和解决的程序； 3.在业务工作底稿中记录意见分歧解决过程以及执行的结果； 4.项目合伙人对处理和解决意见分歧承担责任； 5.……
报告管理	1.明确出具业务报告的政策和程序； 2.建立统一的报告签发流程； 3.规范印章管理； 4.……
业务工作底稿管理	1.建立业务工作底稿管理制度，明确底稿归档期限； 2.明确底稿存储、借阅等管理； 3.明确底稿保存期限； 4.明确档案销毁流程； 5.……
投诉和指控	1.建立适当的渠道和程序接收内、外部的投诉信息，并使会计师事务所的人员了解投诉的渠道和程序； 2.恰当地评估投诉事件的影响； 3.及时、恰当地处理投诉事件； 4.……
……	……

（二）质量目标、质量风险及应对措施示例

业务执行要素质量目标、质量风险及应对措施示例参考见表3–16。

表 3–16

关键点	参考准则条款	质量目标	质量风险	应对措施（示例）
项目组责任	第 5101 号准则第六十四条第（一）项、第六十六条。 第 1121 号准则第四章第一节、第四十一条、第四十二条、第四十八条	项目组了解并履行其与所执行业务相关的责任，包括项目合伙人对项目管理和项目质量承担总体责任，并充分、适当地参与项目全过程	**质量风险 01：** 权责不清，质量管理职能交叉或缺失，影响质量管理要求在项目中的执行	1. 授权质量风险管理部门（或类似机构）发布与管理项目合伙人、项目组的职责权限相关的规定文件（如岗位说明书），并保证项目组可以随时查询和获取。 2. 通过培训、监督检查、评价等方式，督促相关人员提高执行质量。 3.…… 对于财务报表审计业务还可以考虑以下应对措施： 项目组在计划审计工作时，明确项目成员职责权限分工，并通过项目计划会等途径传达至每一位项目组成员遵照执行。 ……
			质量风险 02： 项目合伙人未深度参与项目、未对项目组进行指导、监督和复核，可能存在质量问题未被发现	为保证项目合伙人深度参与项目，实质性管理项目风险，事务所可以采取下列措施，例如： 1. 通过工时预算管理和预算与实际偏差分析管理，明确项目合伙人参与项目时间的最低要求。 2. 规定项目合伙人必须参与的具体工作，明确其签署的项目质量管理文件。 3. 在业务系统中，通过系统控制，设置必须由项目合伙人复核的底稿。 4. 对项目合伙人深度参与项目进行监督，例如，在项目合伙人参与项目重要事项讨论时，要求项目合伙人亲自汇报。 5.……

续表

关键点	参考准则条款	质量目标	质量风险	应对措施（示例）
				对于财务报表审计业务还可以考虑以下应对措施： 1.项目合伙人应当负责指导、监督审计项目组并复核其工作。指导、监督和复核的内容包括第5101号准则应用指南第91段以及第1121号准则应用指南第81段至第84段的相关内容，还包括项目合伙人对以下方面进行复核： （1）在审计过程中的适当时点，复核与下列方面相关的底稿：重大事项；重大判断，包括与在审计中遇到的困难或有争议事项相关的判断，以及得出的结论；根据项目合伙人的职业判断，与项目合伙人的职责有关的其他事项； （2）在签署报告前，复核财务报表、审计报告以及相关底稿，包括对关键审计事项的描述（如适用）； （3）复核拟与管理层、治理层或相关监管机构签署的正式书面沟通文件； （4）复核是否已按照事务所规定处理和解决意见分歧（如有）。 2.…… 需要说明的是，对不同审计项目来说，指导、监督和复核的方法各不相同，取决于审计项目的性质和具体情况。实务中，指导、监督和复核的具体方法通常是会计师事务所的政策和程序以及根据本审计项目的具体情况采取的应对措施组合

续表

关键点	参考准则条款	质量目标	质量风险	应对措施（示例）
	第5101号准则第六十四条第（二）项。 第六十六条 第1121号准则第三十六条	基于项目的性质和具体情况、向项目组分配的资源以及项目组可获得的资源，对项目组进行的指导和监督以及对项目组已执行的工作进行的复核是恰当的，并且由经验较为丰富的项目组成员对经验较为缺乏的项目组成员的工作进行指导、监督和复核	**质量风险03：** 项目资源配置不合理，影响业务执行质量	事务所需要为项目委派恰当的人员执行业务，可以采取下列措施： 1.统一委派恰当的项目合伙人。制定不同风险级别的项目质量管理流程，业务主管合伙人（或同等职位的人员）统一委派具有足够专业胜任能力、时间和良好诚信记录的项目合伙人。 2.在配备项目组成员时，可以从以下方面进行考虑： （1）项目组成员数量。事务所可以在合理时间内为项目组配备足够数量的成员，而不是配备大量人员以较短的时间完成审计工作，或者仅配备少量的人员，花费较长的时间完成审计工作。当项目组资源不足时，向事务所业务管理合伙人（或同等职位的人员）提出人员借调申请。 （2）项目组成员知识和经验。委派具有专业胜任能力的项目组成员执行相关业务，对于有资质要求的，符合事务所设定的资格标准；事务所在安排项目组成员时，可以考虑以下因素： ①是否具备独立性； ②是否执业记录良好； ③项目组核心人员是否具备业务所需专业资质； ④是否具备业务所需的业务经验； ⑤是否具备业务所处行业的相关行业经验； ⑥是否有充足的时间履行职责。 为防范项目组人员安排不适当的风险，事务所可以采取以下应对措施，例如，按行业线进行人员委派，在全所范围内统一进行人员委派等。

续表

关键点	参考准则条款	质量目标	质量风险	应对措施（示例）
				请参照“治理与领导层”要素中相关内容。 对于财务报表审计业务还可以考虑以下应对措施： 1.项目合伙人结合审计项目的性质和具体情况、会计师事务所的政策和程序，以及在执行审计项目过程中可能发生的任何变化，确定充分、适当的资源已被及时分配给审计项目组用于执行审计项目，或使审计项目组能够及时获取这些资源。 2.项目合伙人确保审计项目组成员以及审计项目组成员以外提供直接协助的外部专家或内部审计人员，作为一个集体拥有适当的胜任能力，包括充足的时间执行审计项目。 3.合理安排项目组时间。项目合伙人可以制订项目计划，统筹项目进度和时间管理。 4.充分利用各项资源。包括本所服务提供中心或网络事务所服务提供中心的人力资源、技术资源等。 5.审计项目组在业务执行过程中发现资源不充分、不适当，可以向事务所申请额外的资源或替换已有资源，包括申请专家资源。 6.……

续表

关键点	参考准则条款	质量目标	质量风险	应对措施（示例）
			质量风险04： 未执行内部复核或内部复核工作不到位，可能导致项目组未按照业务标准实施工作或执行的质量不高未被发现，缺乏出具适当业务报告的有效支持	明确项目组内部复核制度，针对项目组内部复核，通常可以设定如下内容： 1.内部复核的层级。通常设置三级复核，项目组内部最高级次复核人为项目合伙人。 2.各级次复核内容和时间。实务中通常明确规定业务实施阶段及各阶段需要完成的质量管理文件和重要事项工作底稿，明确规定编写人（或组织编写）的项目角色、复核层级，以及复核时间。 3.复核方式。包括但不限于，与被复核人交流、查阅工作底稿、参与项目会议等方式。 4.复核记录。对于文件或底稿复核完成后需签字确认。 5.复核监控。通过系统设置复核控制，没有完成对应事项的复核不能对外签发报告。年度项目检查，复核记录是检查的一项内容。 6.…… 对于财务报表审计业务还可以考虑以下应对措施： 项目合伙人在实施项目组内部复核时，可以从以下方面进行考虑： 1.分配复核任务。根据事务所复核要求，对应具体工作内容计划，安排业务工作底稿编制人员和业务工作底稿复核人员，在分配任务时考虑人员的胜任能力、工作量和具体工作的复杂程度。 2.实施复核。在审计过程中及时沟通、复核已完成的工作。 3.标准执行。通过复核、督导，将事务所的执业技术标准在项目层面贯彻落实。 4.……

续表

关键点	参考准则条款	质量目标	质量风险	应对措施（示例）
	第5101号准则第六十四条第（三）项。 第1121号准则第八条	项目组恰当运用职业判断并保持职业怀疑。 审计项目组应当在计划和执行审计工作时运用职业判断并保持职业怀疑。职业判断用于根据审计项目的性质和具体情况，作出适合管理和实现高质量的、知情的行动决策	**质量风险05：** 未保持职业怀疑，可能无法为高质量的职业判断提供支持，进而影响项目组执行鉴证业务的总体质量	为了支持项目组恰当运用职业判断并保持职业怀疑，事务所可以采取适当的措施，例如： 1.质量风险管理部门（或类似机构）在事务所层面实施项目风险评估，并提醒项目组关注相关风险事项； 2.对于高风险项目，指派质量风险管理部门（或类似机构）全过程跟踪； 3.建立专家库，并设定需要利用专家工作的业务类型，如IT审计、复杂估值等； 4.…… 对于财务报表审计业务还可以考虑以下应对措施： 1.对审计项目的性质和具体情况的变化保持警觉，必要时申请向审计项目追加投入资源或投入不同的资源； 2.安排知识、技能、经验更加丰富或具有特殊专长的人员加入项目组； 3.在计划和实施审计程序时，识别并明确提醒审计项目组成员警惕涉及判断程度较高的领域； 4.当遇到被审计单位的管理层成员较难沟通时，由审计项目组中经验更为丰富的人员参与这种沟通； 5.当遇到审计中较为复杂或主观性较强的领域时，由具有特殊知识和技能的审计项目组成员或专家参与审计项目组的工作； 6.针对复杂或高风险领域，项目合伙人亲自且更为频繁、更有深度地实施复核； 7.当遇到客户管理层存在舞弊迹象时，由事务所具有反舞弊经验的专家参与审计项目组的工作； 8.保持与监管机构、被审计单位治理层沟通； 9.……

续表

关键点	参考准则条款	质量目标	质量风险	应对措施（示例）
业务咨询	第5101号准则第六十四条第（四）项第六十八条第（一）项。 第1121号准则第四十七条	对困难或有争议的事项进行了咨询，并已按照达成的一致意见执行	**质量风险06：** 未设置技术咨询团队或技术咨询团队不具备胜任能力，导致无法为项目组提供适当的咨询	1.设置专职日常技术咨询部门（或类似机构），配备与业务规模相匹配的具有相应专业胜任能力、时间和权限的技术咨询人员。技术咨询人员负责会计准则、审计准则、事务所业务规程的研究，需要对相关规定较为熟悉，并具有较强的研究能力，能够为项目组提供专业咨询意见。 2.技术咨询部门在分配技术咨询人员解答项目组咨询的问题时，综合考虑以下方面： （1）项目情况：项目规模、项目特点、风险等级； （2）拟分配咨询人员情况：具备的知识、经验和资历； （3）技术咨询人员的胜任能力与项目规模、项目特点、风险等级的匹配程度。 3.…… 特殊考虑：在某些情况下，在事务所内部设置专门的人员（或类似职位的人员）负责咨询的难度比较大或者没有必要，例如，对于较不复杂事务所，可能不需要设置专门的部门或专门的人员解答业务咨询问题。在这种情况下，可以适当利用外部专家就困难或有争议的事项进行咨询

续表

关键点	参考准则条款	质量目标	质量风险	应对措施（示例）
			质量风险07： 未明确咨询事项范围和流程，导致影响质量的事项未被正确识别和解决	1.会计师事务所重视和鼓励咨询，包括使员工充分了解需要咨询的事项、咨询流程、管理要求等。 2.明确咨询的事项。事务所明确对困难或有争议的事项进行技术咨询，并进行内部传达。例如，在审计业务中，咨询的事项包含但不限于： （1）复杂的或不熟悉的事项，例如，某项具有高度估计不确定性的会计估计； （2）存在特别风险的事项； （3）被审计单位超出正常经营过程的重大交易或重大异常交易； （4）被审计单位管理层施加限制的情况； （5）与违反法律法规有关的情况，例如，违反相关职业道德要求的情形； （6）项目合伙人根据职业判断认为需要咨询的其他事项。 3.明确咨询流程。业务咨询可分为内部咨询和外部咨询。 （1）内部咨询：复杂事项的咨询，通常由项目组形成书面咨询材料，由项目合伙人复核和审批后提交技术咨询部门，技术咨询部门指定技术咨询人员书面回复项目组意见。 （2）外部咨询：对于准则规定不明确或事务所层面难以准确把握的重大问题，由技术咨询人员起草有关函件，经技术主管合伙人（或同等职位的人员）审阅后进行外部咨询。 4.明确咨询事项管理要求。咨询事项没有达成一致意见不能签署业务报告。在年度项目检查中，明确咨询事项落实情况是检查的一项内容。 5.……

续表

关键点	参考准则条款	质量目标	质量风险	应对措施（示例）
				对于财务报表审计业务还可以考虑以下应对措施： 项目合伙人针对审计项目中需要咨询的事项采取下列措施： 1. 编写业务咨询函。针对事务所要求咨询的事项，以及项目组认为需要咨询的事项，编写咨询函，形成项目组初步意见后提交技术咨询部门。 2. 确定已与被咨询者就咨询的性质、范围以及形成的结论达成一致意见。 3. 确定咨询形成的结论已得到执行。 4. 判断进行咨询的事项，是否可能构成关键审计事项（如适用）。 5.……
			质量风险08： 咨询事项未形成记录，无法确定与被咨询者是否已就结论达成一致意见且已得到执行	1. 统一咨询函格式文件模板。 2.…… 对于财务报表审计业务还可以考虑以下应对措施： 针对咨询的事项，在审计工作底稿中记录向技术咨询人员进行咨询的情况，包括： 1. 咨询事项的性质和范围。 2. 咨询回复的意见。 3. 项目组为落实咨询意见采取的措施，采取这些措施的理由（依据），以及这些措施是如何执行的。 4.……

续表

关键点	参考准则条款	质量目标	质量风险	应对措施（示例）
项目质量复核	第 5101 号准则第二条、第六十四条第（三）项、第六十五条。 第 5102 准则第十四条、第四章第二节	项目组恰当运用职业判断并保持职业怀疑。 委派符合相关资质要求的项目质量复核人员，对项目组作出的重大判断和据此得出的结论作出客观评价	**质量风险 09：** 未明确项目质量复核人员的资质要求和职责权限等，可能会导致项目质量复核人员胜任能力不足、履职不到位或履职无效	事务所设定项目质量复核人员以及协助项目质量复核的人员的资质要求、职责权限，包括但不限于： 1.项目质量复核人员对项目质量复核承担总体责任，协助项目质量复核的人员对项目质量复核人员负责。 2.项目质量复核人员以及协助项目质量复核的人员独立于项目组。 3.明确项目质量复核人员的权威性，设定必须经过项目质量复核人员复核的关键节点或关键点。例如，有重大事项或争议事项，项目质量复核人员有渠道直接汇报给质量管理主管合伙人或会计师事务所主要负责人。 4.建立项目质量复核人员资质标准，例如，考虑过往业务经验和复核经验、现时负责项目的风险类型及数量、复核项目的风险类型及数量、冷却期要求、执业质量、允许在同一年度内交叉复核的条件及应对措施等。指定专门的人员对于项目质量复核人员的资质进行动态管理。 5.……
			质量风险 10： 未明确项目质量复核人员委派程序，可能导致项目质量复核人员无法恰当地实施项目质量复核	会计师事务所规范项目质量复核人员的委派程序，包括： 1.根据事务所项目风险管理政策，对于需要实施项目质量复核的项目，由质量管理主管合伙人（或同等职位的人员）负责在全所范围内统一委派项目质量复核人员和协助项目质量复核的人员。 2.动态监控和管理项目质量复核人员委派。在业务接受与保持批准后，委派项目质量复核人员，如果已被委派人员不再符合任职资质，及时调整并通知到项目组。 3.……

续表

关键点	参考准则条款	质量目标	质量风险	应对措施（示例）
			质量风险11： 未明确项目质量复核范围，导致风险较高的业务未经质量复核	1.明确实施项目质量复核的业务范围，例如，上市实体财务报表审计业务；法律法规要求实施项目质量复核的审计业务或其他业务；会计师事务所认为，为应对一项或多项质量风险，有必要实施项目质量复核的审计业务或其他业务。 2.根据项目风险等级，明确项目质量复核的深度和广度，例如，对高风险项目全过程跟踪。 3.根据特定情况指定专家提供协助，例如，复杂估值等。 4.明确实施项目质量复核的内容，例如，在项目的各个阶段需完成的复核业务工作底稿、重大事项解决落实情况、项目合伙人履职情况。 5.……
			质量风险12： 未明确项目质量复核程序，导致质量复核流于形式	1.明确质量复核流程，项目质量复核人员在项目的适当时点实施复核程序。实施程序可以包括但不限于： （1）阅读并了解相关信息，这些信息包括：①与项目组就项目和客户的性质和具体情况进行沟通获取的信息；②与会计师事务所就监控和整改程序进行沟通获取的信息，特别是针对可能与项目组的重大判断相关或影响该重大判断的领域识别出的缺陷进行的沟通； （2）与项目合伙人及项目组其他成员讨论重大事项，以及在项目计划、实施和报告阶段时作出的重大判断； （3）基于实施上述第（1）项和第（2）项程序获取的信息，选取部分与项目组作出的重大判断相关的业务工作底稿进行复核，并评价：①作出这些重大判断的依据，包括项目组对职业怀疑的运用（如适用）；②业务工作底稿能否支持得出的结论；③得出的结论是否恰当；

续表

关键点	参考准则条款	质量目标	质量风险	应对措施（示例）
				（4）对于财务报表审计业务，评价项目合伙人确定独立性要求已得到遵守的依据； （5）评价是否已就疑难问题或涉及意见分歧的事项进行适当咨询，并评价咨询得出的结论； （6）对于财务报表审计业务，评价项目合伙人得出下列结论的依据：①项目合伙人对整个审计过程的参与程度是充分且适当的；②项目合伙人能够确定作出的重大判断和得出的结论适合项目的性质和具体情况； （7）针对财务报表审计业务，复核被审计的财务报表和审计报告，以及审计报告中对关键审计事项的描述（如适用）。 2.签署项目质量复核意见。 3.项目合伙人在确认项目质量复核人员就项目质量复核已经完成之前，不得签署报告。例如，如果项目质量复核人员告知项目合伙人，其对项目组作出的重大判断和得出的结论的适当性存有疑虑，则项目质量复核并没有完成，此时，项目合伙人不能签署报告。 4.…… 对于财务报表审计业务还可以考虑以下应对措施： 1.项目合伙人确定会计师事务所已委派项目质量复核人员。

续表

关键点	参考准则条款	质量目标	质量风险	应对措施（示例）
				2.项目合伙人配合项目质量复核人员的工作，并告知审计项目组其他成员有责任配合项目质量复核人员的工作，及时将各阶段需要项目质量复核的文件或底稿提交复核。 3.项目合伙人与项目质量复核人员讨论在审计中遇到的重大事项和重大判断，包括在项目质量复核过程中识别出的重大事项和重大判断，落实项目质量复核结果。 4.只有完成项目质量复核，项目合伙人才签署审计报告。 5.……
			质量风险13： 项目质量复核过程未得到记录，可能导致不能为已执行的工作提供充分证据	1.事务所制定实施项目质量复核方面的记录要求。 2.在系统中设置某些控制，明确必须由项目质量复核人员完成的文件或事项。 3.签署项目质量复核意见（已完成复核，或存在项目组未予解决事项，项目质量复核无法完成）。 4.…… 对于财务报表审计业务还可以考虑以下应对措施： 1.记录项目质量复核结果的落实情况。 2.获取经签署的项目质量复核意见。 3.……

续表

关键点	参考准则条款	质量目标	质量风险	应对措施（示例）
意见分歧解决	第5101号准则第六十四条第（五）项、第六十八条。 第1121号准则第四十九条、第五十条	项目组内部、项目组与项目质量复核人员之间（如适用），以及项目组与会计师事务所内负责执行质量管理体系相关活动的人员之间存在的意见分歧，能够得到会计师事务所的关注并予以解决	**质量风险14：** 意见分歧未解决，可能造成业务报告结论不适当	事务所制定政策和程序确保执行项目的意见分歧得到解决： 1.培养项目组主动汇报风险的质量管理文化，鼓励项目组及早识别出意见分歧事项。 2.明确要求项目合伙人和项目质量复核人员在执行复核程序时，关注项目组是否已就涉及意见分歧的事项进行适当咨询，以及咨询得出的结论是否恰当，是否得到执行。 3.建立分歧解决机制。例如，通过内核会议（或类似机制）解决意见分歧和决策重大风险事项。内核会议由项目组发起，质量管理主管合伙人（或其授权的质量管理合伙人）担任主持人，除项目合伙人、项目质量复核合伙人必须参加内核会议外，每次内核会议至少邀请不存在独立性不利影响、对相关项目或拟讨论的问题有经验和能力的非项目组3名合伙人参与。内核会议参会成员发表内核意见并形成内核结论。会计师事务所指定专门机构（如质量风险管理部门）负责内核会议的组织、实施，并负责监督内核会议意见的执行，保存内核会议记录。 4.意见分歧解决记录。事务所明确在业务工作底稿中适当记录意见分歧的解决过程和结论，适当记录项目质量复核人员（如有）、项目组成员以外的其他人员参与形成业务报告中的专业意见的情况。 5.意见分歧解决监控。没有完成内核会议记录不能对外签发报告。事务所通过信息化监控报告签发的，可以通过在信息系统中设置相关控制环节进行监控。在年度项目检查中，将内核会议意见分歧结论执行情况作为检查的一项内容。

续表

关键点	参考准则条款	质量目标	质量风险	应对措施（示例）
				6.…… 特殊考虑：对于较不复杂事务所，事务所内部可能没有能够提供解决意见分歧的人员，事务所可以适当利用外部专家就有争议的事项进行咨询，来支持解决有争议的事项。外部专家可以是事务所同行、监管机构、职业团体等。 对于财务报表审计业务还可以考虑以下应对措施： 1.当项目组出现意见分歧事项时，及早申请召开内核会议（或类似机制）。 2.如果项目合伙人对解决的方案不满意，可以采取适当措施。例如： （1）征询法律意见； （2）在法律法规允许的情况下解除业务约定。 3.项目合伙人复核意见分歧解决结论落实情况的工作底稿。 4.意见分歧解决后出具业务报告。 5.……
报告管理	第5101号准则第二十九条、第六十九条、第七十条。	会计师事务所和项目合伙人出具适合具体情况的报告	**质量风险15：** 报告未经适当复核和审批，可能造成报出的报告不合理、不适当	1.事务所明确报告复核流程，规定分歧事项未解决、项目质量复核（如适用）未完成，不得出具业务报告。 2.事务所制定统一业务报告模板，相关内容和格式符合准则的规定。 3.事务所设置重要底稿编制和复核完成控制。 4.拟非无保留意见报告的项目必须经项目质量复核，并经内核会议（或类似机制）讨论和决策。 5.项目组按照事务所统一的业务报告模板出具业务报告。

续表

关键点	参考准则条款	质量目标	质量风险	应对措施（示例）
				6.业务报告在出具前，项目合伙人、项目质量复核人员（如适用）复核确认，确保其内容、格式符合职业准则的规定，并由项目合伙人及其他适当的人员（如适用）签署。 7.…… 对于财务报表审计业务还可以考虑以下应对措施： 1.咨询事项或意见分歧事项已解决，支持报告意见的重要业务工作底稿已恰当编制并经复核。 2.……
			质量风险16： 签章未经严格管理，可能导致未经事务所批准的业务报告被签发	1.事务所制定统一的业务报告印章管理制度，明确加盖总所（或总部）、分所（或分部）印章的业务范围。 2.事务所制定统一的业务报告盖章的操作和审批流程指引，建立授权人员和印章管理人员名册并定期进行更新。指定专门的人员负责公章的管理，包括对分所（或分部）公章使用情况的监督管理。 3.事务所统一设置报告号管理和报告签发流程。 4.事务所规定统一的例外事项处理审批流程。 5.项目组按照事务所报告号管理程序申请报告号，如有例外事项，按照事务所规定流程完成审批后出具业务报告，严格遵守报告签章流程。 6.……

续表

关键点	参考准则条款	质量目标	质量风险	应对措施（示例）
业务工作底稿管理	第5101号准则第六十四条第（一）项。 第5102号准则第三十一条、第三十二条。 第1121号准则第五十三条	及时编制业务工作底稿，充分、适当地记录已实施的程序和获取的证据	**质量风险17：** 未统一执业规程和底稿范式要求，导致执业人员简单勾画程序表格、未实质性执行程序、程序与目标不一致、程序执行不到位、业务工作底稿记录不完整等问题，影响执业质量	1.技术标准部（或类似机构）统一制定事务所执业规程标准，经专业技术委员会（或类似机构）批准后，发布实施，并根据法律法规和职业准则的变化动态更新。 2.培训管理部设定各级次的培训要求并开展培训，确保将技术标准准确传达给执业人员，并使其掌握。 3.……
			质量风险18： 未按照执业规程标准记录业务程序执行情况，导致质量风险	1.事务所可以将业务程序标准置入业务作业信息系统，通过系统控制业务程序执行情况。 2.质量风险管理部门制定执业规程标准实施情况的检查标准，并用于年度项目检查。 3.项目组按照事务所执业规程标准编制项目执行过程中的各类工作底稿，并按照事务所质量管理要求完成底稿的各级复核。 4.……

续表

关键点	参考准则条款	质量目标	质量风险	应对措施（示例）
	第5101号准则第六十四条第（六）项。 第5102号准则第三十一条、第三十二条。 第1121号准则第五十三条	业务工作底稿能够在业务报告日之后及时得到整理，并得到妥善的保存和维护，以遵守法律法规、相关职业道德要求和其他职业准则的规定，并满足会计师事务所自身的需要	**质量风险19：** 业务工作底稿未按要求归档、保管，可能导致底稿资料丢失或损毁	1.建立业务档案（包括业务工作底稿、业务报告等）归档（电子的、纸质的）流程，要求在业务报告出具后，及时整理业务档案，并经复核后，在规定时间内完成归档。 2.设立档案管理员，监控业务档案的归档情况。 3.明确工作底稿或工作记录的保存期限。例如，对于财务报表审计业务，会计师事务所自审计报告日起，对审计业务工作底稿至少保存十年，如果注册会计师未能完成审计业务，会计师事务所自审计业务中止日起，对审计业务工作底稿至少保存十年。对于财务报表审阅或其他鉴证业务，可以参照上述要求。 4.明确归档后业务工作底稿未经授权不允许进行修改、增加或删除。 5.明确对业务工作底稿查阅或借阅流程，未经授权，不允许对已归档业务工作底稿进行查阅或借阅。 6.明确档案销毁流程。根据相关规定，对已经到期的业务档案，事务所组织相关人员进行鉴定，对确定没有继续保存价值的档案编制业务档案销毁清册，编写销毁方案，经审批后实施销毁工作。销毁清册注明“已销毁”字样和销毁日期。如需向管理部门备案，要及时完成备案工作。 7.项目组及时整理业务资料，并完成归档前复核，在规定时间内及时完成底稿归档。 8.……

续表

关键点	参考准则条款	质量目标	质量风险	应对措施（示例）
投诉和指控	第5101号准则第七十一条	会计师事务所能够恰当接收、调查、解决由于未能按照适用的法律法规、职业准则的要求执行业务，或由于未能遵守会计师事务所按照第5101号准则要求制定的政策和程序，而引发的投诉和指控	**质量风险20：** 会计师事务所没有建立适当的渠道和程序接收内、外部的投诉信息，会计师事务所的人员不了解投诉的渠道和程序	1.会计师事务所建立纪律条例并成立相应的纪律委员会，为事务所管理层和员工提供清晰、透明和统一的指引，承诺以公正、合法的方式处理各类违纪案件。 2.会计师事务所提供恰当的沟通渠道以便相关人士进行投诉或指控，沟通的渠道中包括对敏感内容或保密信息的考虑。 3.会计师事务所在公共网站或相关文档中公布投诉或指控渠道的访问方式。 4.……
			质量风险21： 会计师事务所没有恰当地评估和处理投诉和指控的事项	1.会计师事务所制定统一的投诉及指控调查程序。 2.设置专门的部门或者团队针对投诉及指控事项进行调查。 3.由具有足够权威性的适当人员对报告事项的影响程度及拟采取的行动进行评估和最终批准。 4.对严重影响执业质量或者涉及事务所高层基调相关的投诉或指控事项建立专门的沟通和调查机制，例如，该类事项的调查结果需要向事务所首席合伙人或治理层及时进行报告，并提交拟采取的整改措施并获得相应批准。 5.对投诉与指控的事项进行根源分析，评价对审计质量的影响，并采取应对措施。 6.……
……	……	……	……	……

（三）主要角色及对应职责（示例）

业务执行要素可能涉及角色及对应职责示例见表3–17。

表3–17

功能	主要角色（示例）	职责说明（示例）
项目资源分配	业务管理合伙人（或同等职位的人员）	1.统一委派项目合伙人执行业务； 2.建立健全行业线管理
	业务管理人员（或类似职位的人员）	1.受业务管理合伙人领导； 2.负责全所人员的调度和管理； 3.负责全所业务项目管理
业务执行	项目合伙人	1.承担管理和实现业务质量的总体责任以及充分、适当地参与整个项目过程的责任，包括适当地指导、监督项目组并复核其工作的责任； 2.对遵守职业道德（包括独立性）的情况进行监督检查； 3.与客户治理层和管理层沟通； 4.审核项目总体审计策略； 5.参与项目启动计划会； 6.参与项目重大风险事项的讨论、审计意见的沟通； 7.重大风险事项复核； 8.评价项目组已就疑难问题或涉及意见分歧的事项进行咨询且得到执行； 9.确保所有的意见分歧得到解决后方能出具报告； 10.配合项目质量复核人员的工作
	审计项目组	1.监督和控制项目全过程； 2.负责审计策略的编制，工作内容、工作方式的规划； 3.统筹安排项目现场工作，与所在项目的客户的沟通协调工作； 4.项目组的日常沟通和讨论； 5.对项目组现场工作，随时进行培训、指导和复核； 6.底稿复核； 7.协助项目质量复核人员对项目质量进行复核

续表

功能	主要角色（示例）	职责说明（示例）
项目质量复核	项目质量复核人员	1. 负责鉴证业务的质量复核与风险监控； 2. 参与项目重大风险事项的讨论； 3. 应项目合伙人、项目组要求参加项目计划会、项目总结会等相关会议； 4. 出席内核会议（或类似机制）； 5. 对所复核项目的重大问题（是否解决）、关键程序（是否到位）、重要证据（是否获取）发表复核意见； 6. 在不影响客观性的前提下，为项目合伙人和项目组提供必要的技术支持； 7. 对于协助项目质量复核的人员提供指导和监督
	协助项目质量复核的人员	1. 根据分工研究审计准则和会计准则，并提供相关方面的专业技术支持； 2. 对项目实施重点领域的跟踪、对所复核项目的重大问题（是否解决）、关键程序（是否到位）、重要证据（是否获取）实施跟踪； 3. 参与项目风险事项的讨论，审核项目质量复核结论的落实底稿
项目质量监控与检查	质量风险管理部门	1. 负责发布和管理项目合伙人、项目质量复核人员、项目组的职责权限； 2. 项目风险级次分类管理； 3. 项目质量复核人员和协助项目质量复核的人员资质管理，委派管理； 4. 内核会议管理； 5. 监控、管理事务所质量管理要求在项目中执行情况； 6. 制定检查标准，并组织年度项目检查； 7. 针对投诉及指控事项进行调查
技术规程标准建设	技术标准部（或类似机构）	1. 负责制定事务所执业规程标准； 2. 动态更新和建设，根据准则变化、监管要求、事务所管理和项目执行需要完善执业规程标准； 3. 技术标准经专业技术委员会或类似机构批准后，发布实施； 4. 建设事务所的审计作业系统
技术咨询	技术咨询人员	1. 参与事务所质量管理和技术标准建设； 2. 承担项目组技术咨询工作

续表

功能	主要角色（示例）	职责说明（示例）
技术培训	培训管理负责人（或同等职位的人员）	1.设定各级次的培训课程目标要求，确保技术标准准确传达给项目组，并使其掌握； 2.培训质量跟踪和管理
分歧解决	内核会议（或类似机制）	1.质量管理决策机构； 2.重大事项决策； 3.重大分歧事项决策
档案管理	档案管理员	1.档案催收管理； 2.档案归档管理； 3.档案借阅管理； 4.档案销毁管理

（四）涉及制度（示例）

针对业务执行要素，可以考虑在以下方面建立相关制度：

（1）鉴证业务项目组复核；

（2）鉴证业务项目质量复核；

（3）项目质量复核人员资质管理及委派；

（4）审计业务质量风险分类管理；

（5）鉴证业务报告签发；

（6）业务技术咨询和分歧解决；

（7）审计业务内核工作；

（8）档案管理和借阅；

（9）投诉和指控；

（10）……

七、资源

（一）资源关键点

资源是质量管理体系设计的底层要素，也是设计、实施和运行质量管理体系的重要保障。

资源包括人力资源、知识资源、技术资源，也包括财务资源、品牌资源、客户资源等。资源可能来自会计师事务所内部，也可能从外部获取，例如从网络、网络事务所或服务提供商处获取。资源可能用于执行质量管理体系中的相关活动，也可能用于业务执行。各类资源之间存在紧密、复杂的关系，互为因果，相互依存。例如，财务资源对会计师事务所获取、开发、维护人力资源、技术资源和知识资源至关重要，财务资源的管理和分配在很大程度上受领导层影响，相关论述可见第5101号准则“治理和领导层”第四十九条第（六）项；人力资源又是财务资源、品牌资源、客户资源的基础；品牌资源、客户资源又对人力资源有引导作用。只有对各类资源及之间关系认识到位，整合得力，机制设计得当，才能使得资源单独或组合发挥更好的作用，达到质量管理体系的目标。

会计师事务所对本所拥有或根据质量目标应该具备的资源，进行分类归集和管理，其对资源的认识、所采取的政策和程序，以及管理模式，对资源能否发挥预期的效果具有决定性作用。事务所制定符合监管和准则要求、行业内在规律和本所业务特点的质量目标，根据质量目标探讨适合的、良好的机制，建立相应的资源管理政策和程序，明确各类资源的管理模式、责任部门、职责权限。实行一体化管理模式的会计师事务所，要明确总所（或总部）、分所（或分部）就上述资源的职责权限、管理以及汇报路径，以权责分明地对资源进行获取、开发、利用、维护，使其发挥最大的效率和效果，合理保证质量管理体系良好运行。

质量管理体系的“资源”要素，主要包括人力资源、技术资源和知识资源。

人力资源至关重要，其决定了会计师事务所的核心竞争力。在质量管理体系中，在执行具体业务活动及执行质量管理体系相关活动时，人力资源对能否达成预期目标具有决定性作用。与人力资源相关的关键点可以考虑如表3–18所示内容。

表3-18

关键点	人力资源关键点的考虑要点
人力资源——统一的人力资源政策和程序	1.制定会计师事务所统一的人力资源管理政策和程序，在全所范围内执行统一的人员招聘、培养、使用、留住、考核、退出等政策和程序。 2.人力资源政策和程序应体现质量至上的文化。 3.会计师事务所可以在人力资源政策和程序中体现对人力资源的思考，包括开发、激励、有效使用、合理配置和战略储备，合理保证会计师事务所专业队伍始终保持良好的职业素质和专业胜任能力。 4.……
人力资源——适配的组织结构	会计师事务所可以设置与人力资源政策和程序相匹配的组织结构，且该组织结构具有清晰的职责权限和汇报路径
人力资源——人才盘点	1.会计师事务所结合业务总量及发展规划、员工结构情况、事务所专业发展目标以及客户群特征，编制员工发展计划，合理安排包括知识、技能、经验和年龄在内的人才结构，挑选优秀人才。 2.结合人力资源存量情况，针对存在的缺口编制有针对性的计划并执行。 3.……
人力资源——内部专家	1.事务所根据自身的发展战略和专业发展目标，制定专业团队储备规划。设置事务所内部专家资源库。建立利用内部专家工作的业务流程，以保证业务执行质量。 2.……
人力资源——招聘	1.会计师事务所招聘中应体现质量至上的文化要求。 2.招聘保持与当年业务总量适配的人力资源。 3.……
人力资源——使用	1.会计师事务所为每项业务分派具有适当胜任能力的项目合伙人和其他项目组成员，并保证其有充足的时间持续高质量地执行业务。 2.项目合伙人被授权调动充分的资源以实现质量目标。 3.会计师事务所分派具有适当胜任能力的人员执行质量管理体系内的各项活动，并保证其有充足的时间执行这些活动。 4.会计师事务所应当建立和运行完善的工时管理系统，确保相关人员投入足够的时间执行业务，并为业绩评价提供依据。 5.……
人力资源——培养	1.会计师事务所可以建立包括培训、辅导等形式的员工长效培养机制，促进事务所人员的知识技能持续更新，使得人力资源状况符合会计师事务所的短期、长期需求。 2.……
人力资源——考核	1.人力资源部门根据人力资源政策制订全所的绩效考核方案，并由人力资源部牵头定期组织绩效考核（可以按年度考核），考核结果经人力资源部审核，薪酬与考核委员会或类似机构审批后，由人力资源部进行备案，作为员工业绩评价、薪酬调整、晋升和其他奖励以及退出的依据。 2.……

续表

关键点	人力资源关键点的考虑要点
人力资源——退出	1.按照有关法律法规规定，结合会计师事务所实际情况，建立健全人员退出（辞退、辞职、解除劳动合同、退休等）机制，明确退出的条件和程序，确保退出机制得到有效执行。 2.……

方法论、政策和程序、会计和审计指引等是会计师事务所的核心知识资源。知识资源对人力资源的胜任能力起到支撑作用，是打造具有胜任能力团队的基础，可以支持执行具体业务，也可以支持执行质量管理体系中的相关活动。与知识资源相关的关键点可以考虑如表3-19所示内容。

表3-19

关键点	知识资源关键点的考虑要点
知识资源——定义知识资源	1.会计师事务所的知识资源包括为运行质量管理体系和促进一贯高质量地执行业务而使用的信息，可能包括书面的政策和程序、方法论、会计及审计指引、案例、标准化文档、在执行业务中通常会用到的信息等。会计师事务所可以根据各自情况确定纳入管理的知识资源范围。 2.……
知识资源——统一的知识资源政策和程序	1.会计师事务所制定统一的针对知识资源获取、开发、维护、存储及使用的政策和程序。 2.……
知识资源——适配的组织结构	1.会计师事务所可以指定专门的部门或人员负责会计师事务所内部、外部知识资源的获取与更新，负责知识库的开发、建设、维护，保持知识资源有用性、时效性。 2.……
知识资源——内部知识资源的获取	1.内部技术咨询知识化。事务所可以指定专门的部门或人员负责项目组咨询问题的回复，针对共性问题，可以编写技术风险提示，通过知识库或事务所信息平台发布，全所统一执行。 2.会计师事务所根据定义的其他内部知识资源范围，开发或收集相关知识资源。 3.……

续表

关键点	知识资源关键点的考虑要点
知识资源——外部知识资源的获取	1.会计师事务所根据定义的外部知识资源范围，指定专门的部门或人员收集、更新相关知识资源。 2.……
知识资源——知识资源维护与发布	1.根据知识资源的特点，选择恰当的维护方式，例如，置入知识库、嵌入作业软件、置入事务所管理系统，便于执行业务的人员获取和利用。 2.知识资源按照会计师事务所的政策和程序，经批准后发布，确保其符合会计和审计准则要求，符合事务所的执业规范，保持权威性。 3.……
知识资源——知识资源的利用	1.通过公开、培训等方式向员工展示知识库，使员工能够高效获取相关资源及其更新情况。 2.项目组人员可以按照相应的权限快速、便捷地查询到知识库内容，以支持业务执行。 3.……

会计师事务所质量管理体系的设计、实施或运行可以以适当的技术资源为载体或工具，技术资源可以作为项目组项目管理、执行业务及对客户的某些数据实施相关程序的工具，以及作为质量管理系统中的其他人员执行其他与质量管理体系运行相关的活动或承担与质量管理体系相关责任的载体。与技术资源相关的关键点可以考虑如表3–20所示内容。

表3–20

关键点	技术资源关键点的考虑要点
技术资源——定义技术资源	1.会计师事务所的技术资源通常包括构成会计师事务所信息化环境的信息技术应用，以及为信息技术应用提供支持的基础设施、信息技术相关流程以及该流程涉及的人力资源。会计师事务所可以根据各自情况确定纳入管理的技术资源范围。 2.……
技术资源——统一的技术资源政策和程序	1.会计师事务所可以针对技术资源获取、开发、维护建立政策和程序。 2.会计师事务所可以在下列方面建立相关政策和程序： （1）项目组在执行业务时使用技术资源；

续表

关键点	技术资源关键点的考虑要点
技术资源——统一的技术资源政策和程序	（2）建立用于质量管理体系设计、实施和运行的技术资源及其配套基础设施； （3）管理信息技术应用程序的变化。 3.……
技术资源——适配的组织结构	1.会计师事务所可以指定专门负责管理信息技术应用及其基础设施和信息技术流程的部门或人员。 2.……
技术资源——对信息技术应用程序的控制有效	1.确保会计师事务所对上述信息技术应用程序及其配套基础设施的一般控制是有效的。 2.会计师事务所可以通过适当的流程，确保信息技术应用程序中的数据完整、适当、安全且受到保护。 3.……
技术资源——信息技术应用程序运行符合预期目的	1.会计师事务所制定信息技术资源发展分战略，通过对战略的规划、分解，形成战略实施计划，逐步投入匹配的资源，并定期对信息技术资源发展分战略、规划、实施计划、实施情况以及资源投入情况进行复盘和评估，以推动信息技术应用程序的落地实施，支持质量目标的实现。 2.会计师事务所通过对使用上述信息技术应用程序的人员进行适当培训，对管理上述信息技术应用程序的人员进行适当培训并制定相关流程等方式，确保上述信息技术应用程序按照设计的方式运行，输出结果能够达到预期的目标。 3.……
技术资源——对使用未经批准的信息技术应用程序的控制	1.会计师事务所在确定某些信息技术应用程序或信息技术应用程序中的某些功能能够运行适当并获得批准之前，可以明确禁止使用该信息技术应用程序或功能。 2.会计师事务所也可以制定相关政策和程序，要求项目组在使用未经批准的信息技术应用程序前，应对信息技术应用程序是否符合会计师事务所对信息技术管理的要求及其可用性进行评估，评估结论符合会计师事务所的管理要求且可达到预期的目标后方可使用。 3.……

（二）质量目标、质量风险及应对措施示例

资源要素质量目标、质量风险及应对措施示例参考见表3–21。

表3-21

关键点	参考准则条款	质量目标	质量风险	应对措施（示例）
人力资源——统一的人力资源政策和程序	第5101号准则第七十二条	会计师事务所可以适当地获取、开发、利用、维护和分配人力资源，支持质量管理体系的设计、实施和运行。具体的质量目标包括准则第七十二条第（一）项至第（五）项	**质量风险01：** 人力资源政策不统一，可能会导致在聘用、定级、培训、考核和退出等环节出现偏离预期质量目标的情况	1.会计师事务所制定统一的人力资源管理政策和程序，在全所范围内执行统一的招聘、培养、使用、留住、考核、退出等政策和程序，建立统一的薪酬体系。 人力资源管理政策和程序应体现质量至上的文化。 2.……
人力资源——适配的组织结构			**质量风险02：** 人力资源组织结构不适当，可能导致人力资源政策和流程执行不到位	1.事务所可以建立统一的人力资源管理职责权限、薪酬体系，所有的人员招聘、定级定薪、升级定薪统一授权专门的机构或人员负责。 2.会计师事务所可以设立薪酬与考核委员会或类似机构，履行人力资源相关事项的组织和安排；可以指定专门的部门（例如，人力资源部）负责日常的执行（例如，招聘、考核等）。 3.人力资源统一管理，明确总所（或总部）、分所（或分部）就人力资源管理的职责权限及汇报路径。 4.……

续表

关键点	参考准则条款	质量目标	质量风险	应对措施（示例）
人力资源——人才盘点			**质量风险03：** 人力资源缺乏或过剩、结构不合理、开发机制不健全，可能导致人力资源无法发挥有效作用	1.事务所根据自身的发展战略和专业发展目标，制定实施科学、合理的专业人才结构规划，注重人力资源的开发激活、有效使用、合理配置和战略储备，并定期评估人才结构规划的恰当性及执行的有效性，保证事务所专业队伍始终保持良好的职业素质和专业胜任能力。 2.会计师事务所结合业务总量及发展规划、事务所专业发展目标以及客户群特征，确定人力资源长、短期需求；结合人力资源存量情况，制订人才发展计划。 在人力资源存量评估过程中，对于经评估为绩效优秀的人才，可以为其发展创造更多机会。 3.……
人力资源——内部专家			**质量风险04：** 内部专家资源缺乏，可能导致胜任能力不足，对执行业务和质量管理体系运行产生不利影响	1.会计师事务所根据自身的发展战略和专业发展目标，制定专业团队或人员储备规划，如建立IT审计、复杂估值、精算、大数据分析、反舞弊审计、法务等专业团队或人员。 2.设置会计师事务所内部专家资源库，从专业团队中选聘适当人员进入专家资源库，在选聘适当人员时，事务所可以考虑人员的专业经验、资质、业务能力等因素。

续表

关键点	参考准则条款	质量目标	质量风险	应对措施（示例）
				3.会计师事务所设定需要利用专家工作的业务类型或专业事项，以保证业务执行质量。 4.建立利用内部专家工作的业务流程，包括但不限于专家工作范围、专家胜任能力评价、职业道德管理、专家报告或成果管理等。 5.…… 对于财务报表审计业务还可以考虑以下应对措施： 项目合伙人在业务执行过程中，可以向会计师事务所申请专家资源，并按照《中国注册会计师审计准则第1421号——利用专家的工作》要求执行
人力资源——招聘	第5101号准则第七十二条（一）	会计师事务所招聘、培养和留住在下列方面具备胜任能力的人员： 1.具备与会计师事务所执行的业务相关的知识和经验，能够持续高质量地执行业务； 2.执行与质量管理体系运行相关的活动或承担与质量管理体系相关的责任	**质量风险05：** 招聘人员不符合事务所发展战略和质量目标	1.结合当年业务总量、员工结构情况、事务所专业发展目标以及客户群特征，合理安排包括知识、技能、经验和年龄在内的人才结构，对于存在的人力资源缺口，通过招聘等方式补充。 2.招聘对象为具备适当胜任能力或者能够培养出适当胜任能力的人员。 3.会计师事务所招聘条件中应体现“质量至上”的文化要求。例如，招聘条件可以包含“未受到监管机构的行政处罚”。 4.……

续表

关键点	参考准则条款	质量目标	质量风险	应对措施（示例）
人力资源——使用	第5101号准则第七十二条（四）	会计师事务所为每项业务分派具有适当胜任能力的项目合伙人和其他项目组成员，并保证其有充足的时间持续高质量地执行业务	**质量风险06：** 被分派的项目合伙人和其他项目组成员胜任能力不足或投入时间不充足，可能会导致出具不适合的审计报告	1.建立完善的委派政策和流程。会计师事务所安排每个项目的项目合伙人和其他项目组成员时，充分评估项目风险等级及项目规模等因素，与人员的专业胜任能力进行匹配，考虑人员的业务背景、执业资质、相关行业经验、职业道德（独立性）记录等。 人员的胜任能力考虑第5101号准则应用指南第111段。 按照《中国注册会计师胜任能力指南》等法律法规或执业准则对胜任能力的规定对员工进行要求，例如，要求项目合伙人具备相应的执业资质，并对其接受职业教育和继续教育的情况提出要求。 针对上市公司或IPO项目，事务所在分配人员时可以考虑以下因素：独立性；诚信记录；行业及相关经验；工作负荷量；定期轮换机制。 2.资质管理。事务所设定资格标准并定期考核，例如，对于从事证券业务，项目合伙人须具备证券业务从业经验，经事务所审核批准其从事证券业务。事务所每年进行一次资格审核，对于胜任能力不足，或受到监管机构处罚的，限制其从事证券类业务。 3.分行业线管理。根据所承接业务的性质、类别和特点，在全所范围内合理配置符合职业道德要求、具备专业胜任能力的人力资源。

续表

关键点	参考准则条款	质量目标	质量风险	应对措施（示例）
				4. 明确本所服务提供中心或网络事务所可以提供的服务内容，确定提供服务的人员是否属于项目组成员，是否需要纳入项目组进行管理。 5. 指定专门的业务管理人（或类似岗位人员）负责全所项目人员借调、业务量监控、相关人员资质合规监控管理等。如有不合规事项，及时纠正，并视违规事项的严重程度向业务管理合伙人（或同等职位的人员）汇报。 6. 针对项目委派中涉及的参数和指标（如负责的项目数量、业务类型、项目角色等），建立清晰明确的量化标准和要求，并明确各项参数和指标数据的负责收集和统计的部门或个人，以保证数据的准确、完整和及时。 7. 由于项目委派需要考虑的因素和参考数据众多，可以考虑建立相应的数据库以提供数据支持和管理，或者开发相应的人员委派自动化管理系统提供支持。 8. 考虑项目合伙人和其他项目组成员的工作负荷量，合理设置业务量上限。 9. 项目合伙人负有主动管理责任，协调适当资源达成质量目标。

续表

关键点	参考准则条款	质量目标	质量风险	应对措施（示例）
				10.建立工时管理体系，以确保相关人员有充足的时间高质量地执行业务。例如，可以通过统一的人力管理系统实现信息化管理，确保相关人员投入执行业务的时间被记录，并为业绩评价提供依据。 11.…… 对于财务报表审计业务还可以考虑以下应对措施： 项目合伙人应当确定充分、适当的资源已被及时分配给审计项目组用于执行审计项目，或使审计项目组能够及时获取这些资源，并且确保审计项目组成员以及审计项目组成员以外提供直接协助的外部专家或内部审计人员，作为一个集体拥有适当的胜任能力，包括充足的时间执行审计项目
	第5101号准则第七十二条（五）	会计师事务所分派具有适当胜任能力的人员执行质量管理体系内的各项活动，并保证其有充足的时间执行这些活动	**质量风险07：** 质量管理团队胜任能力不足或时间投入不充足，无法保证质量管理体系有效运行	1.事务所需根据本所及其业务的具体情况“量身定制”质量管理体系团队，使得质量管理体系团队与业务类型、业务规模、质量管理体系特点相匹配，并定期复盘质量管理体系团队的规模、胜任能力是否能够达成会计师事务所设定的质量目标。质量管理体系团队可能包括会计技术团队、审计技术团队、职业道德团队（包括独立性团队）、信息技术支持团队、业务风险管理团队、监控团队等。设立质量管理团队目的在于为业务执行和质量管理体系的运行提供支持，包括咨询、指导、监督、复核等工作。

续表

关键点	参考准则条款	质量目标	质量风险	应对措施（示例）
				特殊考虑：对于中小事务所来说，由于满足相关条件的人员较为缺乏，事务所可以根据实际情况，考虑功能合并，比如会计技术团队、审计技术团队与业务风险管理团队合并功能。 2.会计师事务所根据质量管理体系的功能配备充裕的人力资源，同时保持该团队在相应领域具备高专业性和丰富的经验。 3.会计师事务所保证质量管理团队有充足的时间执行质量管理体系内的各项活动。例如，事务所可以考虑建立专职的质量管理团队。 4.……
	第5101号准则第七十二条（三）	当会计师事务所在质量管理体系的运行方面缺乏充分、适当的人员时，能够从外部（如网络、网络事务所或服务提供商）获取必要的人力资源支持	**质量风险08：** 对从外部（如网络、网络事务所或服务提供商）获取的人力资源支持，未按照质量管理政策和程序进行评估，可能会造成引进的人力资源胜任能力不足，导致质量风险	事务所从外部获取人力资源支持时，对其胜任能力设计和采取的应对措施可能包括与以下方面相关的政策和程序： 1.项目合伙人在确定项目组成员，包括来自网络、网络事务所或服务提供商的人员，或实施存货监盘程序的其他人员等，需获取的信息包括：项目组成员的诚信、执业记录、执行业务所需的专业资质、业务及行业经验等，以评估项目组成员的胜任能力及其独立性。 2.当对项目组成员，尤其是来自网络、网络事务所或服务提供商的人员的胜任能力存在疑虑时，事务所需要根

续表

关键点	参考准则条款	质量目标	质量风险	应对措施（示例）
				据相关质量目标、外部人力资源的责任等综合评估质量风险，当存在对实现质量目标有不利影响的重要风险时，与网络、网络事务所或服务提供商协商，要求其提供更多信息用于评估这些人员的胜任能力，如这些人员被评估为不具备专业胜任能力，事务所需要与网络、网络事务所或服务提供商协商，对相关人员进行替换、增补更多的人员或采取补偿性措施（如增加对相关人员工作的指导、监督和复核），或者不再使用该外部人力资源。 3. 当会计师事务所聘请外部人员为会计师事务所执行监控活动、提供项目质量复核或就相关技术问题提供咨询时，事务所需要根据质量目标，结合其执业记录、专业资质、业务及行业经验等评价相关人员的胜任能力，只有评估认为不存在阻碍实现质量目标的情况下，才可利用外部人力资源。 4.……

续表

关键点	参考准则条款	质量目标	质量风险	应对措施（示例）
人力资源——培养	第5101号准则第七十二条（一）	会计师事务所招聘、培养和留住在下列方面具备胜任能力的人员： 1.具备与会计师事务所执行的业务相关的知识和经验，能够持续高质量地执行业务； 2.执行与质量管理体系运行相关的活动或承担与质量管理体系相关的责任	**质量风险09：** 员工的培训、培养及继续教育不够，可能导致人员知识技能不符合要求，胜任能力不足，造成质量风险	1.会计师事务所建立包括培养、培训、辅导等在内的员工长效培养机制，可以明确会计师事务所和合伙人在培养员工方面的责任，例如： （1）会计师事务所层面以制定政策、提供资源、组织培训为主责； （2）合伙人层面以辅导项目组成员、培养项目团队为主责； （3）两者分工协作，促进全体员工的知识技能持续更新，使得人力资源状况符合会计师事务所的短期、长期需求。 2.会计师事务所可以每年根据各业务的情况，统一制订员工培训计划并在事务所范围内发布。根据事务所业务需要，不断拓展员工的知识和技能，加强培训，不断提升执业人员的技能和水平。 3.事务所定期组织员工培训，从培训的人员范围、培训内容、培训方式等方面制定详细的培训安排等政策，确保通过培训提高执业人员的专业胜任能力，保证业务质量。在制定培训政策时，培训方式可以采取分层、分级、分类组织培训，也可以采用内外结合方式，即自主培训与外部培训相结合；培训内容方面以理论与实践相结合，可以涉及事务所理念、事务所文化、职业准则、岗位基本技能、最新执业知识、审计实务、监管动态、综合素质等；培训形式上可以采取线上线下相结合。 4.会计师事务所可以制定合伙人辅导、培养员工方面的政策和指引，引导合伙人对项目组进行辅导和培训，并通过考核以促进其发挥作用。 5.……

续表

关键点	参考准则条款	质量目标	质量风险	应对措施（示例）
人力资源——考核	第5101号准则第七十二条（二）	会计师事务所人员通过其行为展示出对质量的重视，不断培养和保持适当的胜任能力以履行其职责。会计师事务所通过及时的业绩评价、薪酬调整、晋升和其他奖惩措施对这些人员进行问责或认可	**质量风险10：** 未建立人力资源激励机制，或设置的绩效考核指标不科学不合理，可能导致事务所人员结构不合理，缺乏工作积极性，难以履职尽责，从而对实现质量目标造成不利影响	事务所建立和完善人力资源的激励机制，科学合理地设置绩效考核指标制度，对各级管理人员和全体员工进行严格考核与评价，以此作为确定员工薪酬、职级调整和解除劳动合同等的重要依据。绩效考核指标制度可以考虑以下方面： 1.制定事务所绩效管理政策，并定期进行补充、修改和完善。绩效管理政策符合事务所发展战略、质量目标实现的需要。 2.按照职能分工，分级别科学合理地设置绩效考核指标。 3.考核指标设置应体现质量至上的文化，包括对存在项目质量问题的员工制定处罚措施，例如，在绩效评价中考虑扣减绩效、不予升级或其他处罚措施等，对于存在严重项目质量问题的员工予以辞退和劝退。 4.绩效考核指标涵盖的方面，可以包括业绩方面、质量管理方面以及综合方面等；质量管理方面可考虑从胜任能力、专业技能、风险管理等方面衡量。 示例：事务所在确定整体绩效考核指标时考虑以下方面： （1）职业道德和独立性指标：遵守独立性政策情况、个人独立性合规检查结果； （2）执业质量指标：业务质量检查结果、外部监管检查结果、执业权利保障相关事项、其他内外部监督情况，以及对于已出具报告的重述等；

续表

关键点	参考准则条款	质量目标	质量风险	应对措施（示例）
				（3）合规指标：完成年度职业道德和独立性确认函、统一的或各职能部门单独组织的培训、风险合规检查结果、专项合规检查结果、满足继续教育及执业资格认证的培训时长要求、完成绩效考核相关文件、信息保密等。 5.绩效考核指标经事务所相关部门或人员共同参与制定，相关部门可以包括业务主管合伙人、人力资源部门、质量风险管理部门等。 6.绩效考核指标和权重可以根据事务所情况进行确定和动态调整。 7.事务所可根据各自情况，确定绩效考核的频率，以进行及时的评价并对绩效情况作出反馈。例如，事务所可以每年进行绩效考核，并将绩效考核的结果作为人员升职、加薪、降级、辞退的重要依据。事务所也可以按项目进行绩效评价。 8.……

续表

关键点	参考准则条款	质量目标	质量风险	应对措施（示例）
			质量风险11： 未严格执行绩效考评方案，或未合理利用绩效考核结果，可能导致人员升降级和薪资调整不合理，丧失工作动力，难以配合团队协作，造成人员流失，对实现质量目标产生不利影响	1.人力资源部门根据人力资源政策制定事务所统一的绩效考核方案，并由人力资源部门牵头组织绩效考核，考评结果经人力资源部门审核，提交薪酬与考核委员会或类似机构审批后公布，相关结果由人力资源部门进行备案。 2.根据年度绩效考核结果决定员工的升降级和薪资调整，确保专业能力强、质量管理过硬的员工得到晋升或加薪的机会。 3.建立和实施质量一票否决制度，如果员工有专业处罚记录，或底稿检查不合格，在绩效考核当年，不予升级或加薪。 4.结合事务所实际情况，建立健全事务所员工/项目组/项目质量复核人员奖惩机制，明确奖惩的条件和程序。 5.会计师事务所注重发挥绩效考核对调动员工积极性和创造性的引导作用，注重对绩效考核结果的科学运用。可以考虑的激励措施包括：对优秀员工予以奖励和培养，例如，优秀员工加薪、晋级的优先考虑；设置优秀员工奖励；举办优秀员工集体活动；为优秀员工提供或创造多元化的培训机会等。 6.如果事务所员工行为对质量产生了负面影响，事务所需要建立问责制度，通过多种方式对其进行问责，采用适当措施予以解决。

续表

关键点	参考准则条款	质量目标	质量风险	应对措施（示例）
				（1）负面影响可能包括：对质量漠不关心；未能获取和保持与其角色和职责相适应的胜任能力；未能恰当地采取已规定的应对措施等。 （2）问责方式取决于人员行为的性质，包括该行为的严重程度以及行为发生的频率。 事务所可以采取以下措施：①对其进行培训或开展其他形式的职业教育；②考虑对相关人员的业绩评价、薪酬调整、晋升或其他激励措施的影响；③对其进行适当的惩戒等。 7.……
人力资源——退出	第5101号准则第七十二条	会计师事务所的人力资源退出机制是恰当的	**质量风险12：** 人力资源退出机制不当，可能导致法律诉讼或事务所声誉受损，以及事务所人力资源活力不足	1.会计师事务所建立、健全人力资源退出机制，例如，辞职、辞退、解除劳动合同、退休等方面的制度，保证人力资源团队的精干、高效和富有活力，让更优秀的人员配置相应的岗位，实现人力资源的优化配置和质量目标。 2.员工退出制度需要建立在遵守法律法规（例如，《劳动法》）的基础上，严格按照法律规定进行操作，建立科学合理的人力资源退出标准，退出机制明确化、程序化、公开化，人员更迭的同时，也能获得员工的理解与支持，消除人力资源退出可能造成的不良影响。 3.……

续表

关键点	参考准则条款	质量目标	质量风险	应对措施（示例）
知识资源——定义知识资源	第5101号准则第七十二条（七）	会计师事务所获取、开发、维护、利用适当的知识资源，以为质量管理体系的运行和高质量业务的持续执行提供支持，并且这些知识资源符合相关法律法规（如适用）和职业准则的规定	**质量风险13：** 未能准确、完整定义知识资源，可能会导致知识资源的获取、开发、使用不完整，降低对业务支持的效果	1.会计师事务所建立有关知识资源的制度，明确知识资源包含的范围和内容（知识资源的范围可参考“资源”要素讲解部分），明确获取、开发和使用这些知识资源的方式和原则等。 2.会计师事务所建立定期的复核机制，如通过内部自查的方式，检查有关知识资源被事务所人员不当使用或使用未经事务所批准的知识资源等情况。 3.……
知识资源——统一的知识资源政策和程序			**质量风险14：** 无法获取、开发知识资源，或维护、存储、利用不当，导致项目组成员可能无法获得必要的知识支持，对实现质量目标产生不利影响	1.制定知识资源管理办法，为管理内部开发或外部获取的知识资源，包括制定开发或获取、维护、存储及利用等，提供依据和指引。 2.考虑会计师事务所的财务资源投入及人力资源投入，结合知识管理的目标，制定切实可行的政策和程序。例如，事务所可以考虑建设知识库的方式来管理和使用知识资源。 3.……

续表

关键点	参考准则条款	质量目标	质量风险	应对措施（示例）
知识资源——适配的组织结构			**质量风险15：** 未有专门的部门或人员负责知识资源的获取、开发、维护、存储、利用，可能会导致与知识资源相关要求、政策和程序无法执行，导致相关业务的人员可能无法获得必要的知识支持，对实现质量目标产生不利影响	1.指定专门的部门或具有胜任能力的人员负责内部知识（含技术咨询）、外部知识（包含向第三方采购相关服务、查询和整理外部知识信息并归类更新放入事务所内部知识库）的获取、开发与更新，负责知识库的开发、建设、维护，保持其有用性、时效性。 2.……
			质量风险16： 未明确技术保障机制，未制定与提供专业技术支持相关的政策和程序，导致项目组可能无法获得必要的支持，造成业务质量风险未能被及时、准确发现，对执业质量造成不利影响	1.会计师事务所建立与提供会计、审计、税务等专业技术支持相关的政策和程序，明确专业技术支持责任部门或人员，明确相关工作程序、咨询结果的传达以及项目组如何使用咨询结果。 2.采取与专业技术部门和人员的专业胜任能力相关的应对措施，例如，负责提供专业技术支持的部门负责人每年根据既定的政策和程序要求对专业技术支持相关活动的有效性进行自我评估，评估内容包括：（1）该部门的人力资源是否充足和具备胜任能力，财务资源是否充足；（2）专业技术支持部门所开展的工作是否符合相关要求。 3.……

续表

关键点	参考准则条款	质量目标	质量风险	应对措施（示例）
知识资源——内部知识资源的获取			**质量风险17：** 未将咨询成果知识化，对同一或共性问题缺乏统一的解决方案和参考，对人员缺乏有效的指导，引发质量风险	1.会计师事务所指定专门的部门或人员负责咨询问题的回复，针对共性问题，编写技术风险提示，按照知识资源管理的政策和程序履行授权审批后，通过知识库或信息平台发布在全所范围内执行。 2.……
			质量风险18： 未能准确、完整地获取内部知识资源，可能会导致对业务的支持不够	1.会计师事务所根据定义的其他内部知识资源范围，安排专门的部门或人员，或者鼓励负责业务执行的合伙人或其他项目组成员开发及定期更新关于业务执行的书面政策和程序、方法论、针对特定行业或特定业务对象制定的指引、会计和审计指引、标准化文档等。 2.……
知识资源——外部知识资源的获取			**质量风险19：** 未能准确、完整地获取外部知识资源，可能会导致对业务的支持不够，无法确保服务提供商提供的知识资源有效发挥作用	1.会计师事务所根据定义的外部知识资源范围，指定专门的部门或人员，向第三方采购相关服务、查询和整理外部知识信息并归类更新放入事务所知识库，以保证相关知识资源的有用性和时效性。 会计师事务所向外部服务提供商采购知识资源时，应结合质量目标，对外部服务提供商的行业经验、市场声誉、以前利用该服务提供商的情况、所拥有的知识资源情况进行评估，以确保其可以提供所需的知识资源。 在签署相关购买协议时，应对知识产权、知识资源的更新频率、使用限制等进行考虑，并作出约定。 2.……

续表

关键点	参考准则条款	质量目标	质量风险	应对措施（示例）
知识资源——知识资源的维护与发布			**质量风险20：** 未能恰当存储知识资源，可能导致知识资源被使用的效率和效果不佳，对实现质量目标产生不利影响	1.根据知识资源的特点，可通过信息技术应用程序进行存储，包括以知识库方式存储，或将相关知识资源内置于用于执行业务的信息技术应用程序中。 2.……
			质量风险21： 知识资源未经授权批准发布，可能会导致存在知识资源被不恰当地发布和使用或导致技术秘密的泄露	1.明确知识资源发布的职责权限，知识资源的建立和更新经授权批准后发布，以确保相关知识资源符合会计和审计准则要求，符合事务所的执业规程，保持权威性。 2.……
			质量风险22： 未制定统一的业务规程，导致业务执行人员简单勾画程序表格、未实质性执行程序、程序与目标不一致、程序执行不到位、业务工作底稿记录不完整等问题，产生质量风险	1.会计师事务所结合人力资源状况、客户规模及特点，根据职业准则的要求，建立、完善业务操作规程或相关的指引，为业务执行提供指引。 相关指引可以结合信息技术应用程序，嵌入事务所管理系统及审计作业软件，或存放在便于查询的知识库中。 2.……

续表

关键点	参考准则条款	质量目标	质量风险	应对措施（示例）
知识资源——知识资源的使用			**质量风险23：** 未能有效将知识资源传达至员工，可能会造成知识资源的浪费，降低知识资源对业务支持的效率和效果	1.通过公开、培训的方式向员工展示知识库，使员工能够高效获取相关资源及其更新情况。 2.项目组人员可按照相应的权限快速、便捷地查询到知识库内容，以支持业务。 3.在使用知识资源过程中，会计师事务所提供培训或使用指引，确保项目组可以快速、便捷查询所需知识。 4.……
技术资源——定义技术资源	第5101号准则第七十二条（六）	会计师事务所获取、开发、维护、利用适当的技术资源，以支持质量管理体系的运行和业务的执行	**质量风险24：** 未能准确、完整定义技术资源，可能会导致不能恰当地识别技术资源，降低技术资源对支持业务执行和质量管理体系运行的效果	1.会计师事务所建立有关技术资源的制度，明确技术资源包含的范围和内容（技术资源范围可参考“资源”要素讲解部分），明确获取、开发和使用这些知识资源的方式和原则等。 2.会计师事务所建立定期的复核机制，如通过内部自查的方式，检查有关技术资源被事务所人员不当使用或使用未经事务所批准的技术资源等情况。 3.……
技术资源——统一的技术资源政策和程序			**质量风险25：** 无法获取、开发、维护技术资源，或利用不当，导致执行相关业务的人员可能无法获得必要的技术资源支持，对实现质量目标产生不利影响	1.会计师事务所建立有关技术资源的政策和程序，明确如何获取、开发、维护技术资源，以及如何利用技术资源。获取、开发、维护技术资源的政策和流程，涉及会计师事务所对财务资源、人力资源的投入与安排。 2.会计师事务所可以根据技术资源的使用目的，分别制定用于执行质量管理体系各项活动的技术资源的制度，以及用于项目组执行业务的技术资源的制度，或将两类制度合二为一。

续表

关键点	参考准则条款	质量目标	质量风险	应对措施（示例）
				对技术资源利用的政策和程序涉及信息技术部门（或类似机构）、技术标准部（或类似机构）、项目组和项目质量复核人员，事务所制定明确的利用技术资源的政策和程序，明确包括项目合伙人在利用技术资源方面的责任；要求相关人员在执行业务时，或涉及业务的其他方面时，利用某些技术资源；利用技术资源的过程中可以获得的相关支持和协助等。 3. 会计师事务所根据自身业务范围、业务性质、规模等，明确技术资源获取的主要方式是来自服务提供商还是自主研发，并根据技术资源获取方式的不同，制定与支持技术资源有效运行的信息技术基础设施和信息技术管理流程的政策。 4. 会计师事务所的上述政策和程序中，需要明确事务所人员未按照指定方式利用技术资源而损害执业质量的内部惩戒措施，以及明确增强人员恰当利用技术资源以执行业务或执行质量管理体系各项活动的能力的培训措施等。 5.……

续表

关键点	参考准则条款	质量目标	质量风险	应对措施（示例）
技术资源——适配的组织结构			**质量风险26：** 未指定专门的部门或人员负责技术资源的获取、开发、维护、利用，可能会导致与技术资源相关政策和程序无法执行，出现技术资源缺陷或被滥用，或项目组成员可能无法获得必要的技术支持，对实现质量目标产生不利影响	1.指定专门的部门或具有胜任能力的人员，例如，信息技术部门或类似机构，负责管理信息技术应用程序及其基础设施和信息技术管理流程，以获取、开发、维护、利用适当的技术资源。 2.……
技术资源——对信息技术应用程序的控制有效			**质量风险27：** 对信息技术应用程序的一般控制失效，及对关键环节的应用控制失效，可能会导致信息技术应用程序不能达到预期目的，对实现质量目标产生不利影响	1.会计师事务所对上述信息技术应用程序建立实施有效的信息技术一般控制。会计师事务所可以通过适当的流程，确保信息技术应用中程序的数据是完整和适当的，且数据的保密性受到保护，信息和数据确保安全和可控。 2.……

续表

关键点	参考准则条款	质量目标	质量风险	应对措施（示例）
技术资源——信息技术应用程序运行符合预期目标			**质量风险28：** 未制定信息技术资源发展战略及实施计划，未投入财务资源等相关资源，可能无法发挥方向引领和制度保障作用，对实现质量目标产生不利影响	1. 基于会计师事务所的整体发展战略，制定信息技术资源发展分战略，并进行规划、分解，制订战略实施计划，以使信息技术资源能够支持质量管理目标的实现。 2. 根据会计师事务所的信息技术分战略，制订包括财务资源、人力资源在内的资源投入计划；根据战略实施计划，逐步投入充裕的财务资源，以及包括业务专家、技术专家在内的人力资源，保障包括现有信息技术应用程序的维护升级、新信息技术应用程序在内的实施计划落地。 3.……
			质量风险29： 未定期回顾、复盘和评估信息技术资源发展分战略及其实施计划，可能造成战略、实施计划不合理，无法发挥应有的效果，导致无法支持质量目标的实现	1. 会计师事务所定期对信息技术资源发展分战略及其规划、实施计划及其实施情况进行回顾、复盘，评估信息技术资源发展战略规划实施过程中可能存在的缺口，并适时地调整战略规划、实施计划，或调整资源投入。 2.……

续表

关键点	参考准则条款	质量目标	质量风险	应对措施（示例）
			质量风险30： 信息技术应用未能按照设计的方式运行，可能不能达到其预期的目的，对实现质量目标产生不利影响	1.制定使用信息技术应用程序方面的指引。 2.制定管理信息技术应用程序方面的规定。 3.对相关人员进行适当培训，确保信息技术应用程序按照设计的方式运行，输出结果能够达到预期的目标。 例如，对于项目组在执行业务使用的作业软件、管理软件，会计师事务所通过制作培训视频、发布使用指引的方式，为项目组使用提供指导。 4.……
			质量风险31： 执业人员出现仅简单勾画程序表格、未实质性执行程序、程序与目标不一致、程序执行不到位、业务工作底稿记录不完整等问题，未能通过技术资源施加有效的控制，产生质量风险	1.会计师事务所建立和完善与业务操作规程、业务软件等有关的指引，并将业务操作规程嵌入管理软件及作业软件。在嵌入时，做好业务执行和复核的设计，不将风险评估或实质性程序涉及的具体程序类型直接由执业人员遵照执行，而是引导执业人员在充分理解业务操作规程的基础上，运用职业判断，选择适当的程序，从业务执行和复核两个角度做好避免执业人员仅简单勾画程序表格、未实质性执行程序、程序与目标不一致、程序执行不到位、业务工作底稿记录不完整等。 2.会计师事务所将相关业务操作规程、业务软件等有关的指引存放在便于查询的知识库，提供目录导航，便于执行业务的人员了解会计师事务所的相关理念和要求，以及具体操作。 3.……

续表

关键点	参考准则条款	质量目标	质量风险	应对措施（示例）
			质量风险32： 对从外部技术服务商获取的技术资源支持，未按照质量管理政策和程序进行评估，可能会造成外部技术资源存在缺陷，导致质量风险	1. 会计师事务所向外部技术服务提供商购买或定制商业化软件用于执行业务或用于质量管理时，结合质量目标，对技术服务提供商进行综合评估，综合考虑其行业经验、市场声誉、以前利用该服务提供商的情况、技术方案或商业化软件的功能及应用情况等，以确保技术服务提供商的胜任能力或商业化软件可以满足要求。 2. 在签署相关购买或定制协议时，对知识产权、软件的更新频率、使用限制以及服务提供商如何解决数据保密性问题等进行考虑，并作出约定。 3. 会计师事务所通过外包方式采购人力资源用于软件开发时，相关的应对措施参考本要素“质量风险08”对应的应对措施。 4.……
技术资源——对使用未经批准的信息技术应用程序的控制			**质量风险33：** 不当使用未经授权、批准的信息技术应用程序，可能会导致数据安全或保密存在泄露风险，造成人员重复工作，从而对实现质量目标产生不利影响	1. 会计师事务所在确定某些信息技术应用程序或信息技术应用程序的某些功能能够运行适当并获得批准之前，可以明确禁止使用该信息技术应用或功能。 2. 会计师事务所也可以制定相关政策和程序，要求项目组在使用未经批准的信息技术应用程序前，应对信息技术程序是否符合会计师事务所对信息技术管理的要求及其可用性进行评估，评估结果符合会计师事务所的管理要求且可达到预期的目标后方可使用。 3.……

（三）主要角色及对应职责（示例）

资源要素可能涉及角色及对应职责示例参考见表3–22。

表3–22

功能	主要角色（示例）	职责说明（示例）
人力资源	薪酬与考核委员会或类似机构	1.根据发展战略，分析人力资源状况，预测人员需求，制定、修改人力资源规划； 2.建立制度化、规范化、科学化的人力资源管理体系；批准各项人力资源管理政策和程序； 3.审议招聘计划； 4.评估绩效考核方案和审议绩效考核结果； 5.定期对人力资源政策和程序、绩效管理体系及其执行情况等进行评估，并根据评估情况对相关政策和程序进行修订
	人力资源部	1.明确部门、岗位职责及岗位任职资格；编制、修改和完善部门、岗位职责说明书；提出岗位设置调整意见； 2.组织实施招聘工作； 3.牵头组织进行绩效考核，对考核结果进行汇总、审核，提交薪酬与考核委员会或类似机构审批； 4.建立和完善员工培训体系；组织实施培训计划和培训管理； 5.管理工时，核算工资，计算社会保险缴纳标准、缴纳社会保险； 6.办理员工录用、迁调、奖惩、离职、辞退、退休手续
知识资源	知识资源管理负责人	1.制定知识资源管理的相关政策和程序； 2.建立和持续管理和更新知识库； 3.组织查询和整理、采购外部知识资源； 4.组织对内部技术咨询的成果的知识化； 5.制作知识资源使用指引，为员工提供适当培训
技术资源	技术资源管理负责人	1.制定技术资源管理的相关政策和程序； 2.建设和持续维护事务所技术资源； 3.对信息技术应用程序进行一般控制和关键环节应用控制的设计和维护； 4.制作技术资源使用指引，为员工提供适当培训

（四）涉及制度（示例）

针对资源要素，可以考虑在以下方面建立相关制度：

（1）人力资源管理；

（2）时间管理；

（3）知识资源管理；

（4）技术资源管理；

（5）数据保密；

（6）数据安全；

（7）内部技术咨询；

（8）……

八、信息与沟通

（一）信息与沟通关键点

信息的获取、生成与沟通通常是一个持续的过程，涉及会计师事务所的所有人员，同时也包括信息在会计师事务所内部和外部的传递。会计师事务所可以考虑在“信息与沟通”要素中考虑如下关键点（见表3–23）。

表3–23

关键点	信息与沟通关键点的考虑要点
内部沟通	1.会计师事务所可以制定政策和程序，以确定需要信息沟通的事项或情形、沟通渠道、沟通频率； 2.明确内部信息沟通渠道（包括对支持沟通的信息系统的运用）； 3.……
内部沟通——员工意见调查	员工意见调查为员工提供了一个分享员工对事务所、业务执行情况以及质量管理体系运行情况等方面的真实感受和建议的渠道。会计师事务所可以通过对员工意见调查的结果的分析，评估绩效以及采取适当的行动，提升员工满意度和敬业度，同时也可以帮助会计师事务所从影响质量目标实现的重点领域不断完善和改进。开展员工意见调查可以考虑从以下方面着手： 1.员工意见调查的主要内容，包括与如何实现质量管理体系的质量目标相关的问题（如事务所采取的保证审计质量的举措、职业道德方面采取的措施和“质量至上”的高层基调等）相关的问题，可以根据过往的员工意见调查结果进行调整； 2.实施员工意见调查； 3.分析员工意见调查结果以及后续采取的适当行动； 4.……

续表

关键点	信息与沟通关键点的考虑要点
内部沟通——负面清单管理	负面清单的设置和实施，可以作为进一步畅通事务所向员工传递与对执业质量或质量管理体系相关信息的一种政策和程序，同时对负面清单检查结果加入奖惩措施，在有助于树立和传导“质量至上”的文化和执业理念的同时，也对项目组成员起到震慑作用。开展负面清单管理可以考虑从如下方面着手： 1. 被纳入负面清单的事项或情形，可以根据质量管理措施的变化以及过往负面清单检查结果进行调整； 2. 实施负面清单检查； 3. 分析负面清单检查结果以及后续采取的适当行动； 4.……
外部沟通——审计质量报告	审计质量报告是按照监管机构要求（如适用）或会计师事务所自愿与外部相关各方进行及时、透明的双向沟通的一种方式。通过审计质量报告可以让外部相关各方了解会计师事务所为实现审计的高质量和质量管理体系目标所设定的战略和采取的应对措施，也可以让事务所获取外部相关各方对于质量管理体系的反馈，这些反馈可能有助于会计师事务所质量管理体系完善和优化。 审计质量报告流程可以考虑如下方面： 1. 确认/更新审计质量报告框架内容，协调会计师事务所相关方提供相关信息； 2. 复核和批准审计质量报告； 3.……
外部沟通——与监管机构的沟通	监管机构对会计师事务所实施监管或者按照法律法规的规定要求会计师事务所提供信息。会计师事务所保持与监管机构的沟通，包括按监管机构的要求提供信息，针对监管机构发现的问题及时采取适当的整改措施。 与监管机构的沟通流程可以考虑如下方面： 1. 按监管机构的要求提供信息，包括与会计师事务所内部各方沟通并获取相关信息； 2. 针对监管机构发现的情况进行反馈，包括建立与监管机构的双向沟通机制，与会计师事务所相关方沟通监管发现的情况，复核和批准针对监管机构发现的情况的整改措施； 3.……
外部沟通——客户治理层沟通	业务执行要素中，项目组采用治理层沟通函的方式与治理层沟通。按照第5101号准则第七十八条，与客户治理层沟通质量管理体系相关事项，可以考虑如下方面： 1. 建立与治理层沟通函模板，内容可以包括会计师事务所保障高质量地执行业务的质量管理要求，以及审计方法论的要求； 2. 关注并及时更新与客户治理层沟通函中的信息，确认更新的内容能够反映会计师事务所针对高质量地执行业务采取的重要改革举措或新举措； 3.……

续表

关键点	信息与沟通关键点的考虑要点
信息安全	1.强化信息安全方面的组织保障； 2.建立健全信息安全方面的政策和程序； 3.加强贯宣，强化员工的信息安全意识； 4.加强安全检查，及时发现危害信息安全的行为； 5.……

由于质量管理体系的所有要素都与“信息与沟通”要素广泛相关，会计师事务所除设计“信息与沟通”自身的关键点外，在设计“信息与沟通”要素的应对措施时，可能需要紧密结合质量管理体系其他要素，或者直接采取质量管理体系其他要素相关的应对措施。

例如，会计师事务所在“知识资源”要素中采取一系列的政策和程序，确保能够实现第5101号准则第七十二条第（七）项的质量目标，在“信息与沟通”要素中，为实现与内部沟通的相关质量目标，可考虑设计后续应对措施确保这些知识资源被恰当传递给相关人员和项目组（见表3-24）。

表3-24

关键点	信息与沟通关键点的考虑要点
内部沟通——与业务执行相关的知识资源管理	会计师事务所开发知识资源以为质量管理体系的运行、高质量业务的持续执行以及业务执行的一致性提供支持。知识资源流程制定了知识资源开发的相关政策和程序，与业务执行相关的知识资源管理流程制定了及时让项目组成员获取经批准的与业务执行相关知识资源的相关政策和程序。 与业务执行相关的知识资源管理流程主要包括如下方面： 1.建立知识资源管理的渠道，用于传递已开发的知识资源供相关人员使用； 2.与相关人员沟通如何获取知识资源，包括可供使用的信息以及如何找到与业务执行相关的信息； 3.与相关人员沟通更新的与业务执行相关的知识资源； 4.……

续表

关键点	信息与沟通关键点的考虑要点
内部沟通——与质量管理体系相关的知识资源管理	会计师事务所开发与质量管理体系相关的知识资源，包括开发、维护质量管理体系相关的指南、模板等，以供参与和支持质量管理体系运行的人员使用。与质量管理体系相关的知识资源管理流程制定了及时让相关人员获取经批准的与质量管理体系相关知识资源的相关政策和程序。 与质量管理体系相关的知识资源管理流程主要包括如下方面： 1.建立维护质量管理体系相关信息的渠道； 2.与相关人员沟通已发布的质量管理体系相关材料； 3.与会计师事务所领导层沟通质量管理体系相关信息； 4.……

此外，由于“信息与沟通”要素与其他要素的广泛相关性，该相关应对措施可能已经嵌入其他要素中，在本要素中不再重复列示，例如：

（1）项目组在执行业务过程中获取的客户信息，在业务执行的过程中进行沟通，这与“业务执行”要素相关；

（2）项目组在执行业务过程中获取了某些信息，如果在承接业务之前获取和沟通这些信息，将可能导致会计师事务所拒绝接受或保持该客户关系或业务，这与“客户关系和具体业务的接受与保持”要素相关；

（3）项目合伙人认为项目计划投入的人员严重不足，难以保证经验丰富的项目组成员对经验缺乏的项目组成员的工作进行恰当的指导、监督和复核，因此与会计师事务所进行沟通，这与“业务执行”要素相关；

（4）对遵守独立性要求的运行承担责任的人员针对独立性要求发生的变化，或影响遵守独立性要求的情况，与项目组以及事务所进行沟通，这与“相关职业道德要求”要素相关；

（5）对事务所质量管理体系实施监控的人员，持续或定期与主要负责人及质量管理主管合伙人进行沟通，包括已实施的监控活动、识别的缺陷，以及采取的整改措施及落实情况，这与“监控和整改程序”要素相关。

（二）质量目标、质量风险及应对措施示例

信息与沟通要素质量目标、质量风险及应对措施示例参考见表3–25。

表3-25

关键点	参考准则条款	质量目标（准则要求）	质量风险	应对措施（示例）
信息系统运用	第5101号准则第七十七条（一）	会计师事务所的信息系统能够识别、获取、处理和维护来自内部或外部的相关、可靠的信息，为质量管理体系提供支持	**质量风险01：** 会计师事务所未建立适当的信息系统，或者所建立的信息系统不能为质量管理体系提供相关、可靠的信息	为确保质量管理体系运行所依赖信息的可靠性和相关性，会计师事务所针对不同要素可能需要建立不同的信息系统，例如： 1.针对客户关系和具体业务的接受与保持，为确保风险评估真实、到位，事务所需要建立对客户和业务风险进行评级的系统，针对较高风险评级的客户，设置专门的系统审批流程，审批流程应该经过质量管理主管合伙人审批。 2.针对相关职业道德要求要素，事务所需要建立独立性系统，在系统中设置有关经济利益、商业关系等方面的申报核查项目，由需要保持独立性的人员每年登录系统申报，并经过完整的审批流程。 3.针对资源要素，事务所需要建立工时管理系统、资质管理系统、知识资源和技术资源管理系统等，以确保这些系统有效运行，能够使得事务所与各项目之间可以交换相关、可靠的信息，而项目组成员可以从这些信息系统中获取与执行业务相关的信息。 同时，事务所要考虑这些系统与事务所其他系统进行有效的对接，如人力资源管理系统、财务管理系统或其他事务所内部管理系统。 4.…… 特殊考虑：不同类型的事务所，可以考虑采用不同方式建立信息系统。例如，较不复杂的事务所，可以采取向服务提供商采购信息系统的方式，以避开自主开发面临的资金和人力资源弊端；较为复杂的会计师事务所，可以采取自主开发建设信息系统的方式，不断根据自身情况调整系统需求，以定制化地满足系统对于支撑质量管理体系的需要

续表

关键点	参考准则条款	质量目标（准则要求）	质量风险	应对措施（示例）
内部沟通	第5101号准则第七十七条（二）、第七十七条（三）	会计师事务所的文化认同并强化会计师事务所人员与会计师事务所之间，以及这些人员彼此之间交换信息的责任	**质量风险02：** 事务所未建立有利于事务所内部沟通的文化，无法为事务所人员创造高效率的沟通氛围，容易造成收集信息失真或不及时，事务所人员不能进行开放的沟通	1.会计师事务所的文化需要倡导全员沟通的理念，领导层应以身作则在事务所内部构建开放、共享的沟通氛围，旨在实现“人人能沟通、时时可沟通、事事能沟通”。 2.事务所建立内部沟通的组织结构，缩短事务所人员沟通的层级，提供事务所人员与会计师事务所、事务所人员之间的沟通机会（例如，员工意见调查）。明确各层级在信息与沟通环节的职责和权限。 3.……
		会计师事务所内部以及各项目组之间能够交换相关、可靠的信息	**质量风险03：** 未明确内部信息沟通渠道或沟通渠道不畅通，可能导致在履行与执行业务或质量管理体系各项活动中的重要信息未被及时传递，造成质量风险	1.事务所明确沟通信息的多种方式，例如： （1）直接口头沟通。 （2）通过内部刊物、信息系统（内部网络）、其他基于Web的应用程序，如办公系统、作业平台、办公邮件等渠道，发布制度、规则、提示等信息。 （3）通过特定的信息技术应用程序沟通：如为监督关键审计合伙人遵守职业道德相关要求的情况，建立特定的应用程序，指定职业道德管理部门专门人员对于关键审计合伙人服务情况进行日常管理；再如，事务所在建立的客户与业务风险评级系统内，针对一些高风险的项目，指定专门的项目质量复核人员全程与项目合伙人保持沟通，以全程追踪质量；在业务执行过程中，项目组成员可以通过业务管理系统或其他应用程序进行问题咨询和获取实时技术支持。 （4）内部会议，例如，合伙人大会、管理委员会。 （5）重大分歧解决机制；例如，内部核心成员会、风险委员会。

续表

关键点	参考准则条款	质量目标（准则要求）	质量风险	应对措施（示例）
				（6）其他，包括培训、社交媒体或网络广播。 特殊考虑：对于较小或不那么复杂的事务所，信息沟通渠道可能更多地为非正式的，如通过与人员直接讨论实现。第5101号准则中没有要求所有沟通都需要正式记录。事务所需要记录必要的沟通文件以满足准则要求。 2.在进行内部沟通时，还可以考虑： （1）建立“员工意见调查”流程，为员工实时向事务所传递与质量管理体系相关的信息提供渠道（见关键点“内部沟通——员工意见调查”）； （2）建立“负面清单管理”流程，作为进一步畅通事务所向员工传递与执业质量相关信息的一种政策和程序（见关键点“内部沟通——负面清单管理”）。 3.……
内部沟通——员工意见调查	第5101号准则第七十七条（二）、第七十七条（三）2	会计师事务所的文化认同并强化会计师事务所人员与会计师事务所之间，以及这些人员彼此之间交换信息的责任。 会计师事务所人员和项目组在执行业务或质量管理体系各项活动的过程中向会计师事务所传递信息	**质量风险04：** 调查内容不适当，可能导致会计师事务所无法通过“员工意见调查”，获取事务所员工有关是否采取适当的应对措施以实现质量目标的有效反馈	事务所可以设置“员工意见调查”，建立会计师事务所人员与会计师事务所之间的沟通渠道。 1.事务所指定专门人员结合事务所业务情况、监控和整改或对质量管理体系评价获取的反馈情况，定期对员工意见调查的主要内容进行调整，会计师事务所相关负责合伙人审批“员工意见调查”的主要内容，评估调查问题是否包括与如何实现质量管理体系的质量目标相关的问题（如包括事务所采取的保证审计质量的举措、职业道德方面采取的措施和“质量至上”的高层基调等相关的问题），根据过往的员工意见调查结果进行调整。 特殊考虑：对于较不复杂的事务所，其制定的员工意见调查流程可能是简化的，比如可以通过座谈会的形式收集意见。 2.……

续表

关键点	参考准则条款	质量目标（准则要求）	质量风险	应对措施（示例）
			质量风险05： 未明确负责员工意见调查的责任部门或责任人，可能导致员工意见调查不能有效地组织和开展，造成影响质量目标的信息难以及时、有效地接收	1.事务所确定负责员工意见调查的相关负责合伙人或相关责任部门，明确相关负责合伙人或相关责任部门的职责和权限。 2.明确开展“员工意见调查”的流程，调查的方式、调查的频率等，调查方式可以是调查问卷、沟通会议、座谈会议等。 3.……
			质量风险06： 会计师事务所未能恰当处理调查员工的反馈问题，可能导致影响质量目标的信息未能及时被处理和传递，造成质量风险	1.会计师事务所相关部门指定专门的人员（或类似职位的人员）对通过“员工意见调查”收集的员工意见进行分析，针对识别出影响质量目标的情形，提出具体的应对计划和应对措施。 2.会计师事务所相关部门的负责人（或同等职位的人员）审批“员工意见调查”结果识别的审计质量、审计工作环境或审计赋能问题的具体行动计划，并考虑行动计划是否恰当应对识别的问题和满足提出的需求。 3.会计师事务所相关部门指定专门的人员（或同等职位的人员）定期复核进度报告，考虑指定的具体行动负责人是否按计划采取行动并进行必要跟进。 4.……

续表

关键点	参考准则条款	质量目标（准则要求）	质量风险	应对措施（示例）
内部沟通——负面清单管理			**质量风险07**： 未明确纳入负面清单的事项或情形，可能导致影响质量管理体系目标及业务质量的信息未能被准确获取和传递	事务所建立负面清单流程，作为进一步畅通事务所向员工传递与执业质量或质量管理体系相关信息的一种政策和程序： 1.事务所制定政策明确被纳入负面清单的事项或情形，例如： （1）事务所人员未经批准承接项目； （2）事务所人员无视事务所风险管理，在未得到事务所的授权和审批的情况下，将高风险的项目调整为低风险； （3）事务所人员对鉴证业务中的重大事项处理不当，遗留风险或造成潜在风险； （4）事务所人员受到监管机构的行政监管措施或行政处罚； （5）事务所人员存在对独立性产生不利影响的事项未向事务所申报； （6）事务所人员在出具业务报告前未按项目质量复核政策或程序完成复核； （7）在内部检查中，发现底稿存在严重缺失和问题等情形。 2.事务所明确定期对负面清单主要内容进行调整的责任部门和责任人，会计师事务所授权责任部门（例如，管理委员会）进行复核和审批。在进行内容调整时，主要考虑的因素有：质量管理应对措施发生变化的要求，以及根据过往负面清单检查结果进行调整。 3.……

续表

关键点	参考准则条款	质量目标（准则要求）	质量风险	应对措施（示例）
			质量风险08： 未有效组织和开展负面清单的工作，造成影响质量目标的信息未被事务所人员及时、有效地接收	1.事务所可以明确规定负面清单检查的频率，例如，检查频率可以是月度或年度。 2.事务所指定专门的人员/部门具体执行负面清单的检查，例如，指定质量管理部门作为负面清单检查的牵头部门。 3.事务所明确负面清单检查程序，例如，由质量管理部门牵头组织开展负面清单检查工作，就检查结果形成的工作记录提交事务所相关部门进行决策（例如，管理委员会）。 4.……
			质量风险09： 会计师事务所未能恰当处理负面清单检查工作反馈的检查结果，可能导致负面清单检查工作限于形式，影响质量目标的信息未能及时进行处理和传递，造成质量风险	1.事务所可以规定，负面清单检查形成书面记录，且需经过相关部门的负责人（或同等职位的人员）的复核和审批。 2.事务所明确负面清单检查结果与整改情况与事务所人员的奖惩机制挂钩，例如，可以纳入事务所人员的绩效考核。 3.……

续表

关键点	参考准则条款	质量目标（准则要求）	质量风险	应对措施（示例）
外部沟通——网络	第5101号准则第七十七条（四）1	会计师事务所向网络、在网络中或向服务提供商（如有）传递信息，使该网络或服务提供商能够履行其与网络要求、网络服务或提供资源相关的责任	**质量风险10：** 会计师事务所未能向网络传递信息，导致网络未能履行其与网络要求、网络服务相关的责任 **质量风险11：** 会计师事务所未能从网络获取信息，导致无法支持事务所质量管理体系的设计、实施和运行	1.事务所制定政策，明确会计师事务所与网络之间沟通的原则、要求，需要开展沟通的情形、涉及的信息，开展沟通的渠道等，例如，明确与网络之间的沟通是双向的，持续进行的，在实现质量目标过程中，事务所可能需要结合质量管理体系的不同要素与网络沟通不同的信息。 2.事务所制定与网络之间沟通、共享知识、技术等资源有关的政策和程序，明确规定事务所与网络沟通、共享资源的流程、负责部门和相关人员、开展咨询和互动的方式等。例如，就知识资源而言，网络层面可能开发和管理统一的与业务执行有关的知识资源，可能通过统一的平台向各个网络事务所发布知识资源，同时，网络也提供沟通渠道供成员所就这些知识资源向网络进行咨询或者提供意见，网络可能为事务所在质量管理体系的设计、实施和运行过程中，实现“资源”要素的质量目标提供支持。 3.在遵守独立性要求方面，会计师事务所可能规定事务所需要从网络获取与网络中其他网络事务所客户相关或被网络中的其他事务所获取事务所客户相关的信息，以及获取信息时应遵守的要求。例如，事务所规定当网络、网络事务所、服务提供商有可能接触到会计师事务所获取的客户信息时，需要遵循保密原则。 4.事务所需要考虑通过在网络层面建立的不同委员会，建立一种网络与其成员所之间的双向沟通机制。例如，可以建立由各成员所审计合伙人组成的“国际（或全球）审计委员会”，由各成员所质量管理主管合伙人组成的“国际（或全球）质量管理委员会”等，通过定期会议、邮件等方式，提供网络与其成员所双向沟通的渠道。

续表

关键点	参考准则条款	质量目标（准则要求）	质量风险	应对措施（示例）
				由于上述有关沟通的政策和程序，涉及的主体不仅限于网络成员所层面，可能还需要网络层面直接规定相关流程和应对措施以共同实现质量目标。 5.……
外部沟通——审计质量报告	第5101号准则第七十七条（四）2	会计师事务所根据相关法律法规或职业准则的规定向外部传递信息，或为了帮助外部各方了解质量管理体系而向外部传递信息	**质量风险12:** 会计师事务所审计质量报告未包括与会计师事务所质量管理体系的相关、可靠信息或未包括监管机构要求的信息，可能导致不能帮助外部各方了解事务所质量管理体系，不能与外部各方形成有效沟通	1.事务所指定专门的审计质量报告人员或专门负责审计质量报告的部门，明确其职责权限，包括但不限于:（1）牵头负责审计质量报告的编制；（2）负责报出审计质量报告；（3）负责外部各方对审计质量报告反馈意见的收集、处理和反馈；（4）代表事务所与外部各方进行沟通。 2.事务所规定其他相关部门配合完成审计质量报告。 3.事务所明确审计质量报告要求披露的范围，披露范围包括但不限于:（1）监管规定要求披露的内容；（2）与审计质量/质量管理体系相关的事项。 4.专门负责审计质量报告的部门或人员负责审核把关审计质量报告信息的质量，也可规定由事务所相关领域人员协助其复核工作，例如，将审计质量报告与监管机构要求的披露清单（或事项）进行比较，审核确认所有披露均已纳入审计质量报告中，跟进并解决差异；再如，通过核对支持审计质量报告内容的原始文件（如适用），确认更新的内容是否反映会计师事务所采取的改进质量的重要改革举措或新举措，相关领域团队负责人复核和审批所分配的审计质量报告有关主题的更新。

续表

关键点	参考准则条款	质量目标（准则要求）	质量风险	应对措施（示例）
				5.事务所明确规定审计质量报告的编制框架。例如，年度业务质量执行情况、事务所对于审计质量的承诺、审计方法、事务所对于持续改进质量的承诺。 6.……
			质量风险13： 会计师事务所提供的审计质量报告未经过恰当的复核和审批，可能导致审计质量报告信息不完整、不准确	事务所规定由审计质量报告相关负责人复核审计质量报告终稿，检查并确定： 1.审计质量报告内容已由适当的相关领域负责人或复核人批准； 2.所有重要复核意见均已解决； 3.由事务所主要负责人（或同等职位的人员）批准审计质量报告。 4.……
外部沟通——与监管机构沟通			**质量风险14**: 会计师事务所向监管机构提供的信息不恰当、不充分（比如不符合相关法律法规、职业规范和具体情况），不能帮助监管机构了解会计师事务所的工作，不能消除监管机构对会计师事务所业务质量的疑虑	1.会计师事务所指定相关责任人或责任部门负责如下事项： （1）收集和审核拟向监管机构提供的信息； （2）负责接收、处理和反馈监管机构的意见。 2.会计师事务所制定政策和程序，明确特定责任人或责任部门审核拟向监管机构提供的信息时，可以考虑以下内容，例如： （1）确定监管机构所需的信息是否符合相关法律法规、职业规范和当地具体情况，并在必要时与适当的法律专家进行讨论； （2）确定信息的来源是否可靠； （3）检查与之前已提供信息相比的异常数据或重大差异，并进行跟进和确认； （4）向事务所相关领域的人员确认信息（如适用）。

续表

关键点	参考准则条款	质量目标（准则要求）	质量风险	应对措施（示例）
				3. 会计师事务所明确规定对于拟向监管机构反馈意见的重要回复，需经过相关负责人审核，确保应对措施恰当且符合会计师事务所的政策和程序。 4. 事务所制定向监管机构反馈意见的流程，确保有关意见或回复可以准确、及时反馈至监管机构，例如，事务所针对“监控和整改”程序中识别的缺陷，实施整改的结果可以准确、及时反馈至监管机构。 5.……
			质量风险 15: 会计师事务所提供监管机构的信息未经过恰当的复核和审批，可能导致向外部传递信息不完整、不准确	1. 事务所明确向外部各方沟通或报送信息的流程，例如，明确在向监管机构报送信息前，所报送的信息需经相关领域负责人复核和审批，重要信息需要经过事务所主要负责人批准。 2. 事务所制定政策，明确对违反相关信息报送流程的人员进行问责，并与相关责任人员的考核、晋升和薪酬挂钩。 3.……
外部沟通——与客户治理层沟通			**质量风险 16:** 与客户治理层沟通函中未包括会计师事务所质量管理体系为持续高质量地执行业务提供支撑的相关、可靠信息，可能导致不能帮助治理层了解事务所执业质量	1. 事务所明确规定，事务所人员需要按照《中国注册会计师审计准则第 1151 号——与治理层的沟通》要求向客户治理层沟通的信息与治理层进行沟通，这种沟通的情形，通常发生在事务所执行上市公司财务报表审计业务时。 2. 事务所指定技术标准部（或类似机构），按照会计师事务所持续高质量地执行业务的质量目标，以及事务所的审计方法论，形成标准化模板内容，作为与客户治理层沟通函中一项内容，在事务所范围内发布并要求项目组在与客户治理层沟通时包含该内容。

续表

关键点	参考准则条款	质量目标（准则要求）	质量风险	应对措施（示例）
				3.技术标准部（或类似机构）紧密关注与业务质量相关的会计师事务所质量管理政策和程序的变化，并根据事务所政策和程序的变化，及时更新与客户治理层沟通函包含的信息内容，确认更新的内容能够反映会计师事务所针对高质量地执行业务采取的重要改革举措或新举措。 4.……
内部沟通——与业务执行相关的知识资源管理	第5101号准则第七十七条（三）1	会计师事务所向相关人员和项目组传递信息，传递的性质、时间安排和范围足以使其理解和履行与执行业务或质量管理体系各项活动相关的责任	**质量风险17：** 事务所不具备适当的渠道传递与执行业务的相关、可靠信息，可能导致项目组无法获取相关的知识资源、业务执行过程的缺陷或业务中可能违规或存在风险的信息，进而影响项目执行质量	1.会计师事务所明确获取与执行业务相关、可靠的知识资源渠道，并向项目组/全体人员定期发布，相关、可靠的知识资源事务所全体人员可见且可随时获取。例如，事务所建立线上平台，用于传递事务所与执行业务相关的知识资源，该平台对事务所全体人员可见且可以随时通过查询获取所需信息。事务所设置了发布新的政策或程序对事务所全体人员的及时提醒功能。 特殊考虑：对于较不复杂的事务所，信息传递的渠道可以是简化的，比如可以通过向全体人员发送邮件的方式进行更新信息的传递。 2.……

续表

关键点	参考准则条款	质量目标（准则要求）	质量风险	应对措施（示例）
			质量风险18： 发布的知识资源信息未经授权或未经批准，可能导致发布的信息不相关、不可靠，无法使得事务所人员理解和履行与业务执行以及质量管理体系各项活动相关的责任	1.事务所指定专门的部门或专门的人员负责知识资源信息发布。明确线上信息发布的流程，通过事务所内部信息与沟通相关的操作系统记录批准发布的流程，确保信息发布前需经相关责任人批准后方可发布。例如，事务所授权A部门负责知识资源发布工作。知识资源发布前需要经过该部门负责人、知识来源B部门负责人批准后方可发布。 2.事务所建立机制，确保发布的知识资源信息能够传递到事务所人员，如设置“已读”“已确认”环节，确保进行了有效的双向沟通。 3.……
内部沟通——与质量管理体系相关的知识资源管理	第5101号准则第七十七条（三）1	会计师事务所向相关人员和项目组传递信息，传递的性质、时间安排和范围足以使其理解和履行与执行业务或质量管理体系各项活动相关的责任	**质量风险19：** 未及时发布经批准的质量管理体系相关的政策和程序，可能导致无法向相关人员提供相关、可靠的执行质量管理体系的支持依据	1.会计师事务所质量管理团队复核发布与质量管理体系相关的政策和程序，以确保发布的质量管理体系版本与批准的版本一致。 2.……
			质量风险20： 未正确识别相关人员，且未向其授权编辑权限，可能导致相关信息未被及时传递	1.会计师事务所质量管理主管合伙人（或同等职位的人员）及时批准相关人员编辑质量管理体系材料的权限； 2.事务所明确规定只有获得编辑权限的人员才能编辑更新相关的文件/信息（信息技术应用控制）。 3.……

续表

关键点	参考准则条款	质量目标（准则要求）	质量风险	应对措施（示例）
			质量风险21： 拟提供的信息不准确、不完整或不及时，可能导致未能向领导层传递相关、可靠的质量管理体系信息	1.会计师事务所质量管理主管合伙人定期复核质量管理体系相关内容，并（以书面或口头形式）汇报至会计师事务所主要负责人（或同等职位的人员），评估与其沟通的内容是否涵盖了所有与质量管理体系相关的重大事项。 2.……
信息安全		会计师事务所能够保障内外部沟通过程中涉及的信息安全	**质量风险22：** 会计师事务所未建立有效的与信息安全管理相关的政策和程序，或者相关政策内容不完整，无法涵盖可能涉及危害信息安全的领域，导致信息安全事故	1.组织结构方面，设立保密和信息专业委员会或类似机构，领导会计师事务所的信息保密和信息合规工作；成立网络与数据安全管理部，向保密和信息专业委员会或类似机构报告，负责和管理会计师事务所日常信息保密和信息合规管理工作。 2.会计师事务所明确保密和信息专业委员会或类似机构、网络与数据安全管理部的职责权限和决策路径。 3.根据信息安全相关的法律法规，制定会计师事务所的政策和程序，包括： （1）保护会计师事务所处理的客户信息与重要数据； （2）保护审计工作底稿，规范其存储、访问； （3）制定与数据存储/备份、信息系统安全保障、保密管理等相关的政策和程序； （4）制定数据出境安全管理标准，规范数据的出境评估要求与流程； （5）处于国际网络中的会计师事务所，评估筛查需要本地化的信息系统并进行本地化开发； （6）针对不同业务场景的信息安全设置合规要求；

续表

关键点	参考准则条款	质量目标（准则要求）	质量风险	应对措施（示例）
				（7）明确项目合伙人有责任在业务执行过程中保障项目层面信息安全。 4.在境内架设事务所的信息系统服务器，数据信息在境内存储，并确保符合国家安全保密等规定。 5.会计师事务所在信息技术应用程序的开发、认证、运维管理以及信息技术基础设施管理过程中，设立对网络信息安全的关键控制。 6.强化网络安全事件的管理，提高网络安全事件应对能力。 7.……
			质量风险23： 会计师事务所人员不了解或不重视与信息安全管理相关的政策和程序，员工信息安全意识涣散，造成信息安全事故	1.会计师事务所的文化强调信息安全的重要性。 2.加强贯宣，定期开展信息安全演练和培训，不断提高事务所人员信息安全的敏感性。 3.针对业务执行过程中需要引入的服务提供商进行信息安全意识宣贯和培训。 4.……
			质量风险24： 会计师事务所未发现危害信息安全的行为	1.会计师事务所按照《会计师事务所自查自纠报告管理办法》第三条、第十条的要求，对信息安全管理情况进行自查自纠。 2.会计师事务所根据监管和客户要求，开展针对信息安全管理的监督评价。 3.会计师事务所定期进行内部信息安全调查，分析与调查违反会计师事务所政策和程序并对会计师事务所或客户数据构成威胁的行为。 4.……

（三）主要角色及对应职责（示例）

针对“信息与沟通”要素，可考虑设置如下角色及对应的职责（见表3–26）。

表3–26

功能	主要角色（示例）	职责说明（示例）
内部/外部信息	相关信息负责人	1.牵头组织信息收集、分析、应对措施的相关工作； 2.复核/批准对外提供信息； 3.为发现的情况及缺陷的识别和评价提供适当意见，并就相关事实达成一致意见； 4.为建立/更新应对措施提供意见，包括针对发现的情况制定纠正措施和针对缺陷制定整改措施
	相关信息执行人	1.配合相关信息负责人实施信息收集、分析工作，并在职责范围内向信息归口管理部门提供所需信息； 2.实施质量管理体系规定的应对措施并进行记录； 3.为发现的情况及缺陷的识别提供适当意见，并就相关事实达成一致意见； 4.实施适当整改措施（针对缺陷）
	信息归口管理部门	1.信息管理工作的归口负责部门，指导事务所各业务单元/各分所（或分部）信息管理； 2.配合相关信息负责人完成信息收集、分析以及应对措施提出工作； 3.负责事务所相关对外信息披露/报送； 4.信息与沟通的监督
	信息管理工作岗位	1.分所（或分部）信息管理； 2.针对对外沟通的需求以事务所总所（或总部）名义对外报送（披露）的信息，上报总所（或总部）信息归口管理部门审核； 3.审核并对外报送或披露以分所（或分部）名义对外报送（披露）的信息； 4.接受事务所总所（或总部）信息归口管理部门的指导和监督

续表

功能	主要角色（示例）	职责说明（示例）
信息安全	保密和信息专业委员会或类似机构	1.组织审议批准与信息安全相关的政策和程序； 2.研究决策会计师事务所在业务执行过程中发生的重大安全事故的处理方案； 3.就信息安全相关的内容向事务所管理委员会报告
	网络与数据安全管理部	1.制定信息安全相关管理政策和程序，统一对信息安全工作进行管理； 2.协助指导并监督各分支机构进行本所的日常安全管理和相关政策、程序的执行； 3.负责处理发生的重大安全事故； 4.负责和监督信息安全相关培训工作

（四）涉及制度（示例）

针对信息与沟通要素，可以考虑在以下方面建立相关制度：

（1）内部信息沟通；

（2）外部信息沟通；

（3）信息安全管理；

（4）……

九、监控和整改程序

（一）监控和整改程序关键点

监控和整改程序是有效的质量管理体系的重要组成部分。第5101号准则第七十九条要求会计师事务所建立在全所范围内统一的监控和整改程序，并开展实质性监控，以实现下列质量目标：（1）就质量管理体系的设计、实施和运行情况提供相关、可靠、及时的信息；（2）采取适当的行动以应对识别出的质量管理体系的缺陷，以使该缺陷能够及时得到整改。

第5101号准则第四章第八节、第1121号准则第四章第六节及相关应用指南的要求对于监控和整改程序进行了详细规定。关于监控和整改程序的总体框架，可参见图3-1。

事务所实施监控和整改程序的主要程序、关键点及实施要点举例见表3-27。

表3-27

关键点（示例）	关键点的实施要点（示例）
一、建立全所统一的监控和整改程序的职能和运行机制	
（一）明确监控和整改程序的目标	1.在监控和整改程序相关政策文件中明确相应目标； 2.根据相应目标，建立一套完整的监控和整改程序，并开展实质性监控和整改程序，确保能实现该目标； 3.……
（二）委任恰当的治理及领导层	1.委任对监控和整改程序运行承担责任的人员，例如，监控和整改负责人（或类似职位人员），并确保其具备足够胜任能力、时间及权威性； 2.明确监控和整改负责人的相应职责，包括建立和维护全所统一的、有效的监控和整改程序； 3.建立监控和整改负责人与对质量管理体系承担最终责任的人员（如主要负责人），以及对质量管理体系的运行承担责任的人员（如质量管理主管合伙人）之间的沟通机制； 4.……
（三）建立相应的职能机构、政策文件及运行机制	1.建立健全质量管理体系内部监督的组织结构，指定部门或人员负责监控和整改程序的实施，明确其职责权限； 2.制定事务所统一的监控和整改程序相关的政策，并根据事务所业务变化、准则及法律法规等变化及时更新； 3.建立监控和整改程序相关的运行机制和实施流程，包括建立监控和整改程序的计划、实施、运行、整改、报告等流程，以及实施日常及定期监控活动时统一的调查问卷、程序模板及评分标准等工具； 4.建立确保监控和整改程序有效实施并达到预期目标的时间、成本、人力等资源相关的政策； 5.……
二、设计和实施全所统一的监控活动	
（一）设计监控活动，确定监控活动的性质、时间安排和范围	1.明确在设计监控活动，并确定监控活动的性质、时间安排和范围时需考虑的因素； 2.确定持续性监控活动的事项、范围和重点关注领域； 3.基于风险评估的结果，制定周期性监控活动的性质、时间安排和范围；

续表

关键点（示例）	关键点的实施要点（示例）
（一）设计监控活动，确定监控活动的性质、时间安排和范围	4.结合监管机构监控、事务所网络的监控（如有）及其他信息（例如，投诉或指控等），调整实施监控活动的性质、时间安排和范围及重点关注领域； 为实现监控和整改程序的目标，会计师事务所应根据自身情况设计并确定监控活动的性质、时间安排和范围，可以考虑分别从事务所层面和项目层面设计和实施监控； 5.……
（二）设计和实施事务所层面的监控活动，包括对监控和整改程序的再监控	1.明确事务所监控和整改程序应包括对事务所质量管理体系的监控活动，包括对质量管理体系各组成要素及相关要求是否合理设计并有效执行的监控活动； 2.制定实施事务所质量管理体系检查的范围、方法及程序； 3.基于事务所质量管理体系风险评估的结果，确定当年事务所层面检查的风险要素、重点领域、机构（例如，总分所或总分部）等； 4.对监控和整改程序进行再监控，以确定其是否达到预期目标； 5.……
（三）设计和实施已完成项目的监控检查	1.设置和确定检查周期（如1年），以及在何种情形需要/可以调整检查周期； 2.确定周期性选取项目和项目合伙人进行检查的标准、程序，以及相应的考虑因素； 3.根据当年的具体情况，确定业务监控的重点领域，例如，高风险领域、新生效的审计准则或者会计准则相关领域、受当期经济环境影响重大的领域或行业等； 4.确定针对特定业务约定执行的特殊监控（如适用）； 5.……
（四）确定实施监控活动的人员	1.制定选取执行监控活动人员的政策和程序，明确执行监控活动的人员所需的胜任能力、时间和权威性； 2.监控和整改负责人应建立组织和维护执行监控活动团队的机制，包括确定选取标准和选取途径、制定合理的时间和成本预算并获得批准等； 3.确保执行监控活动的人员的客观性，禁止项目组成员或项目质量复核人员参与对该项目的任何检查； 4.在某些情况下，例如，在较不复杂的会计师事务所，考虑利用网络服务或服务提供商实施监控活动； 5.……

续表

关键点（示例）	关键点的实施要点（示例）
三、评价发现的情况并识别缺陷，包括调查缺陷的根本原因	
（一）评价发现的情况并识别缺陷	1.收集和梳理发现的情况，包括来源于会计师事务所实施监控活动的结果、外部检查或其他方面（例如，由网络实施的监控活动、投诉或指控）发现的情况； 2.结合相关质量目标、质量风险、应对措施或质量管理体系的其他方面，运用职业判断，考虑定性或定量因素，确定发现的情况单独或汇总起来是否构成质量管理体系的缺陷； 3.……
（二）评价识别出的缺陷的严重程度和广泛性	1.分析识别出的缺陷的严重程度和广泛性，分析中应考虑缺陷的性质、缺陷的根本原因、缺陷发生频率、重大程度等因素； 2.评价识别出的缺陷单独或累积起来对质量管理体系的影响； 3.……
（三）根本原因分析法	1.系统性梳理从不同监控活动中发现的情况或识别出的缺陷，就每一问题或缺陷调查和执行根本原因分析； 2.定期收集由于会计差错更正导致的对经审计财务报表的重述，或者对已出具审计意见的撤回或重新出具的情况，就每一事项调查和执行根本原因分析； 3.根据对根本原因的调查结果、评价识别出的缺陷的严重程度和广泛性，设计和采取整改措施； 4.……
四、应对识别出的缺陷，评估整改结果	
（一）设计和采取整改措施，以应对识别出的缺陷	1.针对识别出的缺陷，根据对根本原因的调查结果，设计和采取整改措施，以应对识别出的缺陷； 2.监控和整改负责人综合评估整改措施设计和执行的有效性，如并非有效，应采取适当措施予以调整，以使其能够达到预期效果； 3.……
（二）针对遗漏审计程序或出具不当报告，事务所应采取的措施	1.如遗漏了必要的审计程序，应采取适当行动，以遵守适用的法律法规和职业准则的规定，并评估是否影响出具的报告； 2.当认为出具的报告不适当时，考虑其影响并采取适当的行动，包括对外沟通，并考虑是否需要征询法律意见； 3.……

续表

关键点（示例）	关键点的实施要点（示例）
五、沟通监控和整改活动，建立问责机制，形成监控和整改报告	
（一）监控和整改活动的沟通	1.监控和整改负责人应及时、持续或定期与主要负责人及质量管理主管合伙人进行沟通，包括已实施的监控活动、识别出的缺陷，以及采取的整改措施； 2.与项目组以及在质量管理体系中承担相关责任的其他人员沟通，以使项目组和这些人员能够根据其职责迅速采取恰当行动； 3.针对缺陷的性质和影响，采取公示或培训等适当方式在事务所内部宣导，形成事务所质量至上的文化传导； 4.……
（二）建立针对缺陷的问责机制	1.制定政策和程序，针对监控中识别出的缺陷的性质和影响，对相关人员进行问责； 2.建立与监控结果相挂钩的考核、晋升、薪酬、业务承接等问责与惩罚机制，并经事务所治理层授权和批准，确保权威性和落实到位，形成威慑力； 3.……
（三）编制年度监控和整改报告	1.监控和整改负责人总结监控和整改活动，编制年度监控报告； 2.提交至事务所治理层、网络（如适用）或其他需要汇报的监管机构（如适用）等； 3.在事务所内部采取恰当的方式宣导和传递，确保事务所质量管理体系合理设计和有效运行，并持续改进； 4.……
……	……

（二）实施风险点及应对措施示例

质量管理体系中的监控和整改程序组成要素，重点在于建立一套完善的监控和整改程序，以促进会计师事务所持续地提高业务质量、改进其质量管理体系。实施风险点及应对措施示例参考见表3-28。

表3-28

关键点	参考准则条款	相关准则要求	实施风险点	应对措施（示例）
一、建立全所统一的监控和整改程序的职能和机制				
明确监控和整改程序的质量目标	第5101号准则第七十九条。第5101号准则应用指南第153段	会计师事务所应当建立在全所范围内统一的监控和整改程序，并开展实质性监控，以实现下列质量目标： （一）就质量管理体系的设计、实施和运行情况提供相关、可靠、及时的信息； （二）采取适当的行动以应对识别出的质量管理体系的缺陷，以使该缺陷能够及时得到整改	**实施风险点01：** 未能恰当理解监控和整改程序所需实现的目标，或未能根据该目标建立有效的监控和整改程序，导致无法对质量管理体系的设计、实施和运行情况进行客观有效的评价，或者无法有效地促进事务所积极持续地提高业务质量、改进质量管理体系	1. 明确事务所执行监控和整改程序需要达到的目标，并在监控和整改程序的相关政策制定及具体实施过程中恰当传导。 2. 建立全事务所集中统一的监控和整改程序，并开展实质性监控，确保为事务所的质量管理体系的设计、实施和运行情况提供相关、可靠、及时的信息。 3. 建立事务所持续改进的文化，通过监控活动及时识别和应对缺陷，促进事务所持续提高业务质量、改进质量管理体系的目标实现。 4.……
委任恰当的治理及领导层	第5101号准则第三十九条（第三段）、第八十三条、第四十一条	会计师事务所应当指定专门的合伙人（或类似职位的人员）对质量管理体系特定方面的运行承担责任。这些特定方面包括遵守独立性要求、监控和整改程序等。 会计师事务所应当制定下列政策和程序：	**实施风险点02：** 1. 委任的监控和整改负责人缺乏足够的胜任能力、时间或权威性，无法或未能有效承担监控和整改职责； 2. 委任的监控和整改负责人为业务部门相关负责人，或同时承担项目合伙人或质量复核合伙	1. 明确监控和整改负责人（例如，监控和整改主管合伙人或同等职位的人员）应对质量管理体系“监控和整改”要素的运行承担责任，其职责至少应包括下列方面： （1）领导监控和整改相关政策和程序的设计、实施和运行，并提供适当督导； （2）领导业务检查和其他监控活动的设计、实施和运行工作，并提供适当督导； （3）就业务检查和其他监控活动的结果与主要负责人和质量管理体系的相关负责人（例如，质量管理主管合伙人）等进行及时沟通；

续表

关键点	参考准则条款	相关准则要求	实施风险点	应对措施（示例）
		（一）要求执行监控活动的人员具备有效执行监控活动所必需的胜任能力、时间和权威性。 （二）要求执行监控活动的人员具备客观性，这些政策和程序应当禁止项目组成员或项目质量复核人员参与对该项目的任何检查。 会计师事务所应当确保对质量管理体系的运行承担责任的人员、对遵守独立性要求承担责任的人员、对监控和整改程序承担责任的人员，能够直接与对质量管理体系承担最终责任的人员（即主要负责人）沟通	人职责，导致在领导或设计监控和整改程序过程中，无法保持足够的客观性和独立性； 3.委任的监控和整改负责人与事务所主要负责人及质量管理主管合伙人之间职责范围不清，或未建立有效的沟通机制，未能及时沟通或有效应对质量管理体系中的缺陷等	（4）会计师事务所其他监控和整改管理职责。 2.明确监控和整改负责人的胜任条件和要求、权限。例如，可以是风险委员会或质量管理委员会等机构负责人，或由该类委员会任命的具备相应专业能力及权威的人员。 3.根据事务所实际情况以及计划实施的监控活动，监控和整改负责人可考虑设立细分领域的职责或相应负责人，例如： （1）年度监控检查负责人（或同等职位的人员）； （2）事务所质量管理体系监控负责人（或同等职位的人员）； （3）根本原因分析负责人（或同等职位的人员）； （4）缺陷整改负责人（或同等职位的人员）。 4.事务所应确保监控和整改负责人与主要负责人、质量管理主管合伙人之间职责清晰、权限明确，并建立及时、顺畅的沟通机制。对于较不复杂的会计师事务所，该职责可能由同一人员担任，但此种情况下，也应明确界定和区分不同职责定位。 5.……
建立相应的职能机构、政策文件及运行机制			**实施风险点03：** 1.未建立履行监控和整改职责的组织结构或运行机制，缺乏足够的、具备相应胜任能力的人员或团队履行监控和整改职责，无法实现预期的监控目标；	1.建立健全质量管理体系内部监控的组织结构。事务所可根据具体情况，指定风险或质量管理等类似部门（例如，质量风险管理部门）专门承担质量管理体系监控职责，明确其职责权限，并配备满足事务所质量监控需要的、具备相应胜任能力的人员。 2.监控和整改负责人确保每项关键监控活动的人员配置模式适合实现监控目标，包括考虑专职或非专职团队资源的适当组成，以确保其具备适当能力和时间。

续表

关键点	参考准则条款	相关准则要求	实施风险点	应对措施（示例）
			2.执行监控职能的团队没有充足的预算和资源，无法及时、有效地实施监控活动，达到预期的监控目标； 3.未能建立事务所层面统一的、持续运行并根据事实情况及时调整的监控和整改程序相关的政策、运行机制、实施流程等政策或程序，导致监控和整改程序无法达到预期效果，例如，权威性、客观性和一贯性受损；无法为评价质量管理体系提供相关、可靠、及时的信息；因缺少必要的监控方法和工具，监控活动未能达到预期效果和目标等	3.监控和整改负责人（监控和整改主管合伙人）确定执行监控活动的总体情况，包括关键监控活动是否有足够的预算资源来实现监控目标，例如，所需人员、信息技术、差旅、培训和实现监控目标所需的其他成本费用。 4.监控和整改负责人（监控和整改主管合伙人）领导建立并实时更新监控和整改程序相关的政策、运行机制、实施流程及监控程序和评价模板等文件或流程，确保建立事务所层面统一的、持续运行并能根据事实情况及时调整的监控和整改程序。 5.事务所应设计并定期更新年度监控检查的整套文件，其中包括监控检查的计划、调查问卷、检查程序模板、评分标准等。 6.……

续表

关键点	参考准则条款	相关准则要求	实施风险点	应对措施（示例）
二、设计和实施全所统一的监控活动				
设计监控活动，确定监控活动的性质、时间安排和范围	第5101号准则第八十条至第八十二条。 第5101号准则应用指南第154~157段	会计师事务所应当设计和实施监控活动，包括定期和持续的监控活动，以为识别质量管理体系的缺陷奠定基础。 在确定监控活动的性质、时间安排和范围时，会计师事务所应当考虑下列方面： （一）相关质量风险的评估结果及得出该评估结果的理由； （二）应对措施的设计； （三）会计师事务所风险评估程序以及监控和整改程序的设计； （四）质量管理体系发生的变化；	**实施风险点04：** 1.未建立事务所监控活动的整体框架，例如，仅包括定期（如年度）监控活动，未包括持续（如日常）监控活动，无法及时地提供与质量管理体系相关的信息； 2.未合理设计监控和整改程序，如确定实施监控活动的性质、时间安排和范围时，未能充分考虑事务所风险评估程序的设计（例如，采用集中化还是分散化的方式，或实施复核的频繁程度）、质量管理体系的变化、以前实施监控的结果及其应对措施等因素，导致监控和整改程序无法实现预期目标	1.在设计监控活动时，应建立监控和整改程序的整体框架体系，并考虑如下不同性质或来源的监控活动： （1）持续监控活动，该监控活动可能已嵌入事务所的质量管理体系日常运行中，例如，对客户和业务接受和保持中的独立性监控、项目进行中的监控检查，质量管理中的风险提示和预警机制；内核会议（或类似机制）等进行中项目分歧解决及风险管理机制等； （2）定期监控活动，例如，年度执行的针对已完成项目的监控检查及对事务所质量管理体系的评价； （3）监管机构实施的监控活动或监管检查； （4）网络针对网络成员所设计和实施的监控活动等。 2.在设计监控活动，确定监控活动的性质、时间安排和范围时，需要考虑如下因素： （1）事务所对质量管理体系风险评估的结果及得出结果的理由； （2）事务所风险评估程序的设计对监控活动设计的影响； （3）质量管理体系的变化（如针对识别出的缺陷作出的改变，或由于事务所及其业务的性质和具体情况发生变化，而对质量目标、质量风险或应对措施作出的改变）； （4）以往监控活动的结果； （5）就以往识别出的缺陷的整改措施的有效性；

续表

关键点	参考准则条款	相关准则要求	实施风险点	应对措施（示例）
		（五）以前实施监控活动的结果，包括以前实施的监控活动是否仍然与评价质量管理体系相关，以及为应对以前识别出的缺陷所采取的整改措施是否有效； （六）其他相关信息，包括：由于未能按照适用的法律法规、职业准则执行业务，或者由于未能遵守会计师事务所的政策和程序而引发的投诉或指控；从外部检查和服务提供商获取的信息		（6）外部监管检查结果，及从外部监管机构获取的有关客户信息（例如，存在违法违规行为等）； （7）所属网络对监控活动的参与程度，以及网络实施的监控活动（如有）的结果； （8）“其他相关信息”，例如，是否按照适用法律法规、执业准则执行业务，是否存在投诉和指控，是否从服务提供商（例如，审计作业系统提供商）获取信息等； （9）在监控活动中拟利用的资源，例如，是否使用信息化手段实施监控。 在考虑上述因素时，需要注意以下方面： （1）外部检查并不能代替会计师事务所内部的监控活动。然而，外部检查的结果可能表明会计师事务所以前实施的监控活动未能识别出质量管理体系中的缺陷。这些信息可能影响会计师事务所对监控活动性质、时间安排和范围的考虑。例如，在监管机构检查过程中，发现存在银行函证程序执行不到位的问题，则设计年度监控检查范围时，可能会考虑针对银行函证进行全面专项检查。

续表

关键点	参考准则条款	相关准则要求	实施风险点	应对措施（示例）
				（2）关于质量风险评估结果的考虑，例如，某事务所经评估存在与合伙人指导、监督和复核不足相关的质量风险，尤其是集团审计和上市实体审计项目。针对该质量风险，事务所设计了自动监测工具，跟踪项目合伙人和项目质量复核合伙人在项目上时间的合理性，如过少则会随时向该合伙人发送警报。事务所在设计该项质量风险的监控活动时，可能考虑选择仅集中于评估的质量风险较大的集团审计和上市实体审计项目，并每季度对该类项目的报告进行跟踪和检查，包括检查该智能化工具是否及时准确进行记录分析并发送警报，合伙人针对警报是否采取恰当措施等。 （3）关于质量管理体系变化的相关考虑，例如，某事务所设计和采用了一项新的IT应用程序来管理客户和项目的接受与保持。对此IT系统的变化，事务所确定需要进行监控活动，以确定在新IT应用程序启动后的三个月内，IT应用程序是否按照预期的方式运行并实现了预期的目标。 （4）投诉和指控也是事务所设计监控活动时的重要考虑因素。例如，事务所收到某客户对项目团队的投诉，如存在或有收费，则该事务所可能考虑临时对该项目组所在分所（或分部）的审计收费情况实施专项检查等。 3.……

续表

关键点	参考准则条款	相关准则要求	实施风险点	应对措施（示例）
设计和实施事务所层面的监控活动，包括对监控和整改程序的再监控	第5101准则第八十条、第八十一条	会计师事务所应当设计和实施监控活动，以为识别质量管理体系的缺陷奠定基础。在确定监控活动的性质、时间安排和范围时，会计师事务所应当考虑下列方面： （一）相关质量风险的评估结果及得出该评估结果的理由； （二）应对措施的设计； （三）会计师事务所风险评估程序以及监控和整改程序的设计； （四）质量管理体系发生的变化； （五）以前实施监控活动的结果，包括以前实施的监控活动是否仍然与评价质量管理体系相关，以及为应对以前识别出的缺陷所采取的整改措施是否有效；	**实施风险点05：** 未设计和实施事务所层面的监控和整改程序，未能对事务所整体质量管理体系的设计和运行进行全面系统的评估，并及时整改。 例如：事务所质量管理体系的各组成要素的风险评估和质量目标设计是否合理，事务所治理和领导层及事务所文化是否体现质量至上的文化，监控和整改程序是否设计和实施有效等	1.事务所应设计和实施事务所层面的监控和整改程序，以评估事务所是否设计、实施和运行全所统一的质量管理体系。 2.事务所应基于风险评估的结果确定当期质量管理体系整体的监控和整改计划，监控的范围及内容可参见第5101号准则第八十一条的相关规定。 3.在确定执行监控活动的范围时，需要考虑的因素可能包括：事务所质量管理体系风险评估的结果、事务所风险评估过程中监控活动的设计、质量管理体系发生的变化、以往监控活动的结果、就以往识别出的缺陷的整改措施的有效性、近期外部检查结果以及其他相关信息。 4.在实施监控活动时，可以采取下列方法或程序： （1）审核会计师事务所质量管理体系相关的政策和程序（除审计业务相关的质量管理制度文件或程序外，可能还包括治理层、人力、财务、IT等相关文件及程序），以评估内部管理系统设计是否完整和恰当，并在全所范围内统一实施和运行； （2）访谈相关治理和领导层、合伙人、员工等，以评估事务所治理和领导层是否为质量管理体系的设计、实施和运行营造良好的环境，以为该体系提供支持； （3）检查和评估与质量管理体系相关的IT应用程序，例如，用于审计的IT作业系统或自动化工具等，评估其设计是否恰当、执行是否有效；

续表

关键点	参考准则条款	相关准则要求	实施风险点	应对措施（示例）
		（六）其他相关信息，包括：由于未能按照适用的法律法规、职业准则执行业务，或者由于未能遵守会计师事务所的政策和程序而引发的投诉或指控；从外部检查和服务提供商获取的信息		（4）对监控和整改程序的设计、过程及结果等实施再监控，确保其设计和运行有效，以保证实现其目标； （5）查阅外部检查报告及监管文件（如有），调查发现的问题是否得到整改，并评估整改结果的适当性； （6）结合对已完成项目的检查结果，评估事务所质量管理体系是否得到有效运行； （7）检查事务所是否根据相应的行业准则及规定、外部环境及业务情况等的变化，对质量管理体系的设计、实施和运行进行动态调整等。 5.……
设计和实施已完成项目的监控检查——确定检查周期	第5101号准则第八十二条。 第5101号准则应用指南第166~173段	会计师事务所的监控活动应当包括对已完成项目的检查，并应当确定选择哪些项目和哪些项目合伙人进行检查。在确定时，会计师事务所应当考虑下列方面： （一）本准则第八十一条第（一）项至第（六）项； （二）会计师事务所实施的其他监控活动的性质、时间安排和范围，以及这些监控活动所针对的项目和项目合伙人；	**实施风险点06：** 1.未恰当设置和确定检查周期，以及在何种情况下需要/可以调整检查周期： （1）未恰当设置和确定检查周期，部分项目合伙人未在合适的周期内被监控检查，无法及时监控项目合伙人是否恰当履行质量管理相关的职责；	事务所在监控和整改程序的政策文件中，规定周期性地选取项目合伙人已完成项目进行检查（如年度监控检查）的政策、程序和方法： 1.设定标准检查周期。例如，对于执行财务报表审计业务的所有项目合伙人，每3年一个周期对其已完成的项目实施检查，也即在3年内所有审计合伙人至少被内部监控检查一次。 2.明确规定在何种情况下有必要或允许在选择项目合伙人时，所采用的周期短于或长于设定的标准周期。 3.……

续表

关键点	参考准则条款	相关准则要求	实施风险点	应对措施（示例）
		（三）周期性地选取已完成的项目进行检查。在每个周期内，对每个项目合伙人，至少选择一项已完成的项目进行检查。对承接上市实体审计业务的每个项目合伙人，检查周期最长不得超过三年	（2）未根据需要及时调整检查周期，无法根据情况变化，及时识别并应对相关风险或缺陷 2.……	
设计和实施已完成项目的监控检查——确定选取被检查的项目和项目合伙人			**实施风险点07：** 1.在确定周期性选取项目和项目合伙人进行检查时，未设定恰当的选取标准和程序，或未严格按照选取政策、程序及标准客观地选取样本，选取检查的合伙人或项目不具代表性，或遗漏高风险检查对象，导致无法及时、有效地识别和应对质量管理体系中的风险及缺陷。	1.在监控和整改相关制度文件中，以风险为导向，明确制定监控检查的项目和项目合伙人的选取标准，以及选取时应考虑的因素。 2.根据当期实际情况，确定项目层面监控检查的重点领域，例如，高风险领域（收入确认、会计估计、内部控制等）、新生效的审计准则或者会计准则相关领域、受当期经济环境影响重大的领域或行业等。 3.监控和整改负责人复核和批准监控检查的范围和重点领域，并复核当年选取检查的项目和项目合伙人时的标准、程序及结果，确保所有合伙人在确定的周期都能被选取至少一个已完成项目执行监控检查。 4.……

续表

关键点	参考准则条款	相关准则要求	实施风险点	应对措施（示例）
			2.针对已完成项目检查所计划的重点领域和范围不恰当，导致监控和整改程序无法实现预期目标	
确定执行监控活动的人员	第5101号准则第八十三条。第5101号准则应用指南第174~176段	会计师事务所应当制定下列政策和程序： （一）要求执行监控活动的人员具备有效执行监控活动所必需的胜任能力、时间和权威性； （二）要求执行监控活动的人员具备客观性，这些政策和程序应当禁止项目组成员或项目质量复核人员参与对该项目的任何检查	**实施风险点08：** 1.执行监控活动的人员缺乏必需的胜任能力、时间及权威性，无法有效地执行监控活动，导致无法充分识别和应对质量管理体系中的缺陷； 2.执行监控活动的人员缺乏客观性或独立性，导致无法对发现的情况或识别出的缺陷作出客观评价；	1.制定选取执行监控活动人员的政策和程序，确保执行监控活动的人员具备有效执行监控活动所必需的胜任能力、时间、权威性、客观性。 2.监控和整改负责人应建立起组织和维护执行监控活动团队的机制，包括确定选取标准和选取途径，制定合理的时间和成本预算并获得批准等。 3.在具体实施监控活动时，可视事务所规模、组织架构等情况，组建监控检查工作小组（“检查小组”）开展监控工作，并要求： （1）检查小组成员必须为具备必要的专业胜任能力和经验丰富的高级别人员（例如合伙人）。视被检查对象的情况，检查小组还应配备具有必要的特定行业经验、IT审计、精算、税务等领域知识或专长的人员。 （2）检查小组成员必须满足客观性和独立性的要求，例如，不能为被检查项目当期或下期的项目组成员或项目质量复核人员等。 4.……

续表

关键点	参考准则条款	相关准则要求	实施风险点	应对措施（示例）
			3.缺乏选取和维护符合资质的执行监控活动人员团队的政策和程序，或缺乏足够的时间和成本预算，导致缺乏足够的资源，无法有效地实施监控和整改活动	
三、评价发现的情况并识别缺陷，包括调查缺陷的根本原因				
评价发现的情况并识别缺陷	第5101号准则第八十四条。 第5101号准则应用指南第177~182段	会计师事务所应当评价发现的情况，以确定是否存在缺陷，包括监控和整改程序中的缺陷	**实施风险点09：** 1.实施监控活动的人员未得到充分的督导，未能客观、充分地识别和评价监控检查结果及发现的情况，导致无法恰当、全面地识别缺陷；	1.针对已完成项目和事务所层面质量管理体系的监控活动，统一设计并有效运用监控检查的调查问卷、检查程序、评价标准模板等，确保有效指导监控检查人员客观、公正、有效地识别并评价发现的情况。 2.安排具有胜任能力的人员（如根本原因分析负责人或同等职位的人员）汇总和梳理不同类型的监控活动或其他信息中发现的情况，运用职业判断，评价发现的情况单独或汇总起来是否构成质量管理体系的缺陷。评价过程中，需要考虑与质量风险和应对措施有关的因素、发现的情况的性质及其广泛性、实施监控活动的范围以及发现的情况的比例等方面的定性或定量因素。

续表

关键点	参考准则条款	相关准则要求	实施风险点	应对措施（示例）
			2.评价发现情况时，仅考虑对已完成项目检查的情况和结果，未同时梳理来源于持续监控、监管机构监控或检查、网络监控等其他方面的信息（包括积极因素），从而未能全面、系统地评价所有发现的情况并确定是否构成缺陷； 3.未实施对事务所层面质量管理体系的监控活动，包括针对监控和整改程序的再监控，无法有效整体评价质量管理体系（包括监控和整改程序）中的缺陷。 4.就监控活动中发现的情况，未能基于其性质、严重程度和广泛性进行恰当评估和分类，未能有效识别缺陷并采取相应措施	3.监控和整改负责人或其指定的负责人复核已完成的针对事务所质量管理体系实施的监控检查程序，复核的内容可能包括： （1）执行的监控检查程序是否与监控计划一致，并符合事务所建立的监控政策； （2）评估获得的证据以及测试的性质、时间安排和范围是否支持得出的结论，并清楚地记录下来； （3）是否对所有重要的监控检查发现进行了适当汇总，并执行了汇总评估。 4.……

续表

关键点	参考准则条款	相关准则要求	实施风险点	应对措施（示例）
评价识别出的缺陷的严重程度和广泛性	第5101号准则第八十五条。第5101号准则应用指南第183~190段	会计师事务所应当通过下列方法评价识别出的缺陷的严重程度和广泛性： （一）调查所识别出的缺陷的根本原因。在确定用于调查根本原因的程序的性质、时间安排和范围时，会计师事务所应当考虑这些识别出的缺陷的性质和可能的严重程度； （二）评价这些识别出的缺陷单独或累积起来对质量管理体系的影响	**实施风险点10：** 1.针对识别出的缺陷，未采取恰当的方法评价识别出的缺陷的严重程度和广泛性，无法据此采取恰当的应对措施应对缺陷。 2.事务所在进行根本原因分析时，未能考虑所有可能已发生的单项重大或可能对审计质量具有普遍影响的情形，例如： （1）已完成项目监控检查中发现的情况； （2）由于会计差错更正导致的对经审计财务报表的重述，或者对已出具审计意见的撤回或重新出具； （3）事务所监控活动中发现的情况；	1.事务所应制定评价缺陷的严重程度和广泛性的方法和程序，并明确应考虑的因素，例如： （1）缺陷的性质，包括该缺陷与质量管理体系的哪个要素相关，以及该缺陷存在于质量管理体系的哪个环节（设计、实施或运行）中； （2）针对与应对措施有关的缺陷，是否存在补偿性措施以应对相关质量风险； （3）缺陷的根本原因； （4）导致已识别缺陷的事项是否频繁发生； （5）缺陷的重大程度、相关情况是否会很快导致缺陷，以及该缺陷存在并对质量管理体系产生影响的时间长度。 2.事务所应根据识别出的缺陷的性质和可能的严重程度、事务所的性质和具体情况，确定用于调查根本原因的政策和程序的性质、时间安排和范围。 3.综合考虑评价发现的情况，识别缺陷，评价缺陷的严重程度和广泛性，包括调查缺陷的根本原因等一系列措施，并不断进行完善。这些措施的实施应是一个不断完善和优化的过程，而并非机械执行、一成不变。 4.……

续表

关键点	参考准则条款	相关准则要求	实施风险点	应对措施（示例）
			（4）外部检查中发现的情况（包括已完成项目层面和事务所管理体系层面）； （5）其他监控活动	
根本原因分析法	第5101号准则第八十六条（一）、第八十五条。 第5101号准则应用指南第187~190段		**实施风险点11：** 1.未调查识别出的缺陷的根本原因，无法客观、合理地判断识别出的缺陷的严重程度和广泛性，以及对质量管理体系的影响； 2.调查根本原因时，未全面梳理和获取从不同来源发现的情况，未能考虑所有可能表明存在缺陷的事项，得出的根本原因不恰当或不充分	1.事务所明确针对识别出的缺陷应执行调查缺陷根本原因的程序，以能够： （1）评价缺陷的严重程度和广泛性； （2）采取适当的措施整改这些缺陷。 2.实施根本原因分析的人员（或类似职责人员）应根据缺陷的性质和严重程度以及事务所的性质和具体情况等因素，确定执行调查程序的性质、时间安排和范围，对于缺陷执行根本原因分析。 3.监控和整改负责人会同根本原因分析负责人、实施监控活动的负责人或小组，讨论对于每一项发现的情况或缺陷的根本原因分析结果是否恰当，基于该分析结果，对于缺陷的严重程度和广泛性的评估结论是否恰当，设计和采取的应对措施是否恰当。 4.……

续表

关键点	参考准则条款	相关准则要求	实施风险点	应对措施（示例）
四、应对识别出的缺陷，评估整改结果				
设计和采取整改措施，以应对识别出的缺陷	第5101号准则第八十六条、第八十七条、第八十八条。第5101号准则应用指南第191~193段	会计师事务所应当根据对根本原因的调查结果，设计和采取整改措施，以应对识别出的缺陷。 对监控和整改程序的运行承担责任的人员应当评价整改措施是否得到恰当的设计，以应对识别出的缺陷及其根本原因，并确定这些程序是否已得到实施。该人员还应当评价针对以前识别出的缺陷采取的整改措施是否有效。 如果上述评价表明整改措施并未得到恰当的设计和执行，或未达到预期效果，则对监控和整改程序的运行承担责任的人员应当采取适当措施以确保对这些整改措施已作出必要调整以使其能够达到预期效果	**实施风险点12：** 1.未根据缺陷的根本原因设计和采取整改措施时，导致设计和采取的整改措施不恰当； 2.监控和整改负责人未采取措施恰当评价整改措施是否得到恰当设计并有效执行，以及以前识别出的缺陷所采取的整改措施是否有效，或者整改措施未得到恰当设计或有效执行时，未及时予以调整	1.针对识别出的缺陷，事务所应根据对根本原因的调查结果，综合内部监控活动、外部监管监控或检查、网络监控检查的情况和结果及其他信息（如投诉和指控），设计和采取恰当、有效的整改措施。 2.监控和整改负责人应根据监控和整改情况，根本原因分析情况等，根据缺陷及整改措施的性质、严重程度等，采取措施评估整改措施设计的恰当性和执行有效性。对于整改措施未得到恰当设计或执行的，应作出必要的调整以使其能够达到预期效果。 3.……

续表

关键点	参考准则条款	相关准则要求	实施风险点	应对措施（示例）
针对遗漏审计程序或出具不当报告，事务所应采取的措施	第5101号准则第八十九条。第5101号准则应用指南第194~195段	如果发现的情况表明某项业务在执行过程中遗漏了应当实施的程序，或者出具的报告可能不适当，会计师事务所应当予以应对。会计师事务所采取的应对措施应当包括下列方面： （一）采取适当行动，以遵守适用的法律法规和职业准则的规定； （二）当认为出具的报告不适当时，考虑其影响并采取适当的行动，包括考虑是否需要征询法律意见	**实施风险点13：** 监控检查中发现某项业务在执行过程中遗漏了应当实施的程序，或者出具的报告可能不适当，在设计应对措施时未予以恰当区分，并采取适当的行动	1. 如果发现的情况表明某项业务在执行过程中遗漏了应当实施的程序，或者出具的报告可能不适当，事务所采取的行动可能包括： （1）向适当的人员进行咨询； （2）与客户管理层或治理层沟通； （3）补充实施被遗漏的程序； （4）考虑对业务报告或专业意见的影响，例如，如果出具的报告不适当，可能需要重新出具业务报告。 2. 事务所可安排专门人员（例如，实施根本原因分析的人员）定期收集由于会计差错更正导致的对经审计财务报表的重述，或者对已出具审计意见的撤回或重新出具的情况，并实施根本原因分析，评估对事务所质量管理体系的影响，设计有效的应对措施。 3.……
五、沟通监控和整改活动，建立问责机制，形成监控和整改报告				
监控和整改活动的沟通——监控和整改负责人与领导层间的沟通	第5101号准则第九十条。第5101号准则应用指南第196段	对监控和整改程序的运行承担责任的人员，应当及时与对质量管理体系承担最终责任的人员（即主要负责人），以及对质量管理体系的运行承担责任的人员沟通下列事项：	**实施风险点14：** 监控和整改负责人未及时就已执行的监控活动、识别出的缺陷及其影响程度以及采取的整改措施等事项，与事务	1. 监控和整改负责人与主要负责人及质量管理主管合伙人之间应建立持续和定期的沟通机制。沟通的事项包括已执行的监控活动的描述、识别出的缺陷及其严重程度和广泛性、针对识别出的缺陷采取的整改措施等。 2.……

续表

关键点	参考准则条款	相关准则要求	实施风险点	应对措施（示例）
		（一）对已执行的监控活动的描述； （二）识别出的缺陷，包括这些缺陷的严重程度和广泛性； （三）针对识别出的缺陷采取的整改措施	所主要负责人及对质量管理体系的运行承担责任的人员沟通，监控和整改程序无法实现其预期目标	
监控和整改活动的沟通——与项目组及相关人员沟通	第5101号准则第九十一条	会计师事务所应当就本准则第九十条第（一）项至第（三）项规定的事项与项目组以及在质量管理体系中承担相关责任的其他人员沟通，以使项目组和这些人员能够根据其职责迅速采取恰当行动	**实施风险点15：** 针对监控活动中发现的情况及识别出的缺陷，以及采取的整改措施，未及时与项目组及在质量管理体系中承担相关责任的人员进行沟通，导致整改措施未能得到恰当的执行和落实，或仅针对具体问题进行了整改，而未针对质量管理体系中的缺陷进行整改，无法实现持续改进质量管理体系的目标	1. 监控和整改负责人或相关监控活动负责人及时与已完成项目组或在质量管理体系中承担相关责任的其他人员（如审计技术开发与维护负责人、职业道德及独立性负责人、培训与发展负责人、会计专业技术负责人等类似职位人员）沟通监控和整改活动中的具体发现，并共同讨论确定具体整改措施。 2. 及时在事务所内部（鉴证业务的从业人员）就监控和整改活动中发现的可能具有普遍性的情况进行沟通，沟通的方式可以包括发布公告、专业技术提示、更新制度或程序文件等，并形成质量至上的文化传导。 3.……

续表

关键点	参考准则条款	相关准则要求	实施风险点	应对措施（示例）
建立针对缺陷的问责机制	第5101号准则第九十二条。第5101号准则应用指南第197段	会计师事务所应当制定政策和程序，针对监控中发现的缺陷的性质和影响，对相关人员进行问责。这种问责应当与相关责任人员的考核、晋升和薪酬挂钩。对执业中存在重大缺陷的项目合伙人，会计师事务所应当对其是否具备从事相关业务的职业道德水平和专业胜任能力作出评价	**实施风险点16：** 针对监控活动中识别出的缺陷，未根据其性质和影响，建立公正、合理的问责和惩罚机制，包括与考核、晋升和薪酬挂钩的机制，导致事务所监控和整改程序缺乏权威性，执业人员未予充分重视，无法实现监控和整改程序的目标	1.根据监控和整改程序的实施结果，在事务所范围内建立相应的问责机制，并采取恰当的惩罚措施，如与考核、晋升和薪酬挂钩的惩罚机制，确保该机制和措施由事务所治理层授权和批准，并得到有效实施。 2.事务所根据本所实际情况和质量管理的需要，明确“重大缺陷”的判定标准。对执业中存在重大缺陷的项目合伙人，事务所应当对其是否具备从事相关业务的职业道德水平和专业胜任能力作出评价。 3.……
编制年度监控和整改报告	第5101号准则第九十三条	会计师事务所应当就监控的实施情况，发现的缺陷，评价、补救和改进措施、问责等形成监控报告。存在缺陷的，应当及时修订完善质量管理体系	**实施风险点17：** 监控和整改未形成监控报告，可能无法对完善质量管理体系奠定基础	1.监控和整改负责人汇总上述监控和整改活动，编制年度监控和整改报告。 2.年度监控和整改报告经事务所治理层或其授权机构批准。 3.……
……	……	……	……	……

（三）主要角色及对应职责（示例）

监控和整改程序要素可能涉及的岗位及职责示例参考见表3–29。

表3–29

功能	主要岗位（示例）	职责说明（示例）
对监控和整改程序的运行承担责任	监控和整改负责人（或同等职位的人员）	1.领导制定事务所监控和整改程序相关的政策和手册，为实施监控和整改活动的人员提供指引和相关资源； 2.负责制订和实施事务所监控和整改计划； 3.根据事务所具体情况，建立负责执行监控和整改活动的团队； 4.评估参与事务所监控和整改活动的人员是否具备必要的专业胜任能力、时间和权威性、独立性和客观性、充足的时间和良好诚信记录； 5.根据已完成项目层面及事务所整体质量管理体系的监控和整改情况，以及根本原因分析情况，评估监控活动中发现的情况及缺陷； 6.评估整改结果； 7.向事务所主要负责人和质量管理主管合伙人沟通和汇报监控和整改情况、缺陷及整改结果，递交监控和整改报告； 8.及时将监控和整改的缺陷及结果在事务所内部进行沟通，如必要，经授权后与外部相关方沟通
实施已完成项目的监控检查	监控检查工作小组负责人（或同等职位的人员）	1.组建监控检查小组，包括持续实施监控和整改程序的专职人员； 2.监控检查小组需根据事务所监控活动的计划和程序，客观地履行监控检查职责； 3.监控检查小组负责人应评价监控检查中发现的情况，评估缺陷，形成检查结果，并与被检查的人员或单位及时沟通，确定和跟进相应的整改措施； 4.监控检查小组负责人应及时与监控和整改负责人就发现的情况、相应的整改措施及其实施情况，以及检查过程中发现的特殊情况及时沟通； 5.监控检查小组负责人应参与事务所统一的监控检查评估会议，确保对监控中发现的情况和被检查项目及合伙人进行客观一致的评估； 6.确定相应的奖惩措施，提交授权机构批准； 7.针对当年监控检查的结果，及时通过恰当方式向事务所内部相关人员沟通和提示，促进质量管理体系持续完善

续表

功能	主要岗位（示例）	职责说明（示例）
监控和整改程序职能	监控和整改部门（或类似职责人员）	1.编制或更新事务所监控和整改政策文件或手册，以及实施监控活动的相应模板、程序等； 2.根据当期实际情况，编制当年的监控活动计划，确定监控的重点领域，明确监控活动的性质、时间安排和范围，组织实施监控活动； 3.评估实施监控检查人员是否具备必要的专业胜任能力、时间和权威性、独立性和客观性、充足的时间和良好诚信记录； 4.领导和组织实施内部持续监控活动和定期监控检查，汇总内部监控、外部监管、网络监控（如有）及其他信息中发现的情况，会同相应监控检查小组及监控和整改负责人，评估发现的情况是否构成缺陷，对缺陷进行根本原因分析，评估缺陷的严重程度和广泛性，确定拟采取的整改措施； 5.形成监控和整改报告，组织跟踪整改结果

（四）涉及制度（示例）

针对监控和整改程序要素，可以考虑在以下方面建立相关制度：

（1）事务所开展监控和整改的具体规定；

（2）事务所监控活动调查问卷、监控检查程序、监控检查记录评分模板等工具；

（3）与监控结果和问责机制相关的人力资源制度；

（4）……

（五）实施框架（示例）

会计师事务所可根据自身情况建立监控和整改程序的整体框架，例如：

（1）建立全所统一的监控和整改程序的职能和运行机制，包括领导层及相关政策和程序；

（2）基于风险评估结果设计和实施全所统一的监控活动；

（3）采用根本原因分析法评价发现的情况并识别缺陷，应对识别出的缺陷，确保这些缺陷均得到有效整改；

（4）沟通监控和整改活动的结果，建立问责机制，形成监控和整改报告，在事务所内恰当宣传和传递，确保事务所质量管理体系合理设计和有效运行，并持续改进。

图3-1是监控和整改程序的整体框架举例。

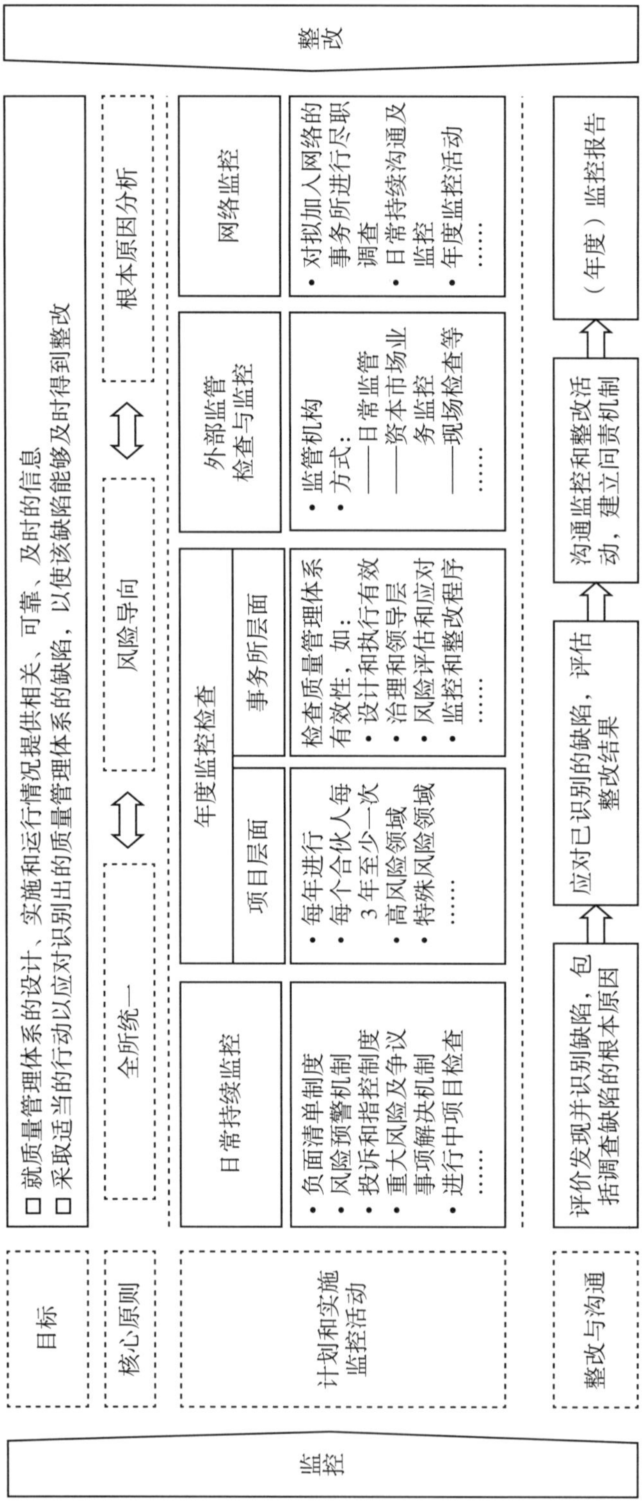

图 3-1　监控和整改程序整体框架

十、网络要求或网络服务

如果会计师事务所加入或属于某一网络，网络可能就会计师事务所质量管理体系提出相关要求，包括要求会计师事务所实施或利用由该网络设计、提供或推行的资源或服务（即网络要求），也可能提供相关服务或资源，供会计师事务所在设计、实施和运行其质量管理体系时选择加以利用（即网络服务）。第5101号准则应用指南第199段和第200段分别列举了网络要求和网络服务的例子。网络提出这些要求、提供这些服务或资源，其目的可能在于促进网络中所有成员所能够一致且持续地提供高质量的服务。

第5101号准则主要从属于某一网络的会计师事务所的角度，对该事务所在多大程度上适用于网络要求和网络服务、事务所关于网络要求或网络服务的责任以及如何应对网络针对网络中事务所实施的监控活动等方面作出了相关规定。

（一）适用于网络要求或网络服务的范围及程度

根据第5101号准则，网络是指由多个实体组成，旨在通过合作实现以下一个或多个目的的联合体：（1）共享收益、分担成本；（2）共享所有权、控制权或管理权；（3）执行统一的质量管理政策和程序；（4）执行同一经营战略；（5）使用同一品牌；（6）共享重要的专业资源。对于某会计师事务所来说，网络事务所是指该会计师事务所所在网络中的其他会计师事务所或实体。

网络和网络事务所可能采取多种组织方式（参见第5101号准则应用指南第22段）。从会计师事务所质量管理体系的角度，网络将在多大程度上为会计师事务所设定质量目标、识别和评估质量风险、设计和采取应对措施，取决于会计师事务所与网络之间的协议安排。

从网络、网络事务所或网络中的其他组织或机构获得的任何网络要求或网络服务，包括集团审计中组成部分注册会计师来自网络事务所，都被视为网络要求或网络服务。因此，在这些情况下，会计师事务所均须遵守第5101号准则中第九十四条至第九十八条关于网络要求或网络服务的相关规定。

虽然存在网络要求或网络服务，会计师事务所仍然应当对其自身质量管理体系负责，包括对设计、实施和运行该质量管理体系过程中作出的职业判断负责。会计师事务所不得因遵守网络要求或利用网络服务而违反适用准则的规定。

（二）会计师事务所关于网络要求或网络服务的责任

网络中的各会计师事务所均需根据质量管理准则要求建立自身的质量管理体系。为遵守网络要求或利用网络服务，会计师事务所应充分理解网络要求或网络服务，及其对会计师事务所自身质量管理体系的影响，同时还需了解其在执行网络要求或利用网络服务时所需承担的责任。

网络要求和网络服务均属于会计师事务所在识别和评估质量风险时需要了解和考虑的事项或情况。第5101号准则应用指南第201段提供了会计师事务所在执行网络要求或利用网络服务时的责任的举例，例如：（1）会计师事务所具备一定程度的信息技术基础设施和流程，以确保能够使用网络统一提供的信息技术应用程序；（2）会计师事务所对网络提供的方法论在全所范围内实施培训，包括对其更新内容的培训。

针对网络要求和网络服务，第5101号准则要求评价会计师事务所是否需要对这些网络要求或网络服务加以调整或补充，以满足本所质量管理体系的需要；以及如果需要对这些网络要求或网络服务加以调整或补充，考虑如何调整或补充。

第5101号准则应用指南提供了如何对网络要求或网络服务进行调整或补充的示例，并指出会计师事务所在调整或补充网络要求或网络服务时，可能发现需要改进的地方，在这种情况下会计师事务所可以就此与网络进行沟通。

表3-30为关于网络服务如何与会计师事务所质量管理体系相关、如何在该体系中予以考虑和实施、是否需要对该网络服务加以调整或补充的举例。

表3–30

利用网络服务（举例）	
网络服务	网络发布关于全球流行疫情的应对指引，阐述了： 1.全球流行疫情对按照国际财务报告准则编制的财务报表可能产生的影响。 2.全球流行疫情对审计业务可能产生影响，包括： （1）对审计业务的指导、监督和复核的影响，以及使用信息技术以支持审计业务的考虑； （2）对可能执行的审计程序类型的调整，以及审计项目组在使用这些程序时的考虑； （3）针对全球性事件导致的重大错报风险，如何考虑期后事项及其会计处理，以及对持续经营的相关考虑； （4）对审计报告的影响
网络服务如何与会计师事务所质量管理体系相关，以及如何在该体系中考虑并实施	事务所受到全球流行疫情的影响，确定该网络服务与事务所及其执行的业务有关。事务所鉴于自身尚未发布应对全球流行疫情的指引，决定使用该网络发布的指引。事务所确定如何向审计业务团队宣导该指引，可以： 1.举办网络研讨会，讨论指引的内容； 2.将指引文件放置在事务所内部网站，并将指引文件嵌入事务所的审计信息技术应用程序中
是否需要对网络服务加以调整或补充	会计师事务所可能认为需要调整和补充指引如下： 1.事务所通过详细阐述该全球流行疫情可能如何影响对特定行业财务报表的审计来加强审计指引； 2.事务所通过详细阐述以下内容来加强审计指引： （1）审计项目组如何交流和互动，尤其是审计项目组面对面相处时需满足的特殊要求，其中，考虑行政辖区防疫相关规定等； （2）审计项目组如何与客户交流，例如，哪些审计程序需要现场执行； （3）全球流行疫情导致的与行政辖区有关的重大错报风险、如何整体考虑和处理影响该行政辖区的重大事件对财务报表和审计的影响、该行政辖区的经济状况及其可能如何影响持续经营； （4）审计项目组如何发起事务所内部咨询程序，以及可能需要咨询的事项类型

（三）网络针对网络中事务所实施的监控活动

不同的网络针对网络事务所采取的监控策略可能不同，比如有的网络可能在全网络层面实施统一的监控活动，但有的网络针对不同网络成员所可能采取差异化监控策略；不同的网络基于网络成员所协议及网络具体情况，设计和实施监控活动的性质、时间和范围可能有所差异；即便同一个网络，每年针对网络事务所实施监控活动也可能会存在差异，因此属于网络的会计师事务所应及时了解网络实施的监控活动。

1.关于网络针对本事务所的监控活动

关于监控和整改，第5101号准则要求会计师事务所遵守第七十九条至第九十三条中的相关规定。第5101号准则第九十六条对会计师事务所如何应对网络对事务所的质量管理体系实施监控活动作出了规定。表3–31为相关实务举例。

表3–31

关键点	相关举例
（一）确定网络所执行的监控活动对事务所监控活动的性质、时间和范围的影响	网络的监控活动中包括对选定的已完成审计项目进行年度监控检查。会计师事务所可以考虑： 1.关于所选审计项目，该审计项目是否为事务所在执行其自身检查计划时所选取的审计项目； 2.关于审计合伙人的选取： （1）所选取的审计合伙人是否与本事务所根据政策或程序选择的审计合伙人相同（包括根据本事务所周期选择的审计合伙人）； （2）针对每位审计合伙人所选取的项目是否为事务所具有代表性的项目。 3.对审计项目进行监控检查时考虑的事项，是否与本事务所在进行内部监控检查时考虑的事项类似

续表

关键点	相关举例
（二）确定事务所与该监控活动相关的责任，包括应采取的相关行动	基于上面的例子，事务所有责任支持网络对已完成项目的检查，包括： 1.提供关于事务所审计项目和审计合伙人的信息，以支持网络选取检查的项目和合伙人； 2.提供事务所执行的其他监控活动的信息，或其他可能相关的信息，这些信息可能被网络用于选取检查的项目和合伙人； 3.获取并访问审计项目文档（取决于网络成员所协议，并遵守相应国家或行政辖区法律法规要求）； 4.协助已完成项目检查的支持资源（例如，人力资源）
（三）作为评价发现和识别缺陷的一部分，及时从网络获取网络实施监控活动的结果	在评估发现以确定是否存在缺陷时，事务所利用网络监控活动的结果，并将这些信息与事务所内部对已完成审计项目的检查结果进行比较。事务所注意到其自身监控活动未能在多个审计项目中发现某项缺陷，因此，网络监控活动所提供的信息导致识别出两项缺陷： 1.与审计项目有关的缺陷； 2.与事务所监控活动有关的缺陷（例如，对已完成审计项目的检查存在缺陷）
（四）识别缺陷的整改	会计师事务所在设计和采取整改措施以应对网络要求或网络服务中识别出的缺陷时，可以考虑下列方面： 1.了解网络计划采取的整改措施，包括会计师事务所是否有义务执行这些整改措施。例如，上例网络监控活动中，审计项目是否已纠正相应缺陷，本所是否需要进一步调查缺陷的根本原因，以评估缺陷的严重性和广泛性。 2.考虑会计师事务所是否有必要针对缺陷及其根本原因补充采取一些其他整改措施。例如，在下列情况下，会计师事务所可能有必要补充采取其他整改措施：（1）网络尚未采取适当的整改措施；（2）网络采取的整改措施需要花费一定时间才能达到有效应对缺陷的效果。例如，上例中已识别出的与事务所监控活动有关的缺陷，本事务所可能需考虑是否有必要修订相关监控和整改程序或相应模板，在当年或者下年的监控活动中予以改善等

关于网络监控活动的结果作为评价发现和识别缺陷的一部分，可参见本部分“九、监控和整改程序”的相关内容。

2.网络关于网络中所有事务所的监控活动

对于网络针对网络中所有事务所实施的监控活动，第5101号准则第九十七条第（二）项要求会计师事务所至少每年一次从网络获取该类监控活动的总体结果的相关信息（如可行），这类信息可能是对所有网络事务所实施监控活动结果的信息的累积或汇总，包括网络针对所有网络事务所识别出的缺陷所呈现出的某种趋势或共性问题，或者可以在所有网络事务所复制和推广的积极因素。第5101号准则应用指南第207段中举例说明了事务所如何应用这些信息。

在某些情况下，会计师事务所可能能够通过网络获取到一些关于某网络事务所质量管理体系存在缺陷的信息，比如该成员所质量管理体系外部检查的结果，而这一缺陷可能会影响本所。法律法规可能禁止网络或网络事务所之间共享信息，也可能对这些信息在某些方面（如敏感内容）加以限制。如果网络并不提供针对所有事务所实施监控活动的总体结果相关信息，会计师事务所可以考虑采取进一步行动，例如：（1）与网络进行沟通；（2）确定对本所业务的影响，并就该影响与项目组沟通。

此外，既然会计师事务所可能在其质量管理体系中包含网络要求或网络服务，这些网络要求或网络服务就需要受监控和整改程序相关要求的约束。网络和会计师事务所都可能对网络要求或网络服务进行监控，二者也可以联合起来进行。例如，针对网络要求统一的审计方法论的网络，则网络在网络层面针对统一的方法论实施监控，会计师事务所则通过对项目进行检查的方式，针对该方法论在项目中的具体运用实施监控。根据网络的组织形式和管理模式、网络要求和网络服务的内容、本所的规模及胜任能力等，不同网络甚至同一网络下不同的网络事务所，可能需要采取不同的合作策略。

十一、评价质量管理体系

（一）评价质量管理体系的关键点

根据第5101号准则第九十九条规定，会计师事务所对质量管理体系承担最终责任的人员（即主要负责人）应当代表会计师事务所对质量管理体系进行评价。基于该评价，事务所主要负责人应代表会计师事务所得出质量管理体系是否能向会计师事务所合理保证该体系的目标得以实现的相关结论。

会计师事务所的目标是，针对所执行的财务报表审计业务、财务报表审阅业务、其他鉴证业务和相关服务业务，设计、实施和运行质量管理体系，为会计师事务所在下列方面提供合理保证：（1）会计师事务所及其人员按照适用的法律法规和职业准则的规定履行职责，并根据这些规定执行业务；（2）会计师事务所和项目合伙人出具适合具体情况的报告。因此，对于质量管理体系评价的结论，主要在于该质量管理体系是否能为事务所的上述目标提供合理保证。

评价质量管理体系为2020年新修订的《会计师事务所质量管理准则第5101号——业务质量管理》中的一项新的要求，该项新要求对于加强质量管理体系的领导层职责非常重要，第5101号准则同时要求对领导层进行业绩评价。

1.对质量管理体系进行评价

根据事务所情况，采取实施质量管理体系评价的信息的不同获取方式和程序，例如，对于较不复杂的会计师事务所，主要负责人可能直接参与对质量管理体系的监控和整改程序，因而通常能够直接获取这些信息；而对于较为复杂的会计师事务所，主要负责人可能需要建立相关流程，用于整理、总结和沟通这些信息。

对质量管理体系进行评价的关键点及实施要点，举例见表3-32。

表3–32

关键点	考虑要点	参考准则
（一）建立评价质量管理体系的政策及程序	1. 制定与评价质量体系相关的政策及程序。 2. 制定评价质量管理体系的方法、评价内容及模板。 3. 建立与监控和整改程序之间的关联关系，包括计划、实施、评价、沟通和结果反馈等。 4. 建立监管机构关于事务所监控活动之间的关联关系（例如，财政部关于会计师事务所自查自纠报告等政策）。 5.……	
（二）明确实施质量管理体系评价的负责人	1. 明确由会计师事务所对质量管理体系承担最终责任的人员（即主要负责人）代表会计师事务所对质量管理体系承担评价的职责。 2. 会计师事务所主要负责人在对质量管理体系进行评价时，可以利用其他人员提供协助，然而主要负责人仍然需要对该评价承担责任。此时应明确主要负责人与提供协助的其他人员之间的职责边界。 3.……	第5101号准则第九十九条。 第5101号准则应用指南第212段
（三）实施评价的时点和评价期间	1. 明确实施质量管理体系的评价应当以某一时点为基准，并且应当至少每年一次。 2. 明确事务所开始实施评价的时点，可以考虑财务年度截止日或完成一轮年度监控的日期。 3. 确定质量管理体系评价的周期。 虽然对质量管理体系评价结论应以某一时点作为基准，但在评价并确定其是否为事务所的质量目标提供合理保证时，往往需要基于该体系一段期间内运行情况的相关信息作为基础。因此，评价质量管理体系应明确评价期间，例如，财务年度，或年度监控完成的周期，或考虑监管机构要求的周期。 4.……	第5101号准则第九十九条。 第5101号准则应用指南第213段

续表

关键点	考虑要点	参考准则
（四）实施评价的信息的获取方式	1.实施评价所需依据的信息应包括对监控和整改程序的运行承担责任的人员向会计师事务所主要负责人沟通的监控和整改程序中所获取的各项信息。 2.对于较为复杂的会计师事务所，可能需要单独建立流程，获取实施评价相应的信息。 3.……	第5101号准则第九十九条。 第5101号准则应用指南第214段
（五）对质量管理体系的评价结论	1.基于上述评价，主要负责人应当代表会计师事务所得出下列三项结论中的一项： （1）质量管理体系能够向会计师事务所合理保证该体系的目标得以实现； （2）质量管理体系的设计、实施和运行存在严重但不具有广泛影响的缺陷，除与这些缺陷相关的事项外，质量管理体系能够向会计师事务所合理保证该体系的目标得以实现； （3）质量管理体系不能向会计师事务所合理保证该体系的目标得以实现。 2.主要负责人在对质量管理体系得出评价结论时，可以结合实施监控和整改程序的结果，需要考虑： （1）已识别出的缺陷的严重程度和广泛性，及其对实现质量管理体系目标的影响； （2）会计师事务所是否已设计和采取整改措施，截止到实施评价的时点，这些整改措施是否有效； （3）已识别出的缺陷对质量管理体系的影响是否已得到适当纠正。 如果已识别出的缺陷较为严重且具有广泛性，但在实施评价之前已被适当整改，且其影响也已得到适当纠正，则可以得出结论认为质量管理体系能够合理保证该体系的目标得以实现。	第5101号准则第一百条。 第5101号准则应用指南第215~220段

续表

关键点	考虑要点	参考准则
	3.在评价已识别出的缺陷的严重程度时，可以结合监控和整改程序相应的评估结果，评估中可考虑如下因素： （1）该缺陷影响质量管理体系多个要素或多个方面； （2）该缺陷虽然只局限于质量管理体系的特定要素或特定方面，但对质量管理体系来说至关重要； （3）该缺陷影响会计师事务所的多个业务单元或多个分所（或分部）； （4）该缺陷虽然只局限于某一业务单元或者某个分所（或分部），但该业务单元或分所（或分部）对会计师事务所整体至关重要； （5）该缺陷影响会计师事务所某一类型或某一性质业务的较大比例。 4.……	
（六）对评价应采取的适当行动	如果经评价得出第5101号准则第一百条第（二）项或第（三）项结论，应当采取下列措施： 1.迅速采取适当行动。 2.与各项目组以及在质量管理体系中承担相关责任的其他人员就与其责任相关的事项进行沟通。 3.按照第5101号准则第七十八条“信息与沟通”规定制定的政策和程序，与外部各方（如上市公司治理层、主管部门、监管机构等）沟通。 4.……	第5101号准则第一百零一条。 第5101号准则应用指南第222~224段

2.对领导层成员进行业绩评价

对领导层成员进行业绩评价的关键点及实施要点，举例见表3–33。

表3–33

关键点（举例）	实施要点（举例）	参考准则
（一）业绩评价的领导层成员范围	会计师事务所应当制定政策和程序，定期对下列人员进行业绩评价： 1.对质量管理体系承担最终责任的人员（即主要负责人）。 2.对质量管理体系承担运行责任的人员（如质量管理主管合伙人）。 3.对质量管理体系特定方面承担运行责任的人员（如职业道德主管合伙人、独立性主管合伙人、监控和整改主管合伙人等）。 4.……	第5101号准则第一百零二条。 第5101号准则应用指南第225~227段
（二）业绩评价时应考虑的因素	1.在进行业绩评价时，会计师事务所应当考虑对质量管理体系的评价结果。 2.会计师事务所在对某个人员实施业绩评价时，可以考虑下列方面： （1）会计师事务所在对质量管理体系实施监控活动时，针对该人员职责所涉及的方面实施监控活动的结果； （2）该人员为应对识别出的、与其职责有关的缺陷而采取的相关措施，包括这些措施的及时性和有效性。 3.在某些情况下，会计师事务所可以为该人员的业绩规定一些明确的目标，并通过将监控活动的结果与这些目标相对比的方式来衡量该人员的业绩。 4.……	第5101号准则第一百零二条。 第5101号准则应用指南第225段
（三）实施业绩评价的方法	明确业绩评价的方法和实施业绩评价的人员，不同类型的会计师事务所可能不同，例如： 1.较不复杂的会计师事务所可以聘请服务提供商来实施业绩评价，会计师事务所实施监控活动的结果通常也可以作为评价某人员业绩的指标。 2.较为复杂的会计师事务所可能由其治理层中一位独立且不参与执行的人员实施业绩评价，或者由其治理层监督下的特定委员会实施业绩评价。 3.……	第5101号准则第一百零二条。 第5101号准则应用指南第226段

续表

关键点（举例）	实施要点（举例）	参考准则
（四）业绩评价的结果	建立与相关领导层成员业绩评价结果对应的奖惩措施和问责机制： 1.如果对某人员的业绩评价较好，会计师事务所可以通过晋升、加薪或其他激励措施来进行奖励，以表彰该人员对高质量的追求。 2.如果对某人员的业绩评价较差，会计师事务所需要及时采取措施进行纠正，以防止其影响到质量目标的实现，必要时对相关人员进行问责。 3.……	第5101号准则第一百零二条。 第5101号准则应用指南第226段

（二）实施框架（示例）

1.建立相关政策和程序（示例）

可以考虑在以下方面建立相关制度：

（1）会计师事务所对质量管理体系评价的制度。

（2）质量管理体系领导层成员业绩评价的管理办法。

（3）评价质量管理体系的流程和评价模板。

（4）……

2.评价质量管理体系和业绩评价（示例）

设计并建立适合本所的评价质量管理体系的政策和程序，明确评价责任。基于质量管理体系全面评估，以及监控和整改程序中所获取的信息，对质量管理体系是否能向会计师事务所合理保证该体系的目标得以实现进行评价。如评价结果并非表明“质量管理体系能够向会计师事务所合理保证该体系的目标得以实现”，则应进一步采取适当行动，并与各项目组及质量管理体系中的相关责任人员进行沟通，并根据需要与外部各方（如上市公司治理层、行业主管部门、监管机构等）沟通。

设计并建立适合本所的对于质量管理体系领导层成员业绩评价的相关政策和流程。结合实施监控活动的结果以及事务所质量管理体系的评价结果，对相关领导层成员负责领域是否达成相应的质量目标，或者相关已识别的缺陷是否得到及时有效整改进行评价，并根据评价结果对相关领导层成员进行相应的奖惩措施和问责。

此外，在评价质量管理体系时，可结合监管机构对于事务所采用的监管措施及监管检查结果。例如，2022年1月17日，财政部制定并印发了《会计师事务所自查自纠报告管理办法》，自2022年3月1日起施行。其中，要求事务所应当建立年度自查自纠报告机制，做好自查自纠基础工作，系统梳理业务流程，全面排查风险点，建立健全风险管控措施；还要求事务所在自查自纠报告中如实、完整、详细反映存在的问题，包括事务所和注册会计师因执业行为被处理处罚、事务所和注册会计师的执业质量、事务所和注册会计师保持独立性、事务所职业风险防范、事务所信息安全管理和事务所认为应当报告的其他方面。上述要求自纠自查报告中反映的问题也是事务所质量管理体系的构成部分，会计师事务所在设计相关程序时，可以考虑将两者有机结合，同时进行。

会计师事务所实施评价时可以借用企业内部控制体系评价方式和方法。

3. 评价质量管理体系的表格模板（示例）

表3–34概述了评价质量管理体系三种可能的结论的例子，以及在得出结论时考虑的因素。表3–34仅具有说明性，因为要得出适当的结论需要专业的判断，例如：

（1）需要专业的判断来确定缺陷的严重性和广泛性，以及整改措施是否有效；

（2）缺陷的影响可能会得到部分纠正，例如，只有一些审计项目已完成纠正，其他审计项目的纠正尚在进行中。因此，在考虑缺陷得到纠正的程度，以及对质量管理体系有效性的结论有何影响时，需要进行职业判断。

表3-34

<table>
<tr><th rowspan="2">缺陷描述</th><th colspan="2">缺陷的性质</th><th rowspan="2">已设计和采取整改措施，并实施有效</th><th rowspan="2">已识别出的缺陷是否已得到适当纠正</th><th rowspan="2">结论</th><th rowspan="2">是否需采取进一步措施?</th></tr>
<tr><th>严重性</th><th>广泛性</th></tr>
<tr><td>缺陷1</td><td>是</td><td>是</td><td>是</td><td>是</td><td rowspan="4">质量管理体系能够向会计师事务所合理保证该体系的目标得以实现</td><td rowspan="4">否</td></tr>
<tr><td>缺陷2</td><td>否</td><td>否</td><td>是</td><td>是</td></tr>
<tr><td>缺陷3</td><td>否</td><td>是</td><td>是</td><td>是</td></tr>
<tr><td>缺陷4</td><td>是</td><td>否</td><td>不适用</td><td>不适用</td></tr>
<tr><td>缺陷1</td><td>是</td><td>否</td><td>否</td><td>否</td><td rowspan="4">质量管理体系的设计、实施和运行存在严重但不具有广泛影响的缺陷，除与这些缺陷相关的事项外，质量管理体系能够向会计师事务所合理保证该体系的目标得以实现</td><td rowspan="4">是</td></tr>
<tr><td>缺陷2</td><td>是</td><td>否</td><td>否</td><td>是</td></tr>
<tr><td>缺陷3</td><td>是</td><td>否</td><td>是</td><td>否</td></tr>
<tr><td>缺陷4</td><td>是</td><td>是</td><td>是</td><td>部分（广泛性已降低，但仍然严重）</td></tr>
<tr><td>缺陷1</td><td>否</td><td>是</td><td>否</td><td>否</td><td rowspan="6">质量管理体系不能向会计师事务所合理保证该体系的目标得以实现</td><td rowspan="6">是</td></tr>
<tr><td>缺陷2</td><td>否</td><td>是</td><td>否</td><td>是</td></tr>
<tr><td>缺陷3</td><td>否</td><td>是</td><td>是</td><td>否</td></tr>
<tr><td>缺陷4</td><td>是</td><td>是</td><td>否</td><td>否</td></tr>
<tr><td>缺陷5</td><td>是</td><td>是</td><td>是</td><td>否</td></tr>
<tr><td>缺陷6</td><td>是</td><td>是</td><td>否</td><td>是</td></tr>
</table>

十二、对质量管理体系的记录

对质量管理体系相关文件的记录可以为会计师事务所遵守了相关法律法规、质量管理准则以及相关职业道德要求提供支持证据。这些记录还可以用于向相关人员和项目组进行培训、在会计师事务所内部传承相关经验和做法、就与质量管理体系相关的决策保存历史记录等。

对于质量管理体系的记录文件包括但不限于质量管理体系文件（政策和程序）、与质量管理体系相关的执行文件（包括执行过程中的决策文件）、与评价质量管理体系相关的文件（包括识别缺陷、监控和整改文件）。

（一）质量管理体系文件记录

与质量管理体系的执行相关的文件包括记录会计师事务所人员执行业务或质量管理体系各项活动的文件，其中，与质量管理体系相关的决策文件尤为重要。例如，可以通过管理手册的形式，按照八要素进行分类汇编。质量管理体系文件可以用于向事务所相关人员和项目组进行培训，使其理解其在质量管理体系和业务执行中的角色和责任，同时用于指导会计师事务所人员执行业务或质量管理体系各项活动。

（二）质量管理体系执行文件记录

与质量管理体系执行相关的文件。记录会计师事务所人员执行业务或质量管理体系各项活动的文件，其中质量管理体系相关的决策文件尤为重要。例如，项目组提出的意见分歧事项，通过质量管理委员会解决和决策，质量管理委员会对于该意见分歧事项的决策文件将作为执行项目质量复核的重要文件予以保存。

《〈会计师事务所质量管理准则第5101号——业务质量管理〉应用指南》第228段提出，会计师事务所并不需要对所有事项和作出的判断都形成记录。会计师事务所相关文件档案或书面材料、内嵌在质量管理体系各要素中的信息技术应用程序，也可以为会计师事务所遵守质量管理准则的规定提供相关证据。

（三）质量管理体系评价记录

会计师事务所按照第5101号准则第九十九条和第一百条的规定，对质量管理体系能否合理保证该体系的目标得以实现进行的评价，评价形成的记录，这些记录包括但不限于：评价得出的结论、会计师事务所在实施该项评价的过程中作出判断的依据。例如，事务所对于质量管理体系评价过程中形成质量管理评价底稿，质量管理评价底稿可以包括但不限于：要素名称、质量目标、现有政策或程序、设计是否有效、执行是否有效、缺陷描述、评价依据、质量风险、责任部门/人员、参考法律法规等。

会计师事务所在记录质量风险以及会计师事务所如何应对该风险时，需要记录对质量风险的评估结果及其理由（该风险预期发生的可能性以及对实现一项或多项质量目标可能产生的影响），这种记录有助于会计师事务所持续有效地采取应对措施。举例来说，在记录风险预期发生的可能性时，会计师事务所可以将该可能性分为若干等〕级，采用诸如“高”“中”“低”等方式予以描述，在评价质量风险等级时，考虑评估的步骤和考虑的因素。

对质量管理体系的记录可能采取多种形式，如正式的操作手册、各种表格和核对表等，这些记录可能未经过正式归档（例如，可能通过电子邮件或工作平台上发布的各种公告），也可能保存在信息技术应用程序中（例如，审计作业系统）或采用其他电子形式（如数据库）保存。

质量管理体系记录的更新，可以参考《〈会计师事务所质量管理准则第5101号——业务质量管理〉应用指南》第229段予以考虑。

事务所质量管理体系可能会随着时间的推移而发生变化和发展，保留质量管理体系的文档及其设计可能很重要。

第四部分　质量管理准则实施指导

一、实施策略和基本思路

会计师事务所应当对标质量管理准则的相关要求，设计、实施和运行质量管理体系。在此过程中，需要立足会计师事务所可持续发展和高质量发展全局，坚持统筹规划、整体设计、以源头治理和过程管理为核心，以防范质量风险、实现业务高质量为重点，对会计师事务所现有职责分工、政策和程序进行全面梳理，评估现实风险和潜在风险。建立、完善、补充一套合规、可行的质量管理体系，需要将风险管理与质量管理的内容融入日常执业活动中，做到各层级管理职能清晰、管理责任到位，各个环节相互制约、相互协同，使会计师事务所的所有质量管理环节都处于受控状态，形成一体化管理机制，有效防范质量风险，增强抵御质量风险的能力，实现资源的高效配置，为实现质量目标提供合理保障。

（一）量身定制，注重实效

质量管理体系设计是以会计师事务所的现状为基础，以遵守质量管理准则和相关的法律法规、规章制度为前提，全面梳理和优化与质量管理体系相关的政策和程序，力求有效管理质量风险。在建设过程中，围绕质量目标，充分考虑会计师事务所的实际情况，解决当前管理工作中的薄弱环节，使质量管理体系能够广为接受、易于执行、行之有效。不能脱离实际情况，盲目地“照搬照抄”其他会计师事务所的质量管理体系。

（二）明确目标，强化质量

设计质量管理体系应当围绕质量管理准则要求，明确质量目标，强化质量目标对质量管理体系的重要地位。质量目标的确定可以是自上而下的（由会计师事务所统一确定各业务单元、职能部门和业务条线的质量目标），也可以是自下而上的（在各业务单元、职能部门或业务条线层面分别设定质量目标，汇总至会计师事务所层面），或者二者相结合。会计师事务所所属的网络也可能为会计师事务所设定质量目标，供会计师事务所在其质量管理体系中采用。

（三）统一设计，分层实施

从现状看，某些会计师事务所尚存在总分所或同一机构不同合伙人“分灶吃饭”、未实现一体化管理的突出问题。会计师事务所需要建立并严格执行一体化管理机制，实现人事、财务、业务、技术标准和信息管理五方面的统一管理。为合理保证质量管理体系相关工作有序开展，需要会计师事务所总所（或总部）主要负责人对质量管理体系统一组织、统一规划、统一标准、统一设计，各分所（或分部）结合实际情况，按照总所（或总部）的统一要求进行细化落地实施，确保会计师事务所总所（或总部）和各分所（或分部）执行统一的政策和程序，实现真正的一体化管理。

（四）合理规划，稳步推进

质量管理体系涵盖会计师事务所的所有机构、部门以及业务环节，需要做好规划，以任务清单明确各方责任、任务目标和时间安排等，以合理保证质量管理体系设计、实施工作的有序开展。按照质量管理准则重构会计师事务所质量管理体系是一项复杂的系统工程，可能涉及会计师事务所职责权限的重新分配和调整，涉及会计师事务所政策和流程的重新梳理，涉及信息系统的重新构建，工作量大、情况复杂，需要稳步推进。

二、实施方案

自2006年2月15日《中国注册会计师执业准则》发布实施以来，会计师事务所特别是大型会计师事务所，都建立了一定的质量控制制度，已具备一定的质量管理措施和存在基本的质量管理环境，但其并不一定针对会计师事务所性质与业务情况，形成了旨在实现质量目标的、完整的会计师事务所质量管理体系，或还未上升到主动进行“质量管理”。会计师事务所已有的政策和程序，或仍然与质量管理准则相适应，或可能需要进行修订或补充。因此，会计师事务所的质量管理体系建设，不会是零起点。建立健全质量管理体系的工作，可以从对现状的内部诊断开始，进一步明确总体及各要素质量目标、识别风险和梳理应对措施。

会计师事务所可以参考如图4-1所示的实施方案进行规划。

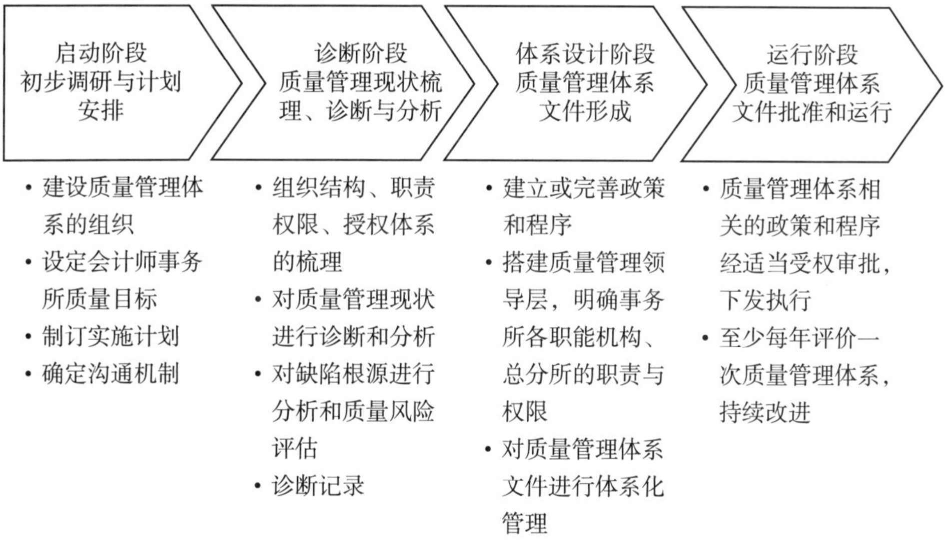

图4-1 实施方案示例

（一）启动阶段：初步调研与计划安排

1.建设质量管理体系的组织

合理的组织结构是会计师事务所质量管理体系设计、实施和运行的基本保障，需要考虑建立并持续运作长效领导机制，确定对质量管理体系承担最终责任人（即主要负责人）以及质量管理体系的设计、实施和运行第一责任人，明确职责权限，从而推动质量管理体系设计、落地实施。

会计师事务所复杂程度的不同、业务的不同，实施质量管理体系建设的组织也会不同。例如，较为复杂的会计师事务所在质量管理体系建设过程中可以考虑成立专门的领导小组和工作小组；较不复杂的会计师事务所在质量管理体系建设过程中可以考虑直接由会计师事务所主要负责人牵头负责质量管理体系建设工作和持续改进工作。

质量管理体系领导小组、质量管理体系工作小组具体职责分工可以参考以下内容确定：

（1）质量管理体系领导小组的职责。质量管理体系领导小组（以下简称领导小组）可以包括但不限于：首席合伙人/主任会计师、质量管理主管合伙人（或同等职位的人员）、职业道德主管合伙人、独立性主管合伙人、监控和整改主管合伙人以及各业务条线主管合伙人。领导小组的职责可以包括但不限于：

①负责质量管理体系的统一部署和组织实施；

②负责审批质量管理体系设计、实施和运行方案；

③组建质量管理体系工作小组；

④批准确定质量管理体系建设的范围；

⑤批准确定质量管理体系的质量目标；

⑥审议有关质量管理体系诊断和评价的报告；

⑦审议批准设计和实施与质量管理体系相关的组织、职责、政策和程序。

（2）质量管理体系工作小组的职责。在领导小组下可以设立质量管理体系工作小组（以下简称工作小组），成员可以包括但不限于：质量管理主管部门、职业道德主管部门、业务主管部门、监控和整改责任部门、人力资源部、财务部、信息技术部等。工作小组对领导小组负责，其履行的职责可以包括但不限于：

①执行质量管理体系设计、实施和运行方案；

②对质量管理体系设计、实施和运行方案进行分解，设计阶段性的实施目标及实施方案，提交领导小组审核；

③负责推动和落实质量管理体系设计、实施和运行的具体责任；

④对现有质量管理体系进行诊断和评价，并出具报告；

⑤编制、修改及更新与质量管理体系相关的政策和程序。

建立质量管理体系的组织设置没有一定之规，会计师事务所可以依据自身的特点设置，明确相关的职责权限。

2.设定会计师事务所质量目标

会计师事务所设计质量管理体系时，首先需要设定明确的质量目标。质量目标是管理相关业务质量的基本要求、实施质量管理体系的最终目的，同时也是评价质量管理体系的最高标准。

会计师事务所设定的质量目标由质量管理体系各组成要素的质量目标构成。质量目标可以由质量管理体系工作小组组织和设定，由质量管理体系领导小组审批确认。对于较不复杂的会计师事务所，其主要负责人可以指定人员组织和设定质量目标，质量目标由会计师事务所主要负责人确定。

质量目标以质量管理准则的要求为基础，与会计师事务所发展战略相结合。会计师事务所需要把握好质量目标的动态性、层次性。由于会计师事务所发展战略各异，其侧重点有所不同，设计的质量目标随会计师事务所的发展而变化，实行动态调整；针对会计师事务所的不同治理结构和组织结构对质量目标进行分解，满足层次性要求，目标明确、分而治之。同时，还要体现对多个质量目标间的协调，使整体质量管理体系效果达到最佳状态。

3.制订实施计划

基于质量管理准则，明确质量管理体系推进的计划以及各阶段需要完成的任务，同时确定各项内容的责任人。

例如，由质量管理体系工作小组提出实施计划，由质量管理体系领导小组批准实施计划。具体工作内容可以包括但不限于：

（1）收集现有的相关政策和程序以及其他必要信息；

（2）梳理会计师事务所治理结构、组织结构、业务结构特点、业务经营情况等；

（3）确定纳入质量管理体系设计范围的业务。

4.确定沟通机制

建立顺畅高效的沟通渠道，可以为质量管理体系的设计、实施和运行提供保障。例如，会计师事务所可以建立相关沟通机制，保障主要负责人、质量管理负责人、质量管理体系领导小组其他成员、质量管理体系工作小组、各职能机构、分所（或分部）之间的沟通。

沟通可以采取多种形式相结合，例如，口头沟通（如对质量管理体系建立情况随时沟通）、书面沟通（如建立质量管理体系建设进度跟踪表，定期填写或更新）、例会制度（如定期组织召开例会，沟通进度、解决问题）等。

（二）诊断阶段：质量管理现状梳理、诊断与分析

在内部诊断阶段，会计师事务所基于质量管理准则，对现有的质量管理现状进行梳理，发现在质量管理方面存在的不足。可以参考以下流程完成内部诊断工作：

1.组织结构、职责权限、授权体系的梳理

在质量管理体系建设前期，梳理会计师事务所的治理和领导层、组织结构、

职能部门、总分所（或总分部）的职责权限。根据质量管理准则的要求，结合确定的质量目标，优化会计师事务所组织结构，建立健全适当的质量管理领导层框架，明确对应人员的职责权限以及相应的授权体系，以满足质量管理体系设计、实施和运行的需要。

会计师事务所根据自身及其业务的具体情况进行恰当设计，可以在现状基础上进行调整和优化，也可以对治理和领导层、组织结构、职能部门、总分所（或总分部）的职责权限进行重构。

2. 对质量管理现状进行诊断和分析

事务所通过质量管理现状诊断，系统梳理事务所现有的政策和程序，找出事务所在质量管理方面存在的不足和差距，查找质量管理可能存在的缺陷。会计师事务所可以将现有的政策、程序和现行做法，与质量管理准则进行对比，通过抽样检查等手段，获取与质量管理体系设计、实施和运行相关的证据，查找质量管理缺陷，并进行记录。事务所采用的方式可以包括但不限于访谈、观察、查阅、检查、问卷调查、集中研讨、专题会议等。

3. 对缺陷根源进行分析和质量风险评估

事务所可以建立整体层面和业务层面的风险评估框架，对发现的缺陷进行分类分析，调查缺陷的根本原因，评价识别出的缺陷的严重程度以及广泛性，同时区分设计缺陷和运行缺陷。

从严重程度和广泛性两个方面进行缺陷的综合分析和评估，识别质量风险，提出应对措施。明确应对措施设计或执行的时间以及责任部门/人员。

事务所可以形成有关质量管理体系诊断和评价的报告，经事务所授权机构（如事务所管理委员会或类似机构）审批后执行。

4. 诊断记录

缺陷评价和整改工作可以通过书面方式进行记录，如填写质量管理差异

（缺陷）汇总表。质量管理差异（缺陷）汇总表可以包括但不限于：质量目标、现有政策或程序、识别的缺陷描述、识别的质量风险表现、设计和采取的应对措施（包括政策和程序）、责任部门/人员、参考法律法规等。

（三）体系设计阶段：质量管理体系文件形成

会计师事务所通过建立或完善一系列的政策和程序形成共同遵守的规则。设计的政策和程序应当与会计师事务所确定的质量目标和识别的质量风险相关，满足质量管理要求，并具备可操作性。在此过程中，可以对原有政策和程序进行修订和完善，对缺失的质量管理要点增补政策和程序。

搭建符合质量目标的质量管理领导层，明确各职能机构、总分所会计师事务所应当通过权限指引文件，向会计师事务所相关人员发布与质量管理领导层、各职能机构、总分所（或总分部）在质量管理过程中的职责与权限有关的信息。

会计师事务所对与质量管理体系相关的政策和程序进行体系化管理，可以考虑以职能为基础，由相关职能部门进行归口管理。例如，人力资源管理职能以及与人力资源相关的政策和程序均由人力资源部负责统筹制定和安排。

政策和程序的建立不可避免涉及跨职能机构的情况，会计师事务所需要理顺衔接关系，可以指定一个部门牵头，其他部门配合。

（四）运行阶段：质量管理体系文件批准和运行

事务所形成的与质量管理体系相关的政策和程序，需经事务所授权机构（例如，事务所管理委员会或类似机构）审批后下发正式执行。

质量管理体系建设是一个动态过程，会计师事务所至少每年评价一次，有效地推动质量管理体系建设持续改进。

后记

质量管理准则正式发布后，为帮助和指导会计师事务所更好地理解和执行，2022年初，中国注册会计师协会（以下简称中注协）组织专家着手编写《会计师事务所质量管理相关准则讲解与操作》。为了解会计师事务所质量管理体系建设现状、问题和需求，从中总结、吸纳有益经验，形成符合我国注册会计师行业发展和业务特点的、可参考、可落地的操作示例，编写组向全国会计师事务所发放了调查问卷，针对相关问题开展广泛调研，共收回1271份问卷反馈；对部分会计师事务所的质量管理体系建设情况进行了实地走访调研；认真研究国际审计与鉴证准则理事会编写的国际准则实施辅导材料，吸收其中可借鉴的观点和内容；与相关监管部门作持续沟通；多次征求会计师事务所意见。编写组对研究和调研成果进行深入分析、总结、提炼，充分听取、吸收各方意见，对文本不断修改完善，最终形成本书。

本书第一、二部分由中注协专业标准与技术指导部段姝、史文静、张妍、马国芳、袁小叶编写；第三、四部分由信永中和会计师事务所谭小青、颜凡清、王仁平、宋振玲、王霞、詹军、严珊珊、崔西福、曾剑英编写；中注协段姝进行总撰，吴耀姝、赵际喆进行审改，舒惠好、唐建华进行审定。在编写过程中，多家会计师事务所提供了本所在质量管理方面的素材和经验；财政部会计司、监督评价局、会计财务评价中心，证监会会计部，国际审计与鉴证准则理事会，以及会计师事务所的相关专家提供了宝贵意见建议。在此，我们向所有参与和支持本书编写的会计师事务所、专家和领导表示衷心的感谢！

本书内容仅供参考，不能替代相关法律法规、职业道德守则、执业准则及其应用指南等，不能替代职业判断。由于本书系首次编写，书中难免疏漏和错误之处，敬请行业同人及读者提出宝贵意见。

本书编写组

2023年7月

阅读须知

本书由中注协组织的会计师事务所质量管理相关准则讲解与操作编写组编写。本书中的信息、见解、观点和结论不代表中注协、编写组专家所在单位或其他单位的官方立场。中注协和编写组专家不对因使用书中信息而引发或可能引发的损失承担责任。

如引用本书，需注明资料来源，且不得对本书进行有悖原意的引用、删节和修改。如翻译本书，需在注明资料来源的同时，增加下述免责声明："本译本不是中注协或编写组的成果，不视为官方译本。中注协和编写组对译文的内容或错误不承担责任。"